Découvrez l'histoire par les archives de presse

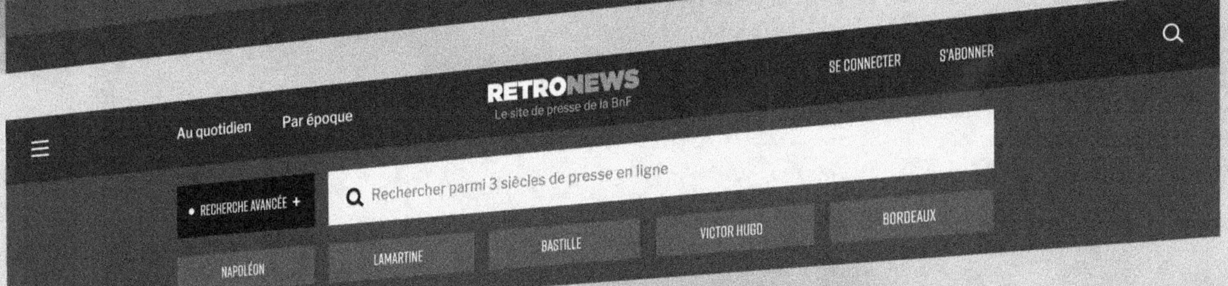

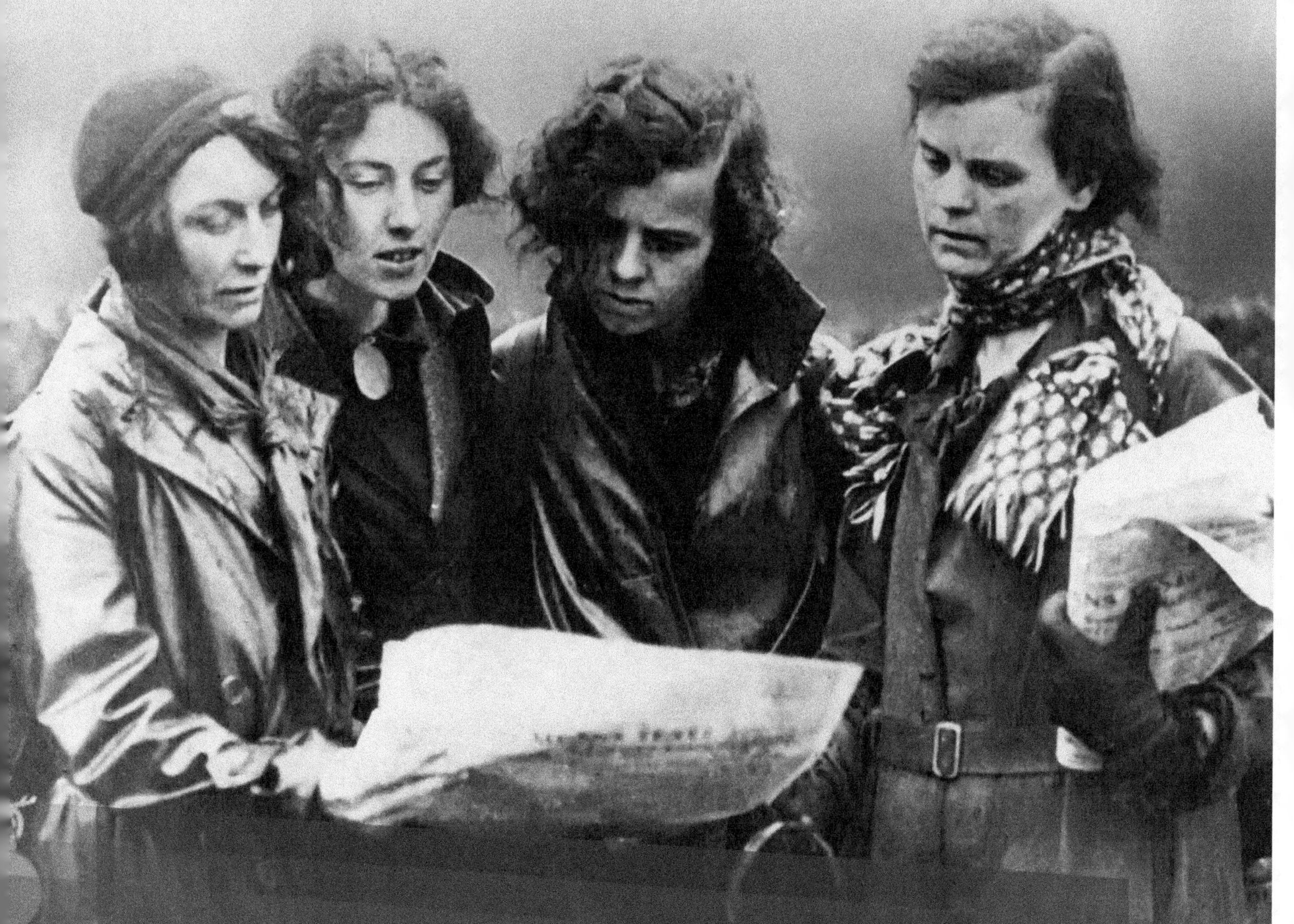

RETRONEWS

Le site de presse de la BnF

www.retronews.fr

PREMIÈRE ANNÉE

1882

Annuaire illustré

DES

BEAUX-ARTS

REVUE ARTISTIQUE

UNIVERSELLE

PUBLIÉE SOUS LA DIRECTION DE

F.-G. DUMAS

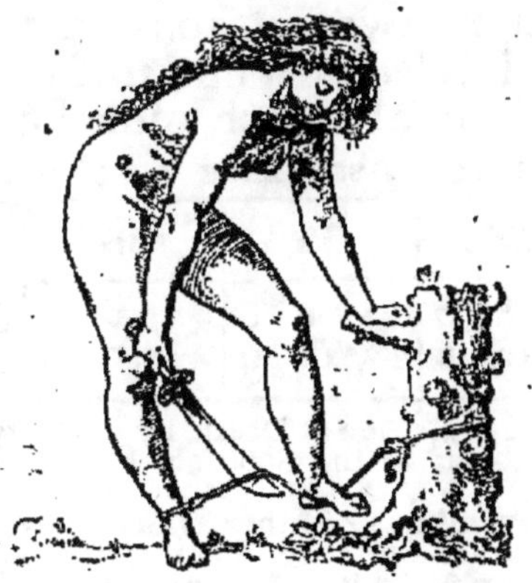

Innovare.

BIBLIOTHÈQUE

PARIS

LIBRAIRIE D'ART | MARPON & FLAMMARION
L. BASCHET, ÉDITEUR | IMPRIMEURS-LIBRAIRES
125, Boulevard Saint-Germain, 125 | 26, Rue Racine, 26

BIBLIOTHÈQUE CENTRALE PRÊT NATIONALE

COLLECTION F.-G. DUMAS, N° 7.

Scottish Provident Institution.

EDINBURGH : 6 ST. ANDREW SQUARE
LONDON OFFICE : 17 KING WILLIAM STREET, E.C.

THIS SOCIETY differs in its principles from other Offices.

Instead of charging rates higher than are necessary, and afterwards returning the excess in the shape of periodical Bonuses, it gives from the first as large an assurance as the premiums will with safety bear — reserving the Whole Surplus for those members (a majority of the whole number) who live long enough to secure the Common Fund from loss.

The PREMIUMS are so moderate that at most ages an assurance of £1,200 or £1,250 may be secured from the first for the same yearly payment which would generally elsewhere assure (with profits) £1,000 only — the difference being equivalent to an immediate and certain "Bonus" of 20 to 25 per cent.

The WHOLE PROFITS go to the Policyholders, on a system at once safe, equitable, and favourable to good lives — no share being given to those by whose early death there is a *loss*.

The 5th Septennial Investigation showed a SURPLUS of £624,473, which, after reserving £208,158 for future division, was divided among 6,662 Policies entitled. Policies — say of £1,000 — sharing a first time were increased to sums varying from £1,180 to £1,300 or more. Other Policies of like amount, which had shared previously, were raised to £1,400, £1,500, and upwards. A few of the early Policies have been doubled.

The NEW ASSURANCES have for several years exceeded a MILLION.

The EXPENSES (under 10 per Cent of Premiums and 7 per Cent of year's Income) are much under those of any other office doing a arge new Business.

The PREMIUM INCOME has doubled in ten or twelve years and the FUNDS have increased by TWO MILLIONS in the last nine years.

The REALISED FUNDS now amount to £4.400.000. Not more than four offices in the kingdom (all much older) have as large a fund.

EXAMPLES OF PREMIUMS FOR ASSURANCE OF £100 AT DEATH—WITH PROFITS

Age next Birthday.	25			30			35			40			45			50		
During Life	£1	18	0	£2	1	6	£2	6	10	£2	14	9	£3	5	9	£4	1	7
Limited to 21 Payments	£2	12	6	£2	15	4	£3	0	2	£3	7	5	£3	17	6	£4	12	1

A person of 30 may thus secure £1,000 at Death, by a yearly payment, *during life*, of £20. 15s. This Premium, if paid to any other of the Scottish Mutual Offices, would secure £800 only, instead of £1,000.

(The non-participating Premiums of other Offices differ little from these Premiums, so that persons who assure with them virtually throw away the prospect of additions from the profits without any compensating advantage.)

OR, if unwilling to burden himself with payments during his whole life, he may secure the same sum of £1,000 by *twenty-one* yearly payments of £27.13s.4d. — *being thus free of payment after age* 50.

At age 40 the Premium *ceasing at age* 60, is for £1,000 £33.14s.2d., being about the same as most Offices require to be paid during the whole term of life.

Copies of the REPORT, *with* STATEMENT OF PRINCIPLES, *may be had on application.*

JAMES WATSON, *Manager.*
J. MUIR LEITCH, *London Secretary.*

Annuaire illustré

DES

BEAUX-ARTS

Imprimé par

GEORGES CHAMEROT

19, Rue des Saints-Pères,

sur les Gravures de

GUILLAUME FRÈRES

228, Boulevard d'Enfer.

Pèi. 8°
13154

PREMIÈRE ANNÉE

1882

Annuaire illustré

DES

BEAUX-ARTS

REVUE ARTISTIQUE
UNIVERSELLE

PUBLIÉE SOUS LA DIRECTION DE

F.-G. DUMAS

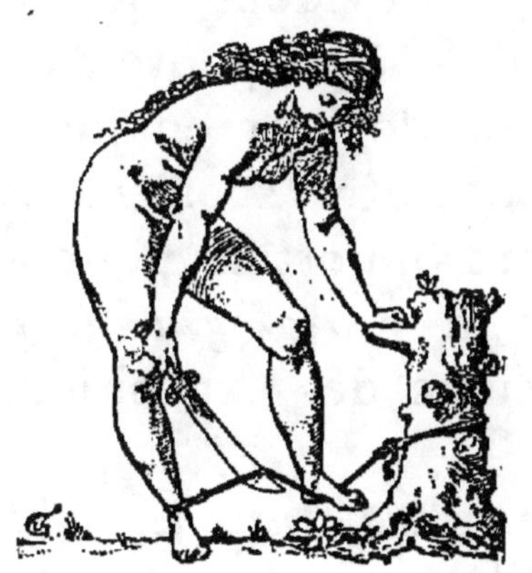

Innovare.

PARIS

LIBRAIRIE D'ART | MARPON & FLAMMARION
L. BASCHET, ÉDITEUR | LIBRAIRES-IMPRIMEURS
125, Boulevard Saint-Germain, 125 | 26, Rue Racine, 26

1882

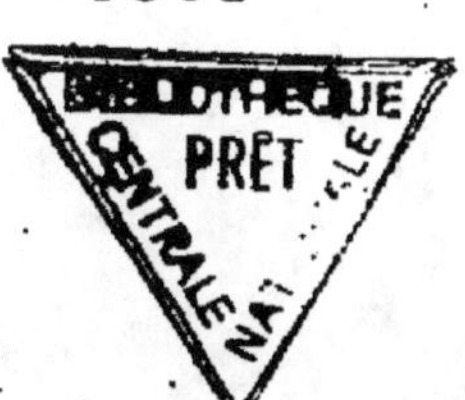
BIBLIOTHÈQUE CENTRALE NAT... PRÊT

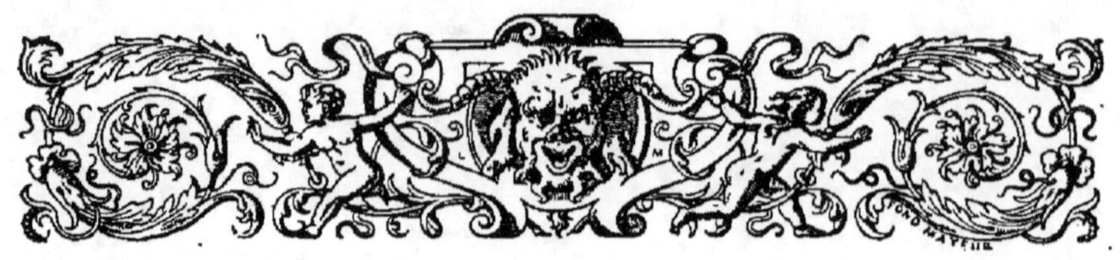

PRÉFACE

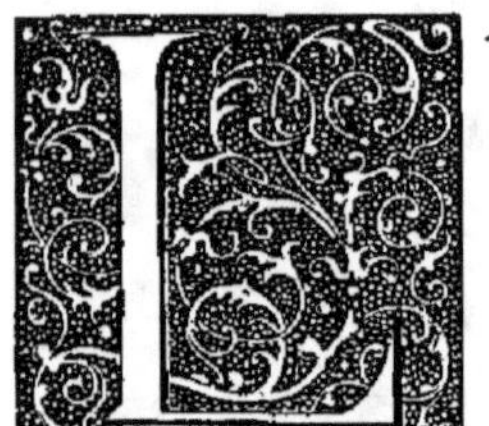'idée de la publication du *Catalogue illustré du Salon* a fait fortune. Elle date de 1879, et dès l'année suivante l'Exposition des Beaux-Arts à Berlin et l'Exposition historique de l'Art Belge à Bruxelles, publiaient leur catalogue illustré. En 1881, l'Académie des Beaux-Arts de New-York, ainsi que l'Exposition internationale de Buda-Pesth, prenaient leur tour ; cette année enfin, Vienne et Moscou ont suivi le mouvement. C'est la preuve la plus évidente de l'accueil empressé que fait le public à ce genre d'ouvrages.

L'art occupe de jour en jour une place plus importante dans notre société. Le moment nous paraît donc fort opportun pour entreprendre la publication d'un *Catalogue illustré universel*, qui soit un résumé des expositions annuelles des deux mondes.

Sans doute, notre *Annuaire illustré des Beaux-Arts* est loin d'être complet ; entré en préparation depuis le mois de septembre seulement, au moment où les artistes de tous pays étaient encore dispersés aux quatre coins du globe, il était difficile d'exécuter notre programme à la lettre ; les *Grandes ventes*, les *Monuments*, les *Publications d'art,* les *Grandes œuvres décoratives* exécutées dans l'année, les *Théâtres* et la *Musique*, n'ont pas cette année dans les illustrations ni dans le texte la place qu'ils devaient y occuper.

C'est un premier essai, et ce n'est qu'en l'exécutant que nous avons pu constater l'insuffisance d'un seul volume, par rapport aux matières qu'il importe d'y faire figurer.

Aussi avons-nous décidé de faire paraître en 1883, DEUX VOLUMES, qui seront publiés les 1er juin et 1er décembre, système qui aura le double avantage de nous permettre de « combler les lacunes » et de donner plus d'actualité à l'ouvrage.

En présentant au public notre nouvelle publication, ajoutons qu'elle n'est nullement un double emploi de l'*Année artistique*, de notre distingué collaborateur Victor Champier. Ce livre qu'il fait paraître annuellement depuis 1878, au prix d'un travail considérable, est, pour ainsi dire un répertoire universel dans lequel se trouvent condensés tous les documents ayant rapport à l'administration et aux multiples manifestations des Beaux-Arts en France et à l'étranger, dont il est en quelque sorte le *moniteur officiel.*

Notre *Annuaire* le complètera au point de vue de l'illustration, et ces volumes formeront ensemble une revue complète des Beaux-Arts dont la place est indiquée dans la bibliothèque de tout amateur.

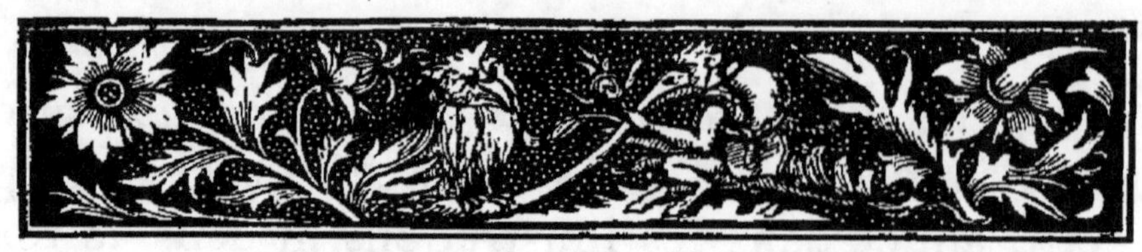

TABLE GÉNÉRALE DES MATIÈRES

GRAVURES

ACADEMIE ROYALE IRLANDAISE DE DUBLIN

SOCIÉTÉ DES AQUARELLISTES DE NEW-YORK

EXPOSITION DES ARTISTES AMÉRICAINS DE NEW-YORK

ACADÉMIE NATIONALE DE DESSIN DE NEW-YORK

ACADÉMIE DE PHILADELPHIE

SOCIÉTÉ SUISSE DES BEAUX-ARTS DE LAUSANNE

SOCIÉTÉ DES AMIS DES ARTS DE NEUCHATEL

EXPOSITION D'ANVERS

SALON DES ARTS DÉCORATIFS A PARIS.

EXPOSITION DE NUREMBERG

COMPTES RENDUS

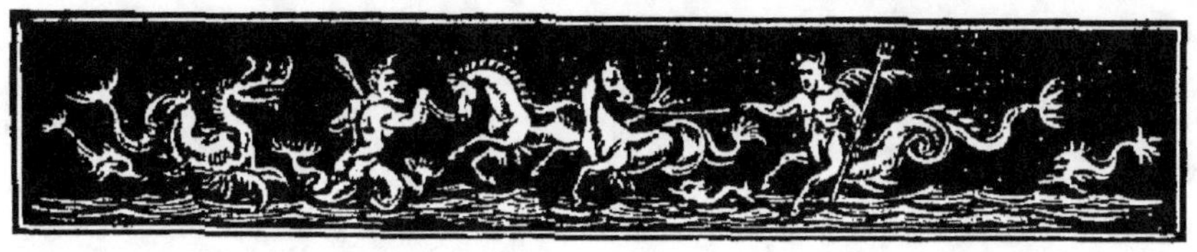

TABLE ALPHABÉTIQUE

DES GRAVURES

GRAVURES

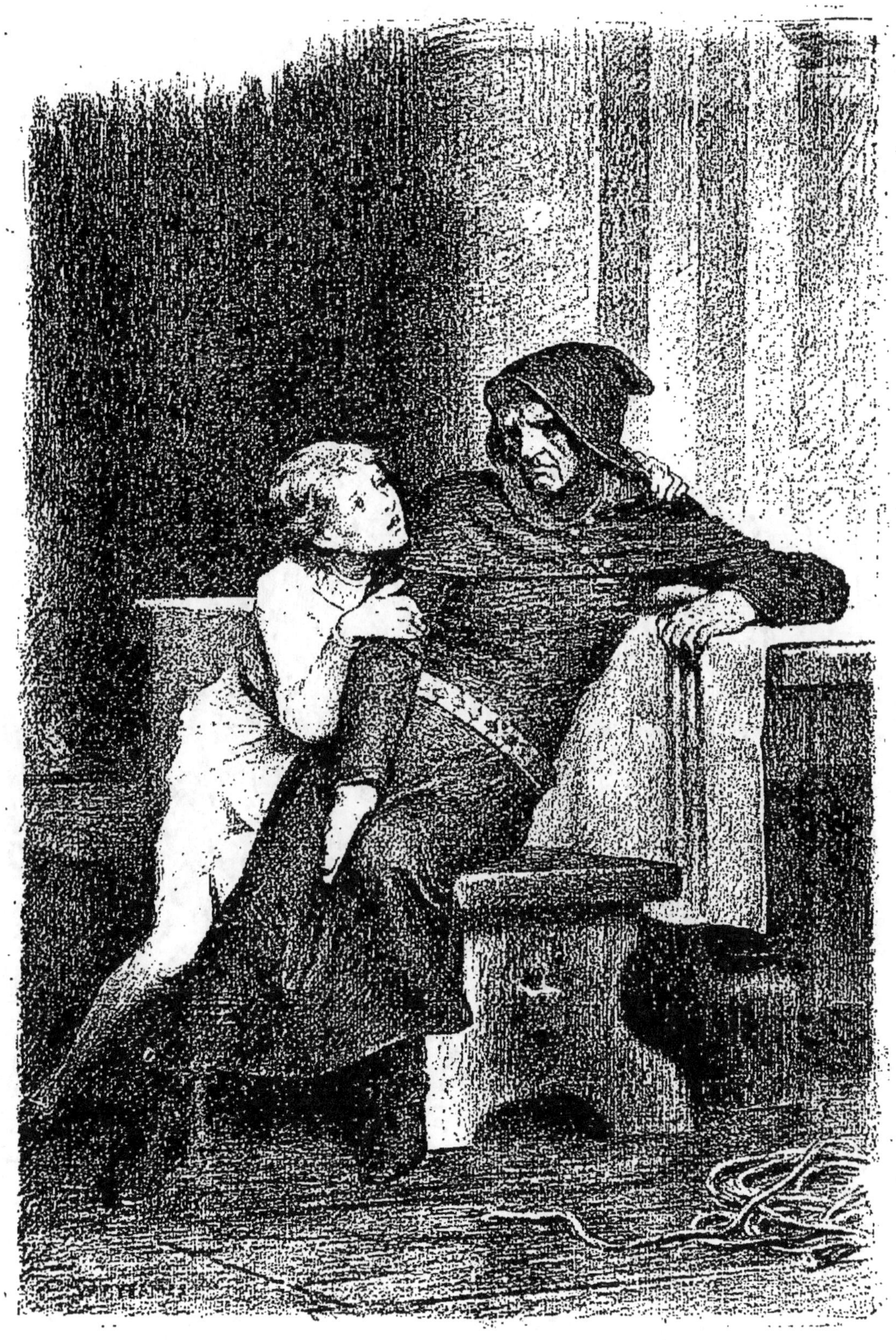

Yeames (W. F.). R. A. *Le Prince Arthur et Hubert. — Prince Arthur and Hubert.*

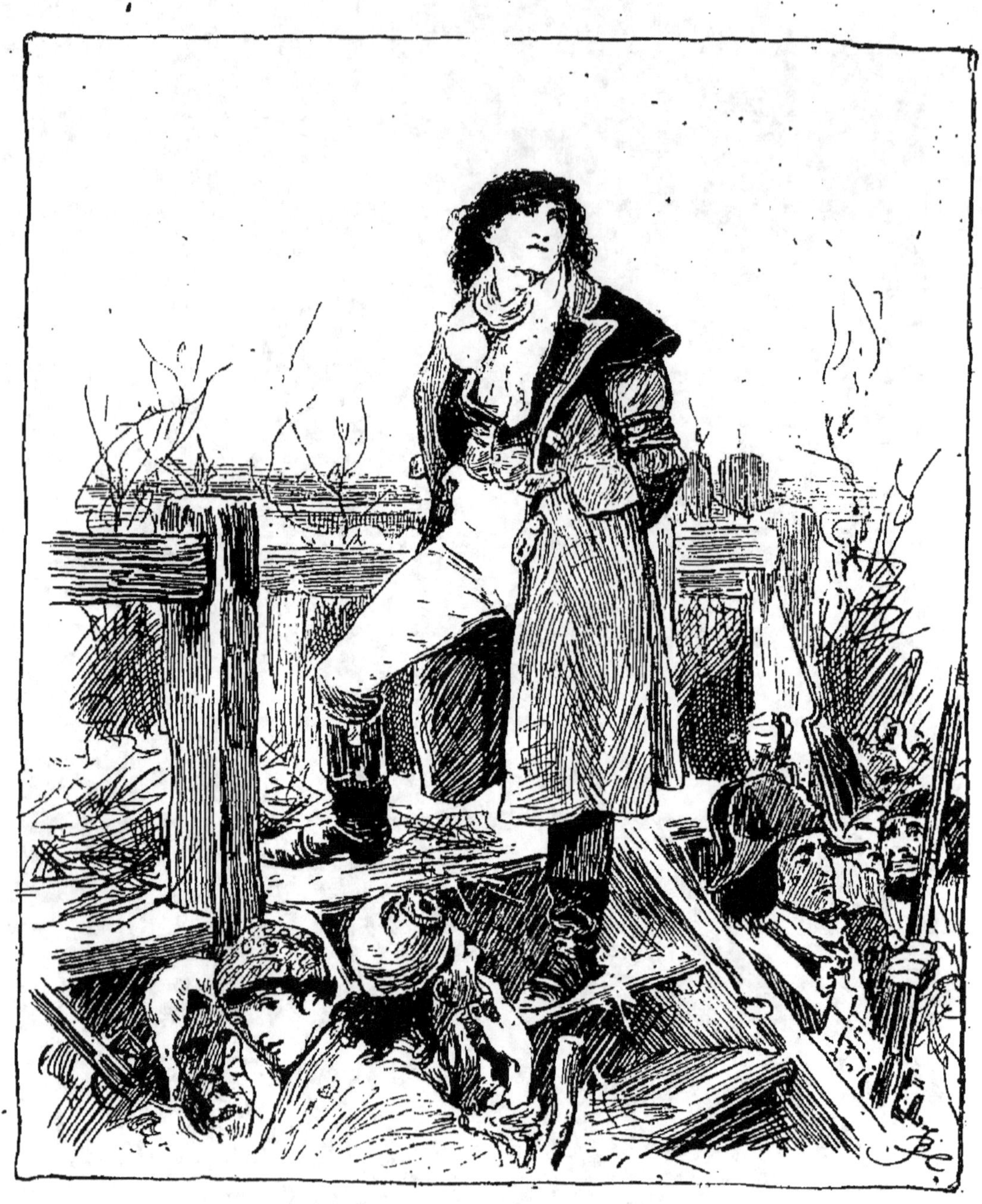

Barnard (F.). *Sidney Carton.*

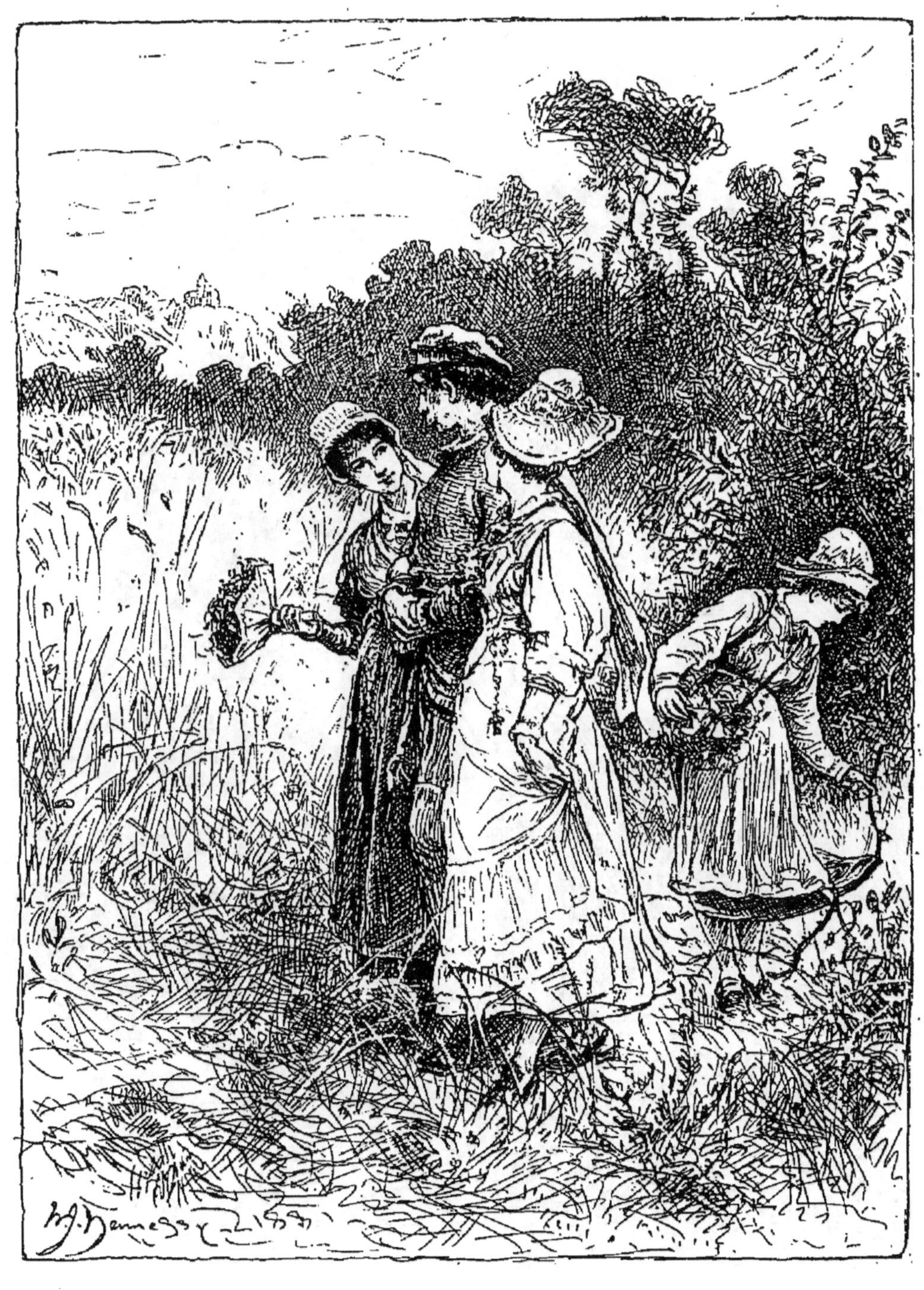

Hennessy (W.-J.). *En Fête : Calvados.* ·

3

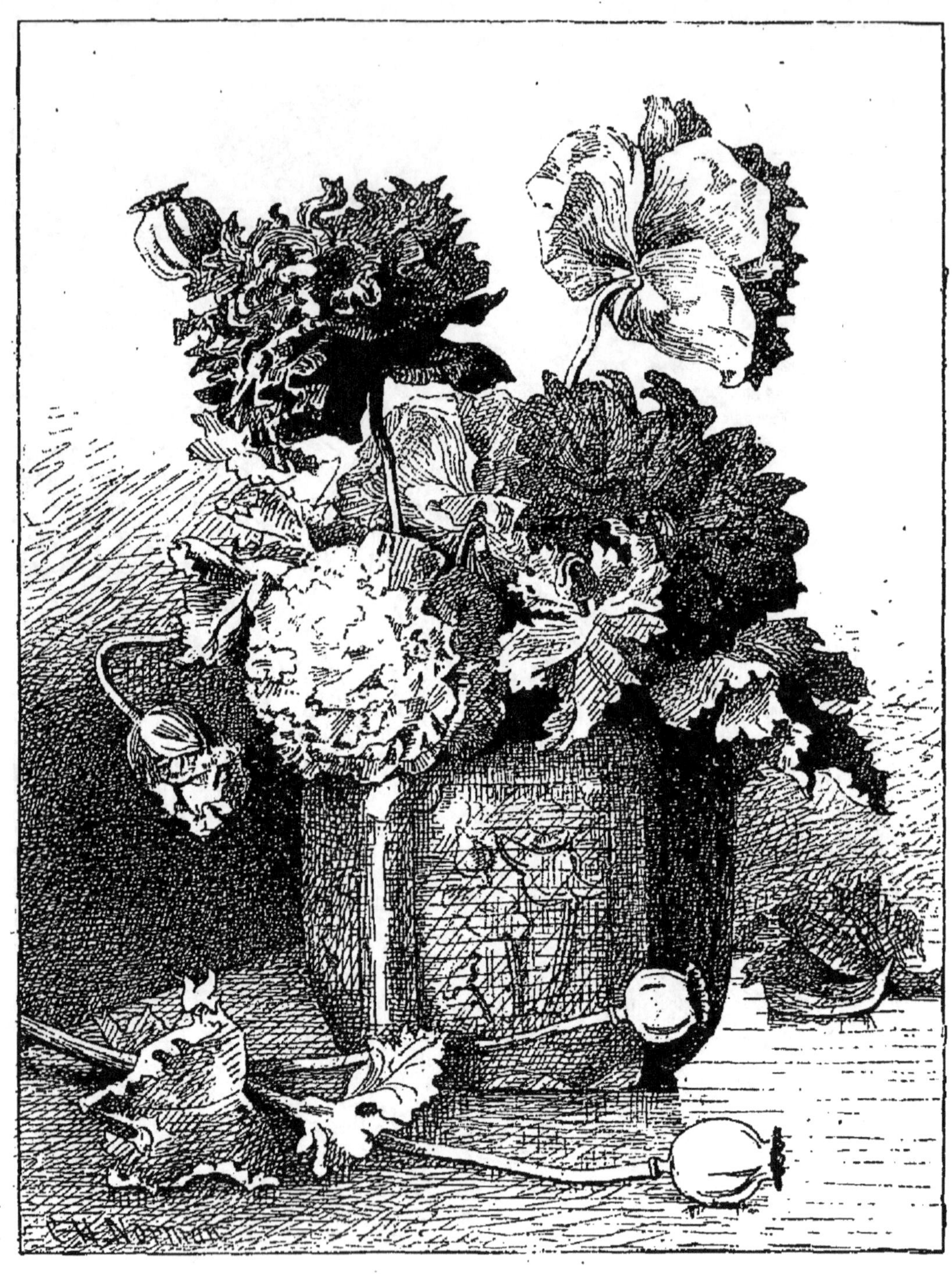

NORMAN (Mrs C.-H.). *Pavots. — Poppies.*

4

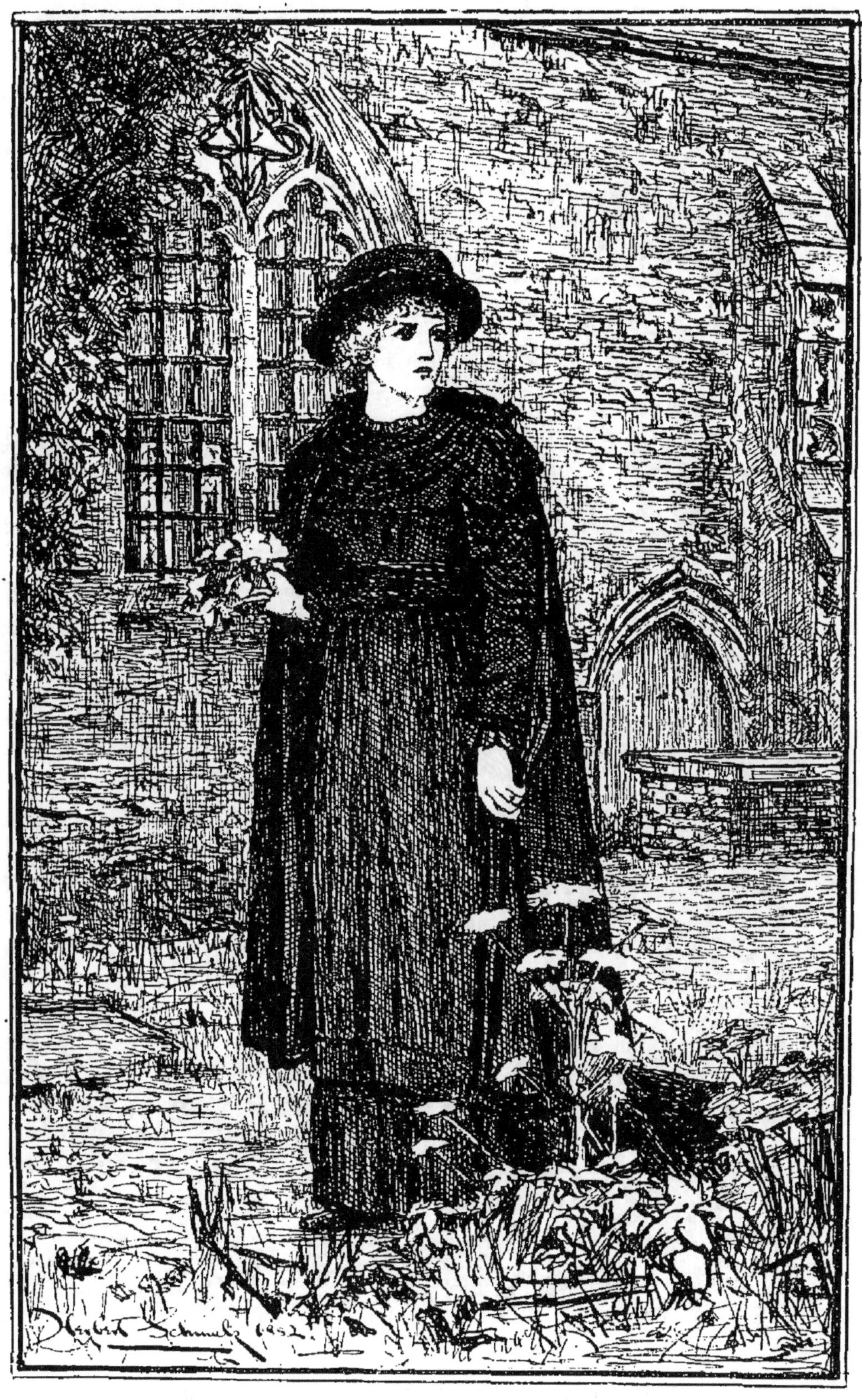

Schmalz (H.). *Voix! — Voices!*

5

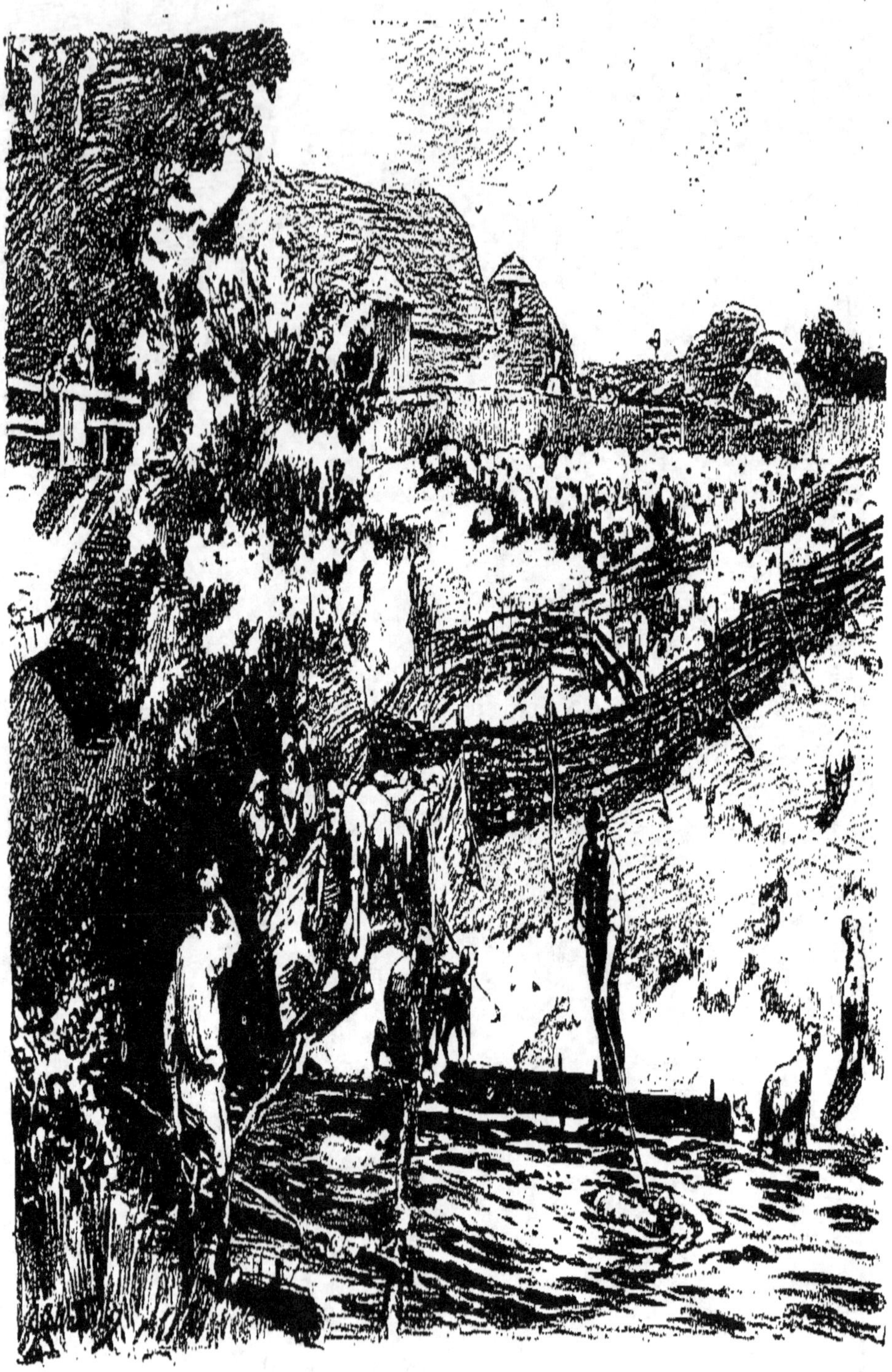

Waterlow (E.-A.). *Le Lavage des Moutons dans le comté de Sussex.* — *Sheep Washing : East Sussex.*

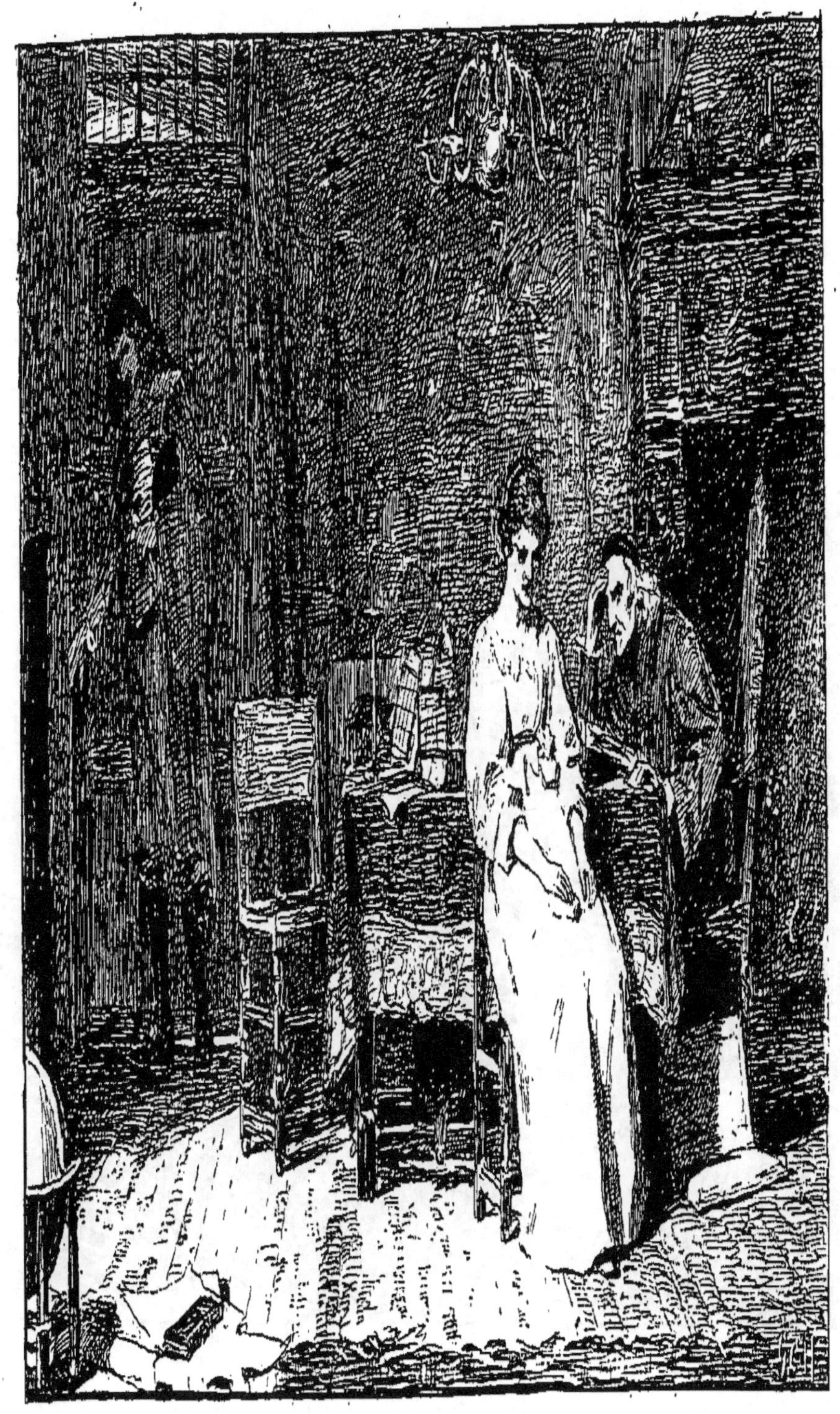

Hindley (G.-C.). *Les Péripéties du véritable Amour.* — "*The Course of True Love.*"

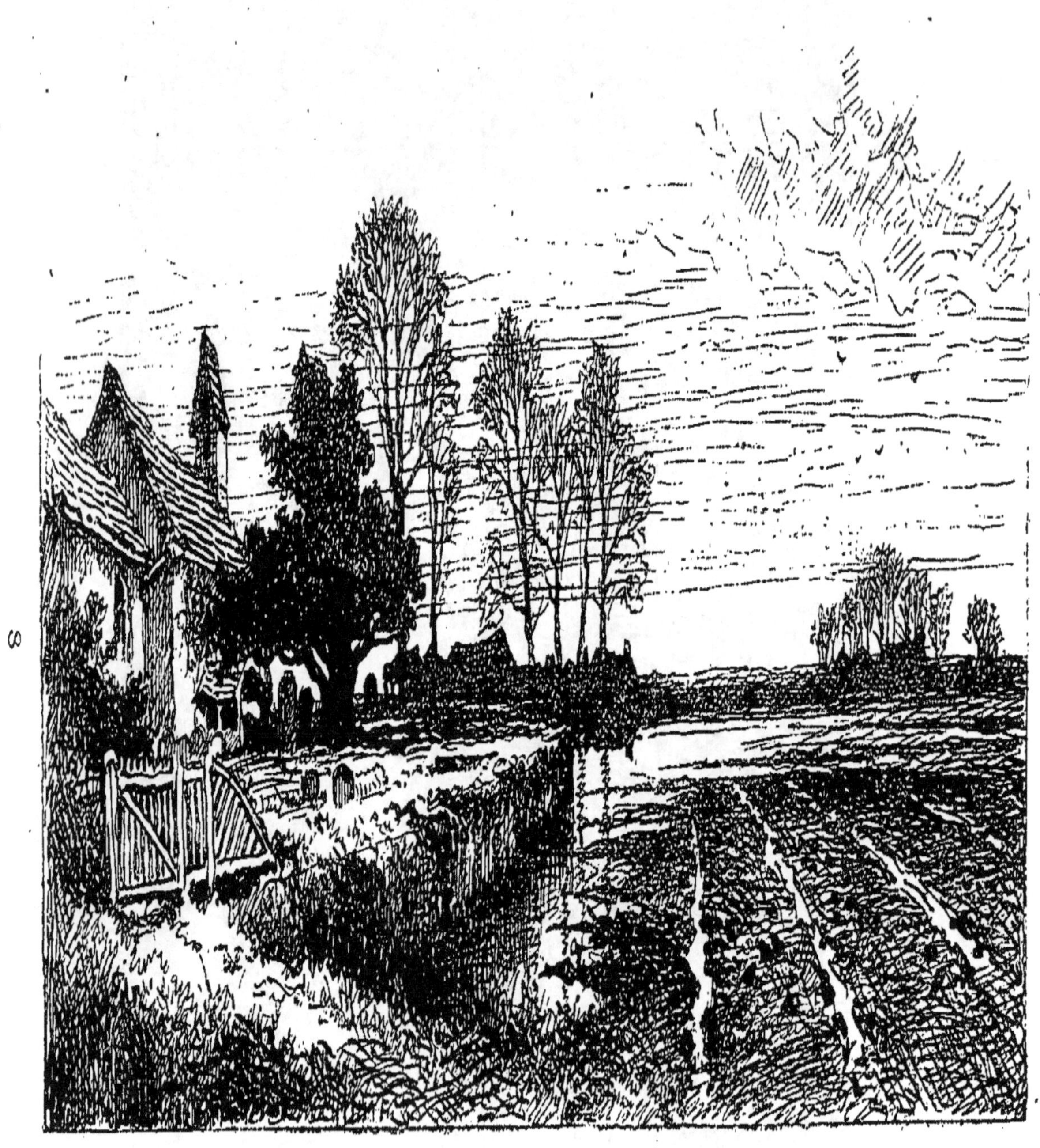

Leader (B.-W.). *Ce Soir il fera clair. — In the Evening there shall be Light.*

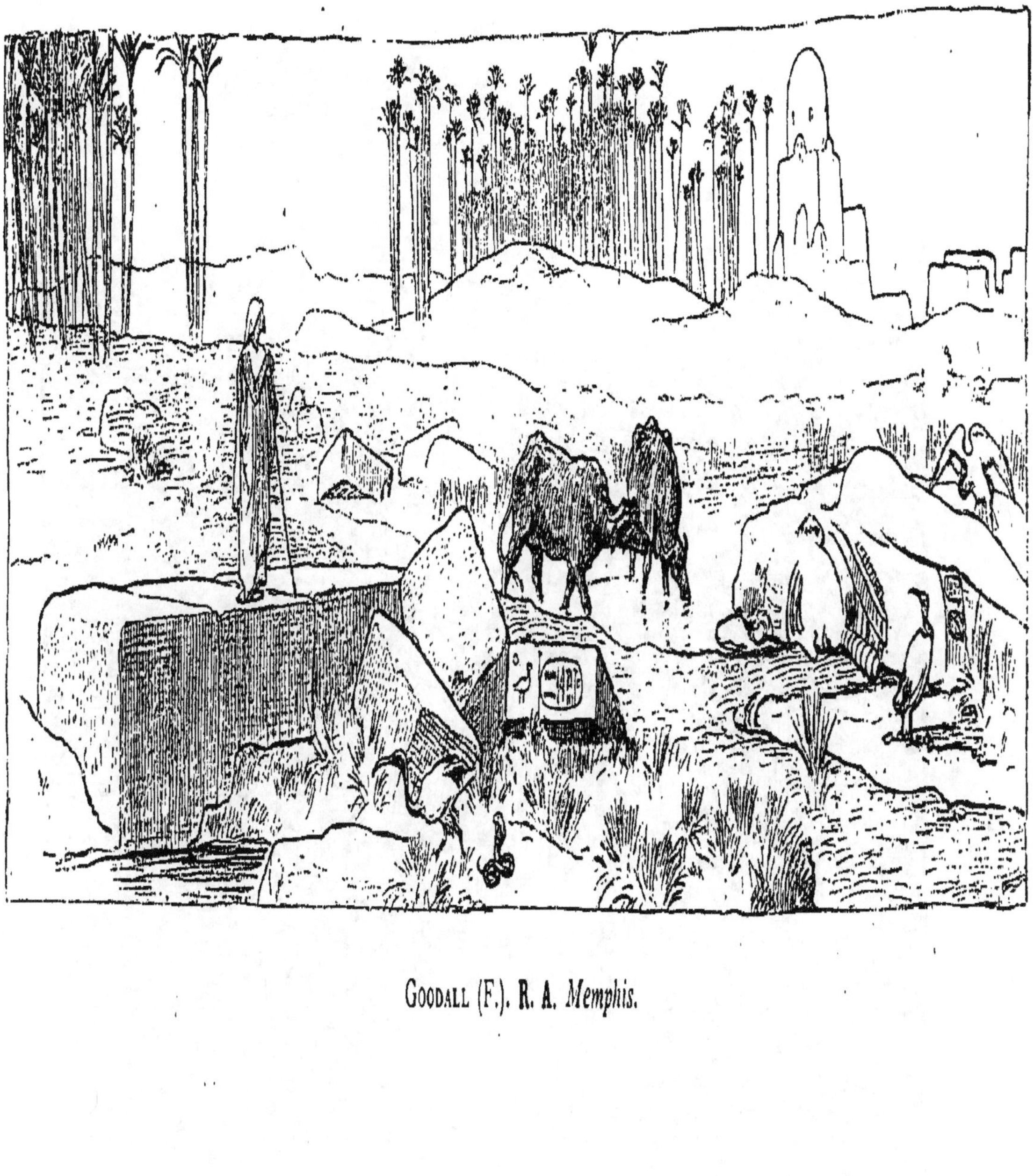

Goodall (F.). R. A. *Memphis.*

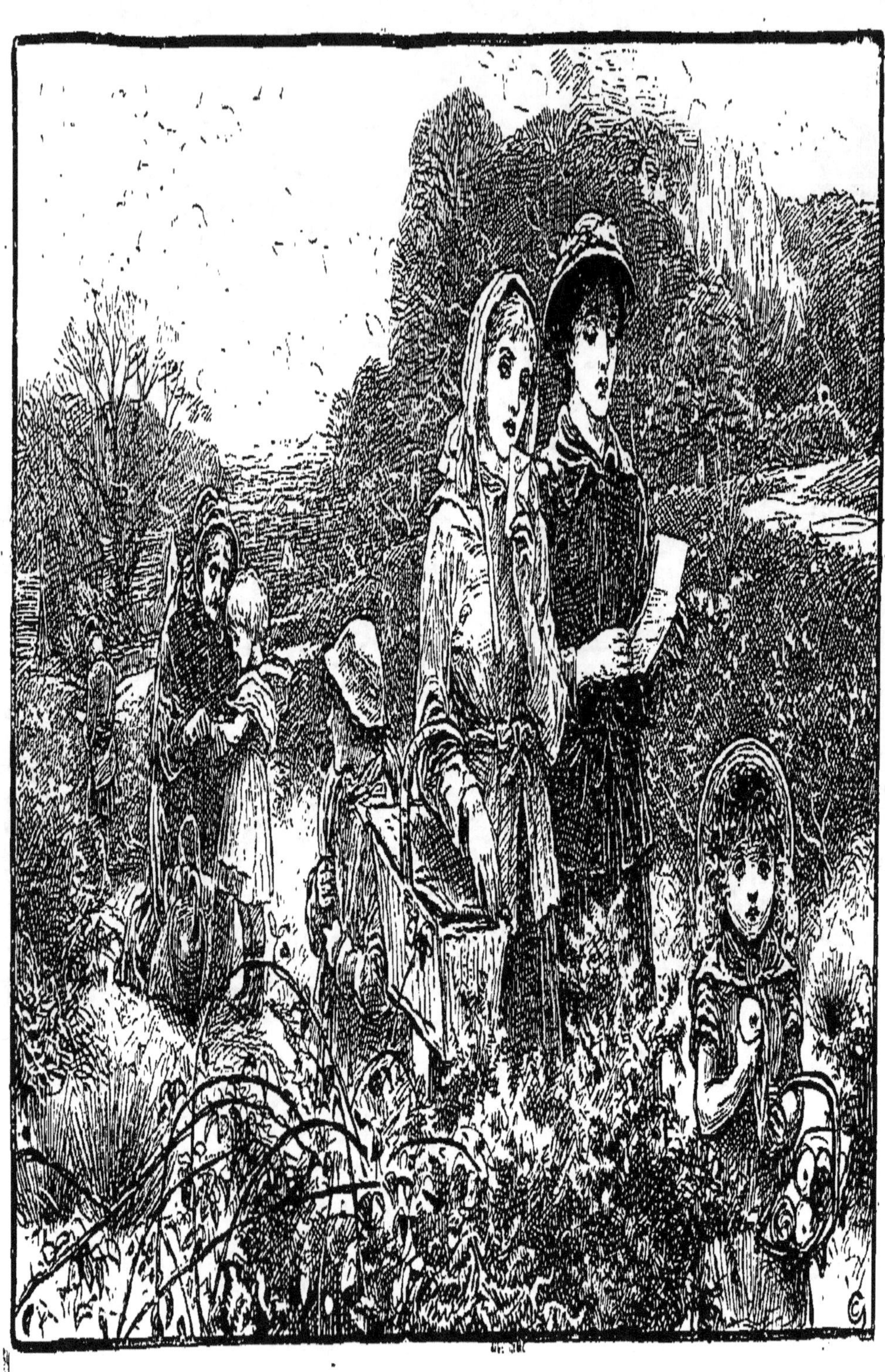

GREGORY (C.). *Épines. — Thorns.*

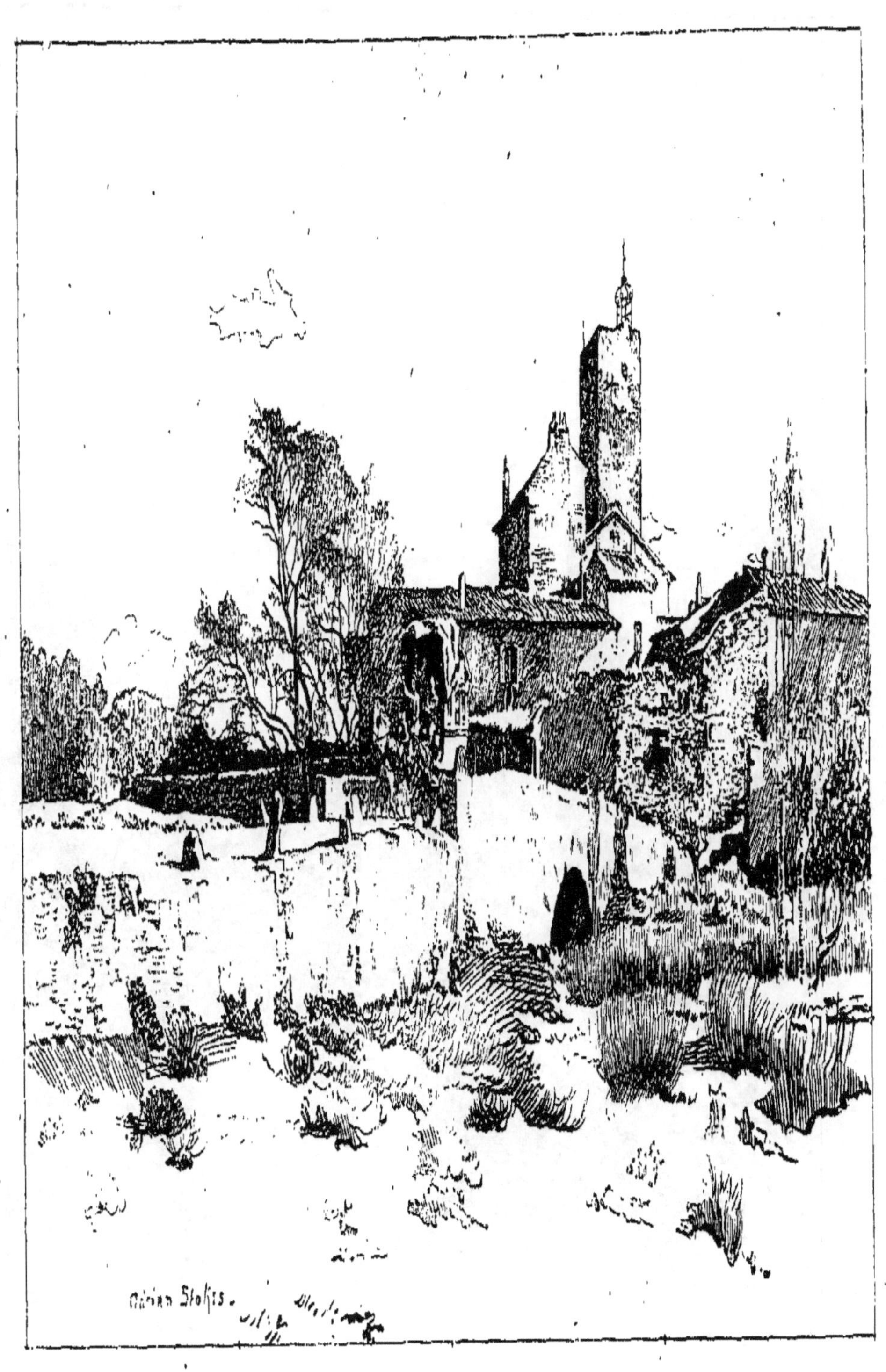

Stokes (A.). *Après-midi d'hiver dans le sud de la France. — A Winter Afternoon in the South of France.*

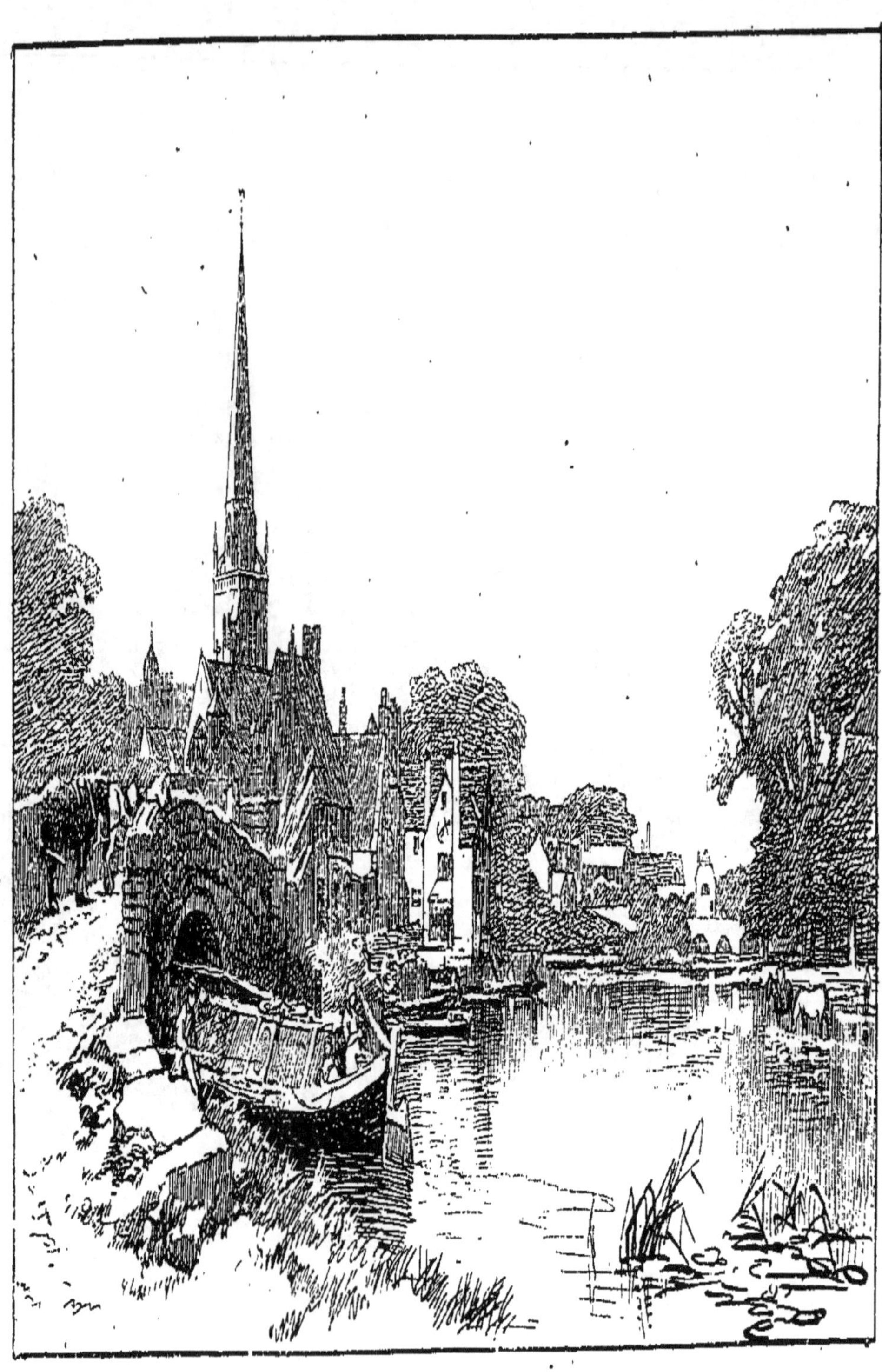

Cole (Vicat). R. A. Abingdon.

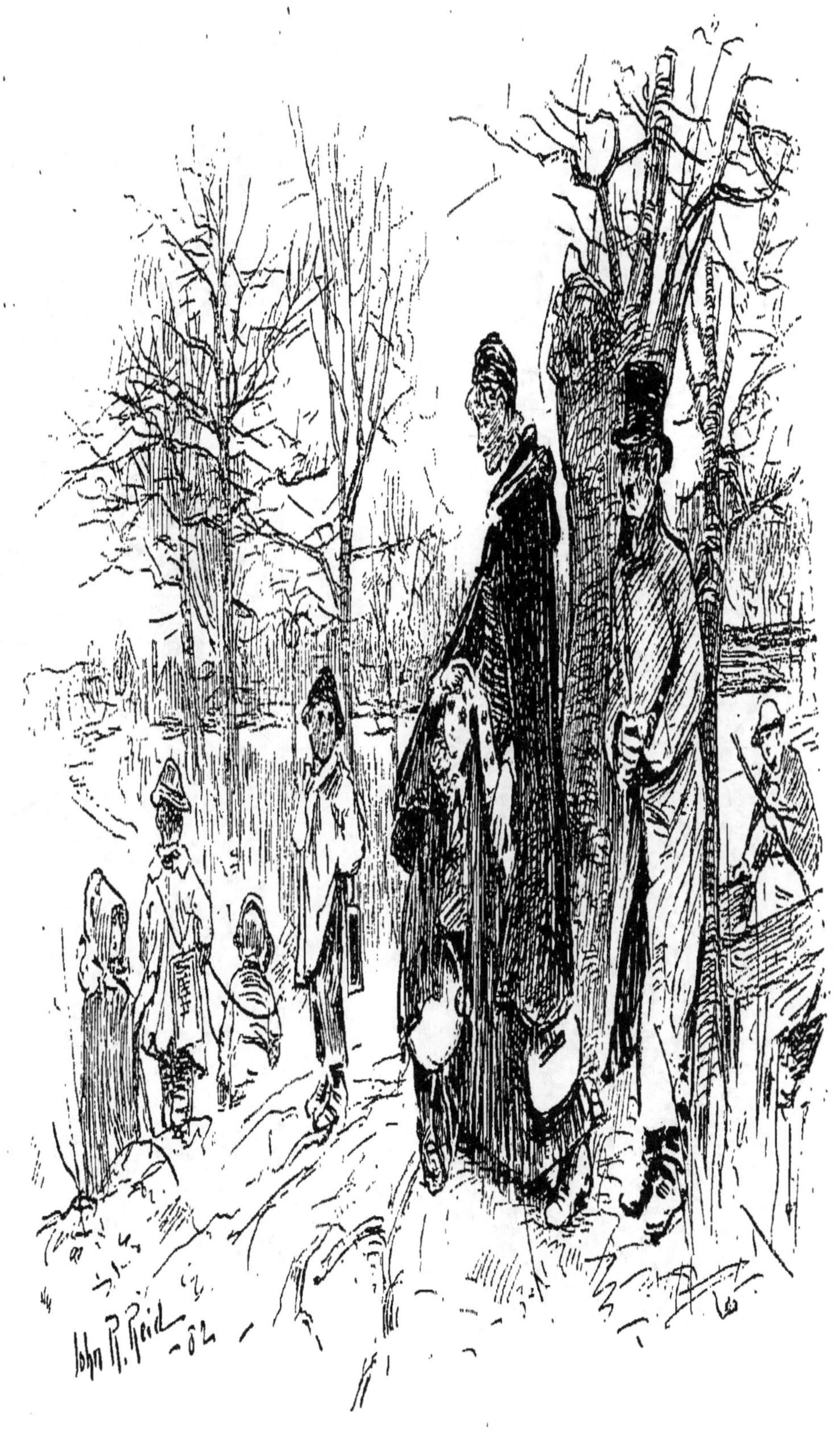

13

REID (JOHN R.). *Sans feu ni lieu.* — *Homeless and Homewards.*

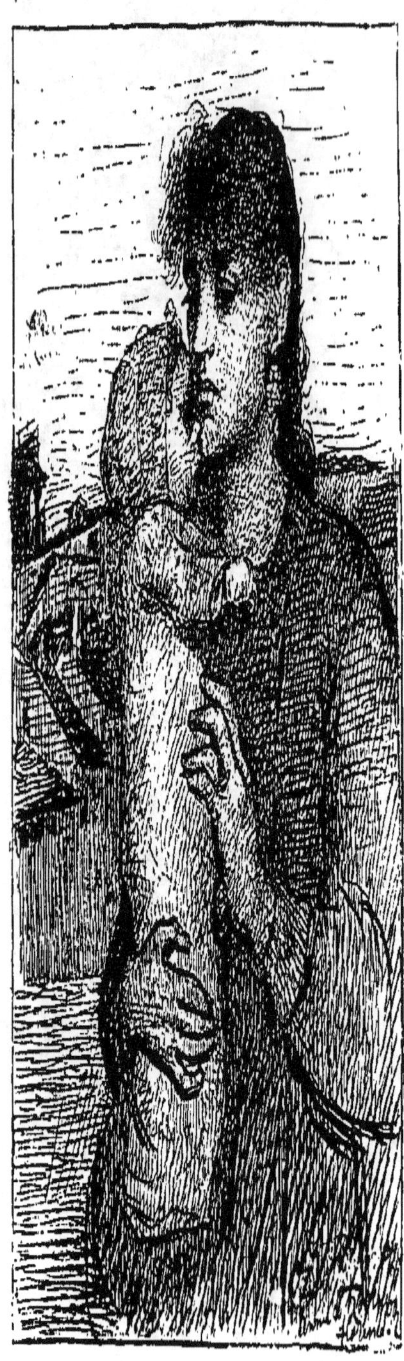

ROBINSON (Miss A. L.). *Une Mère florentine.*
A Florentine Mother and Child.

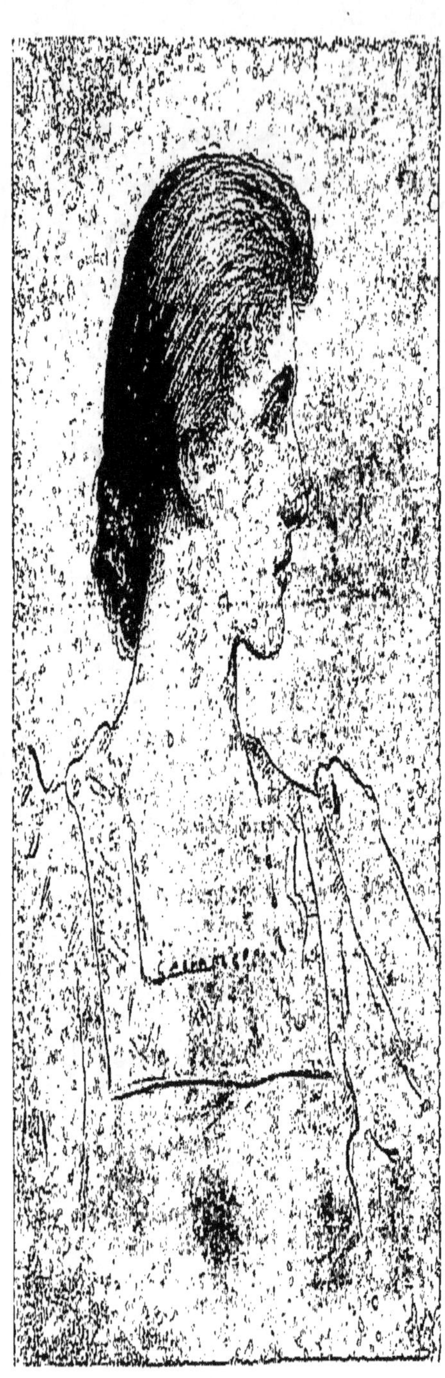

JOPLING (Mrs L.). *Rosamonde la blonde.*
Fair Rosamond.

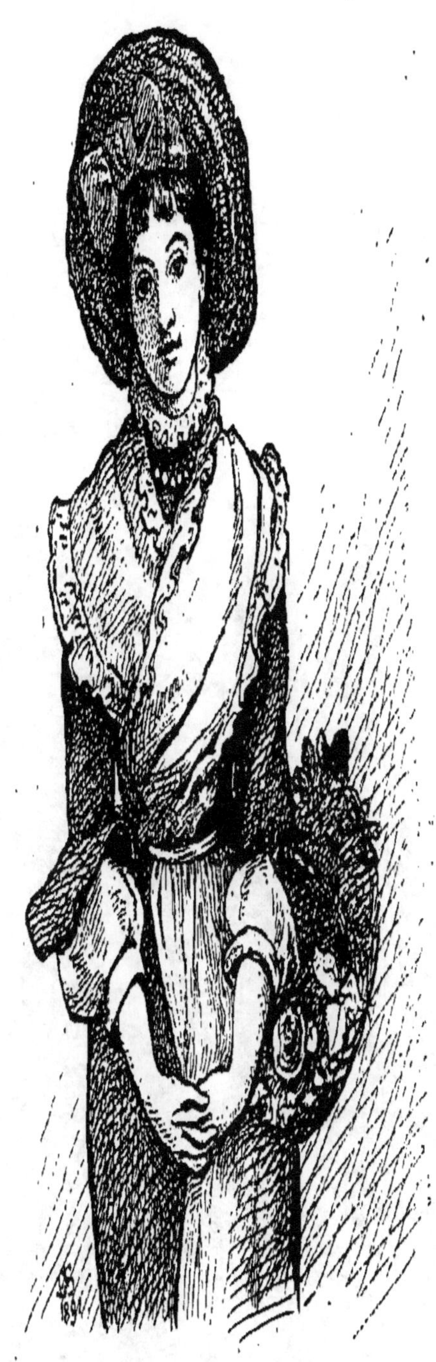

Storey (G.-A.). A. *La Fille pensive.*
Pensive daughter.

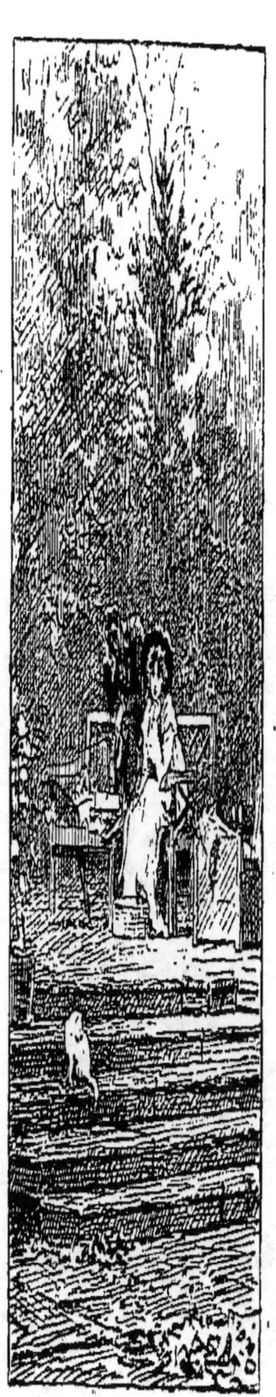

Stone (Marcus). A. R. A.
Il y en a toujours un autre.

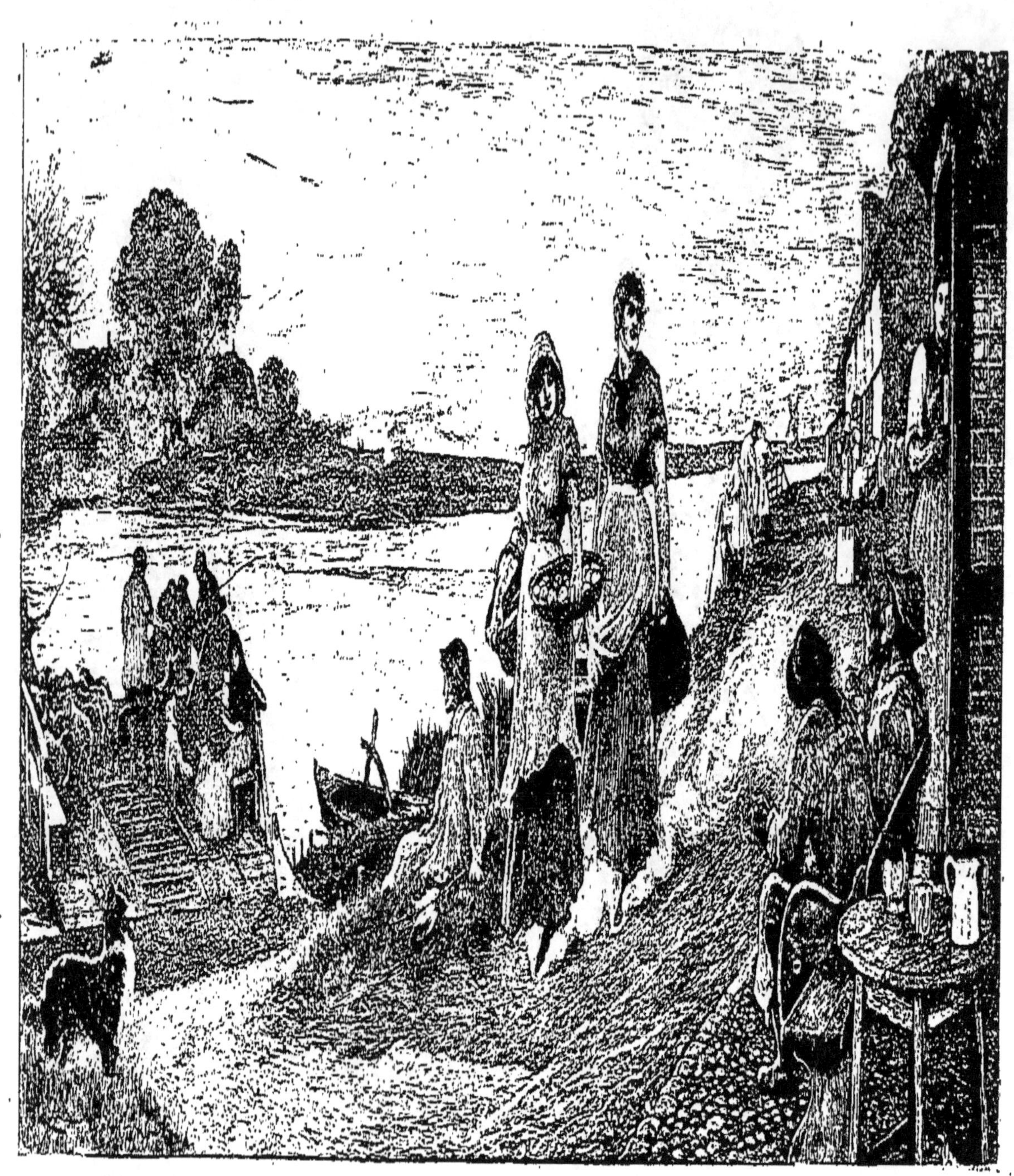

Macbeth (R. W.). — *L'Auberge du Bac. — The Ferry Inn.*

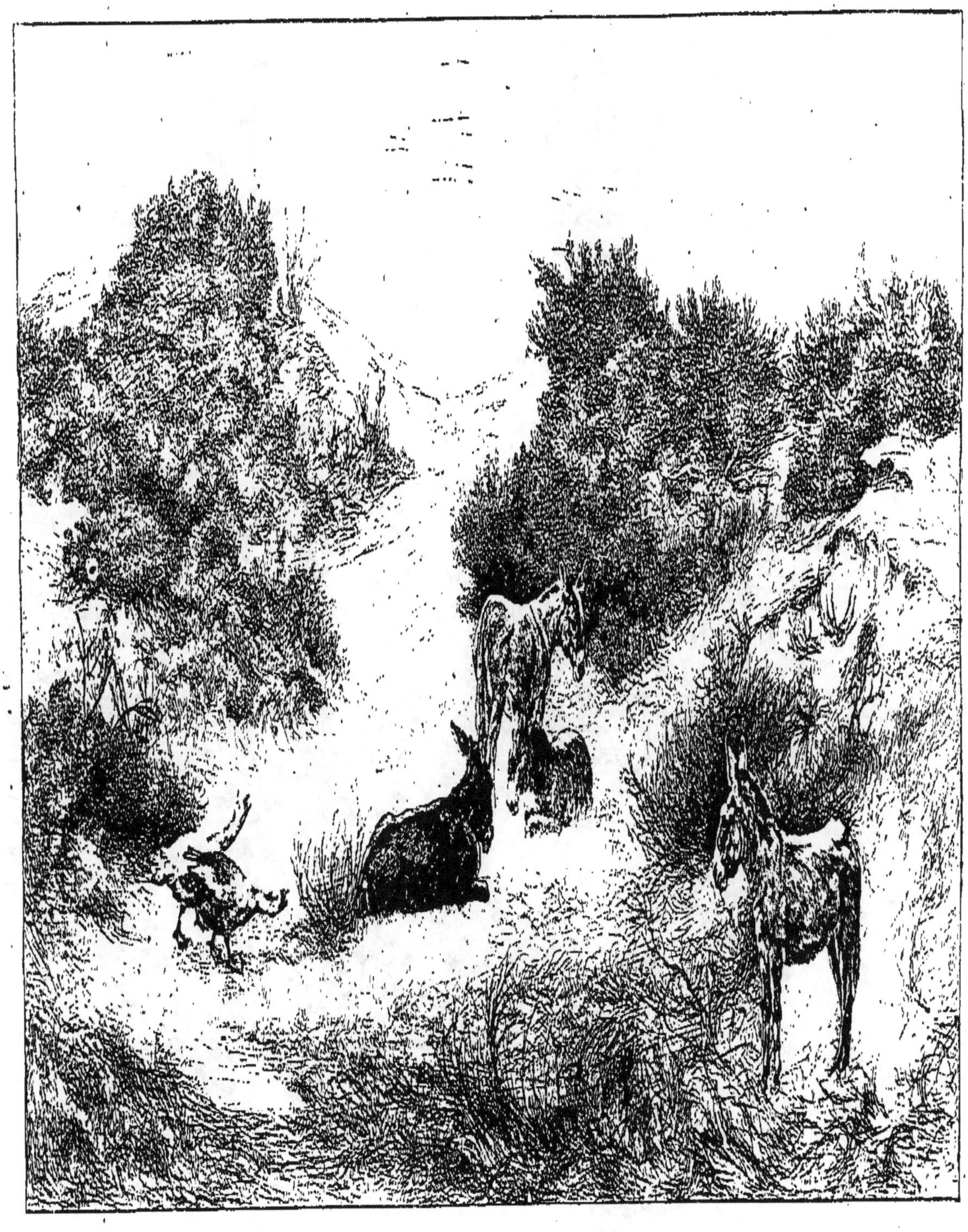

Byrne (E.). *Membres de la commune. — Members of the Commons.*

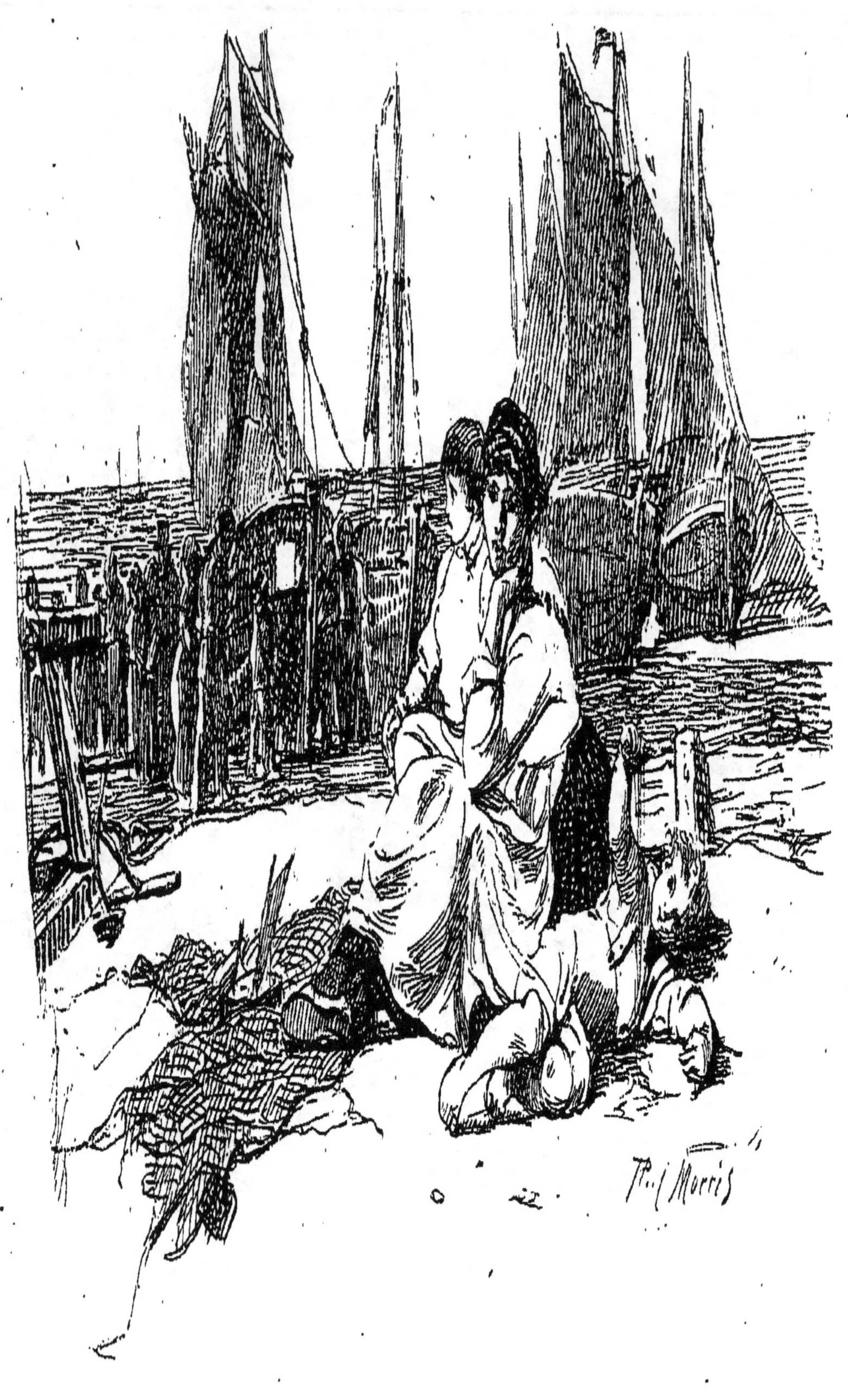

Morris (P.-R.) A. R. A. *La Vente du bateau.* — *The Sale of the Boat.*

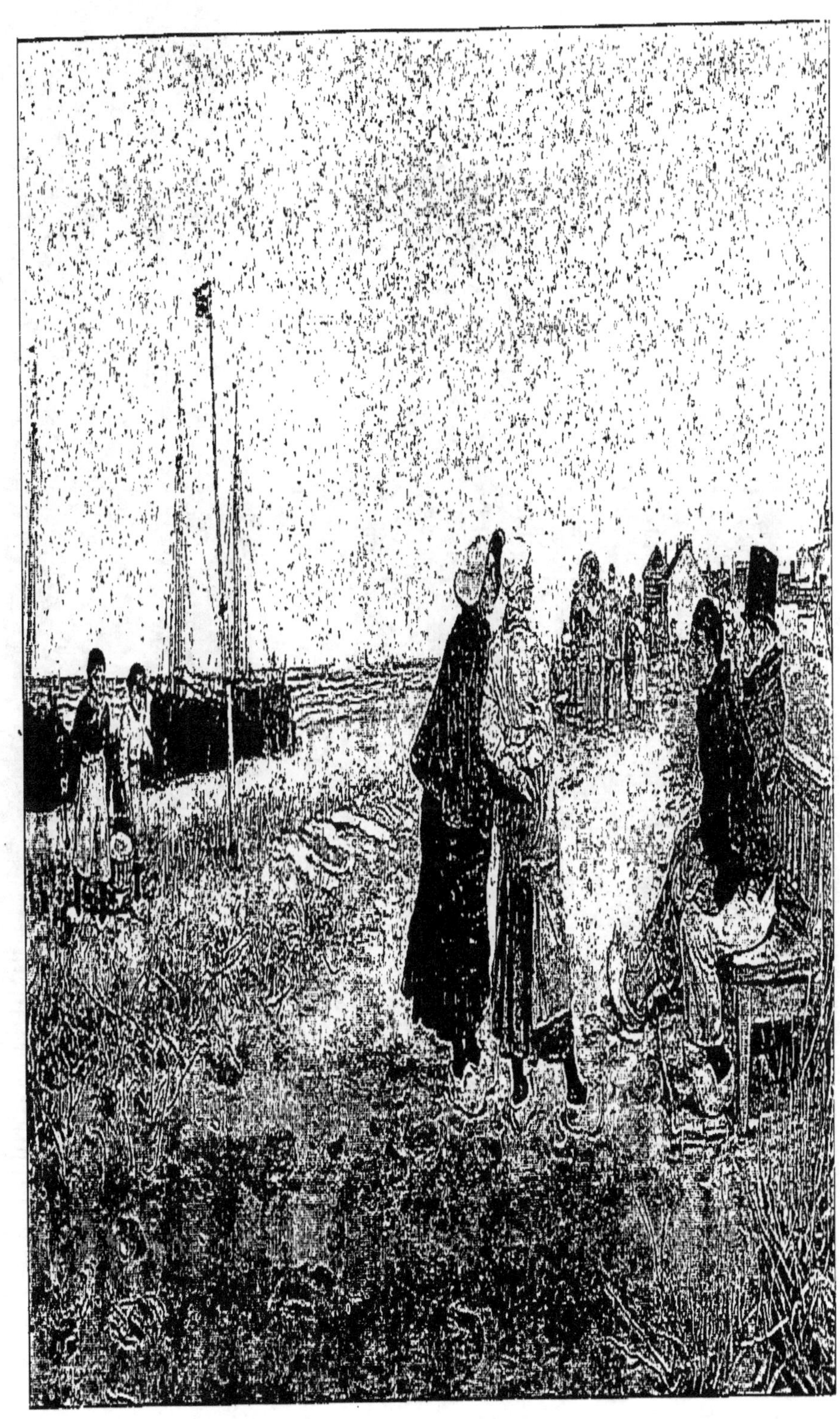

Boughton (G.-H.), A. R. A. *Un échange de compliments, Muiden; Hollande.*
Muiden, North Holland : An exchange of Compliments.

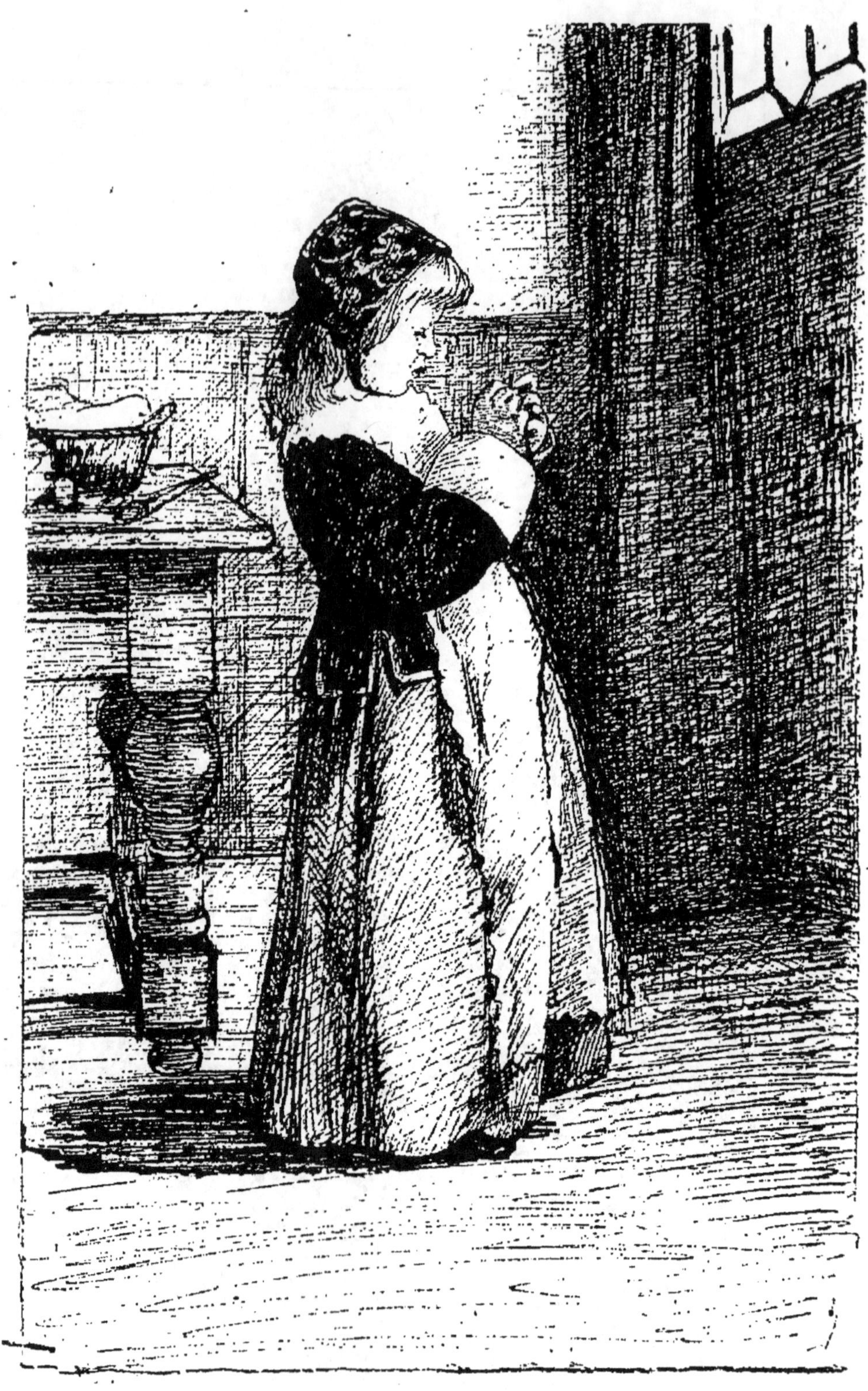

Alma-Tadema (Mrs). *L'Aiguille de la Grand'mère. — Granny's needle.*

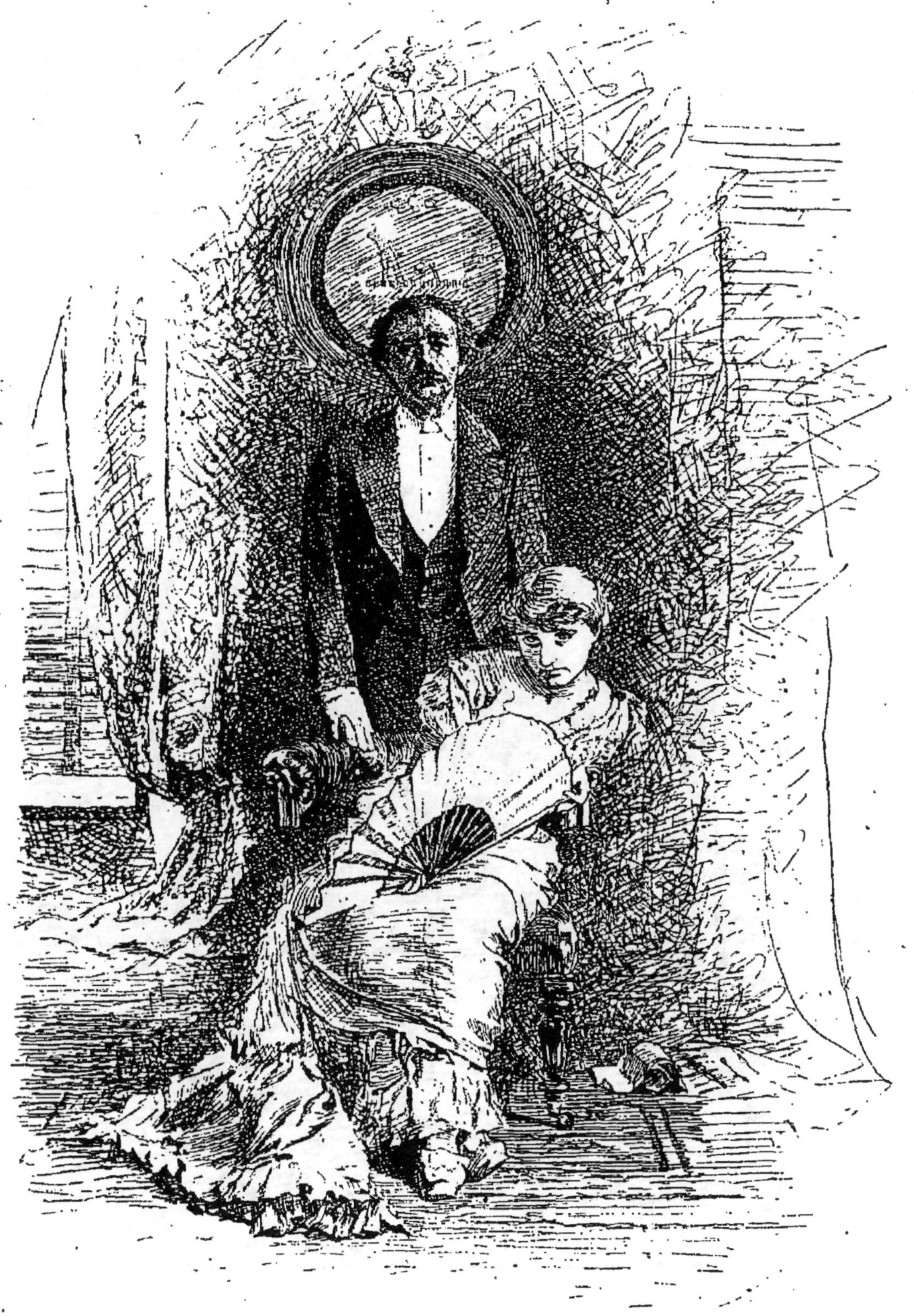

Gregory (E.-J.). *Une Répétition. — A Rehearsal.*

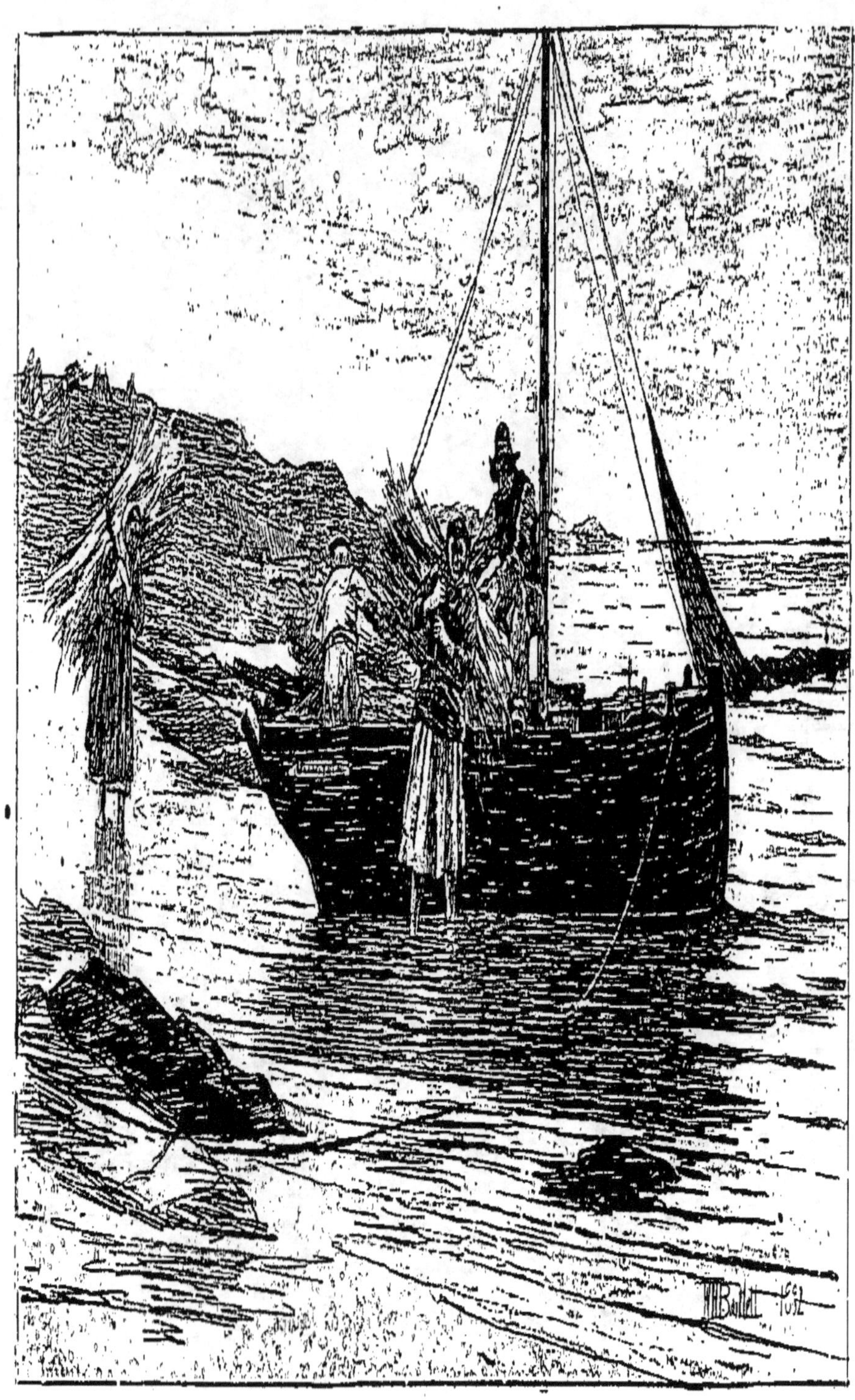

Bartlett (W.-H.). *Près Roundstone. — Near Roundstone.*

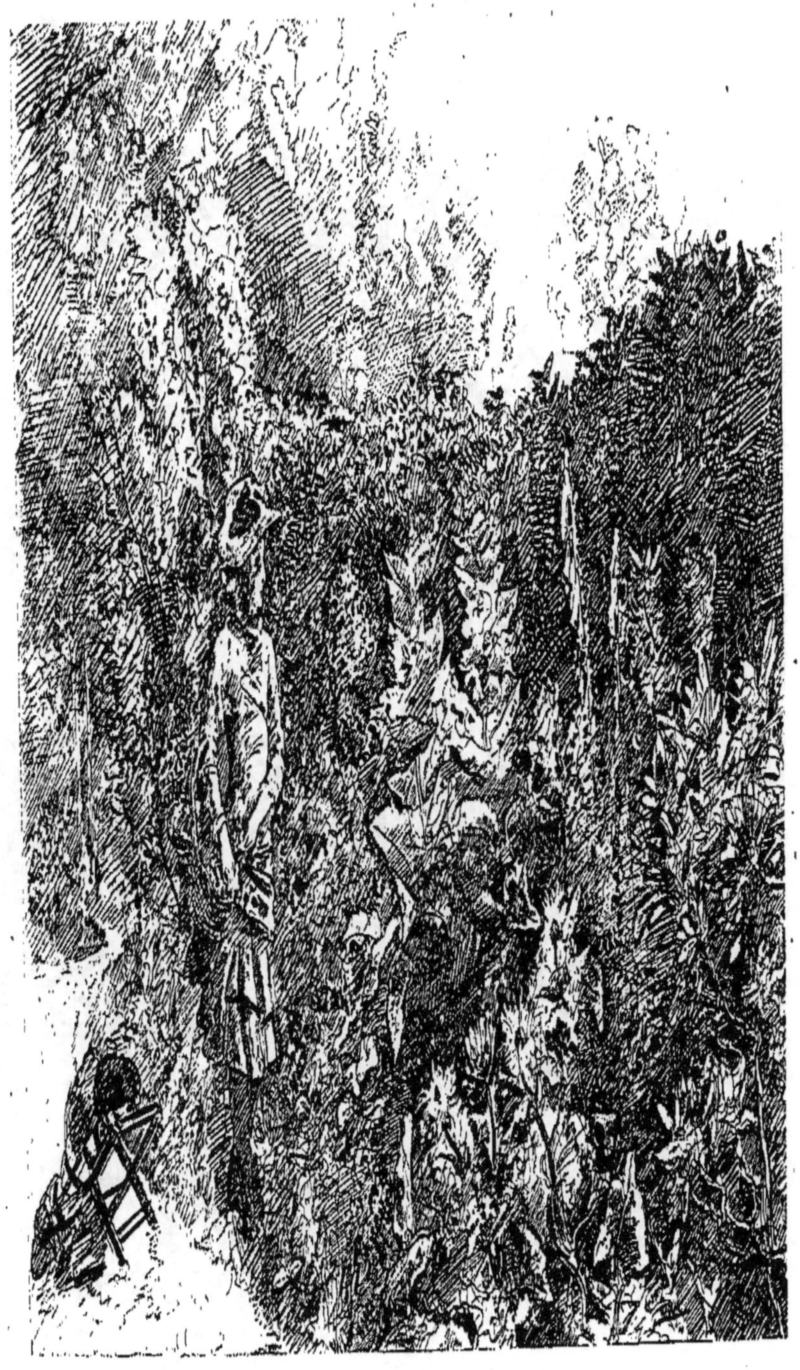

STAPLES (R.-P.), *Bonsoir, fleurs!* — *Good-night to the flowers.*

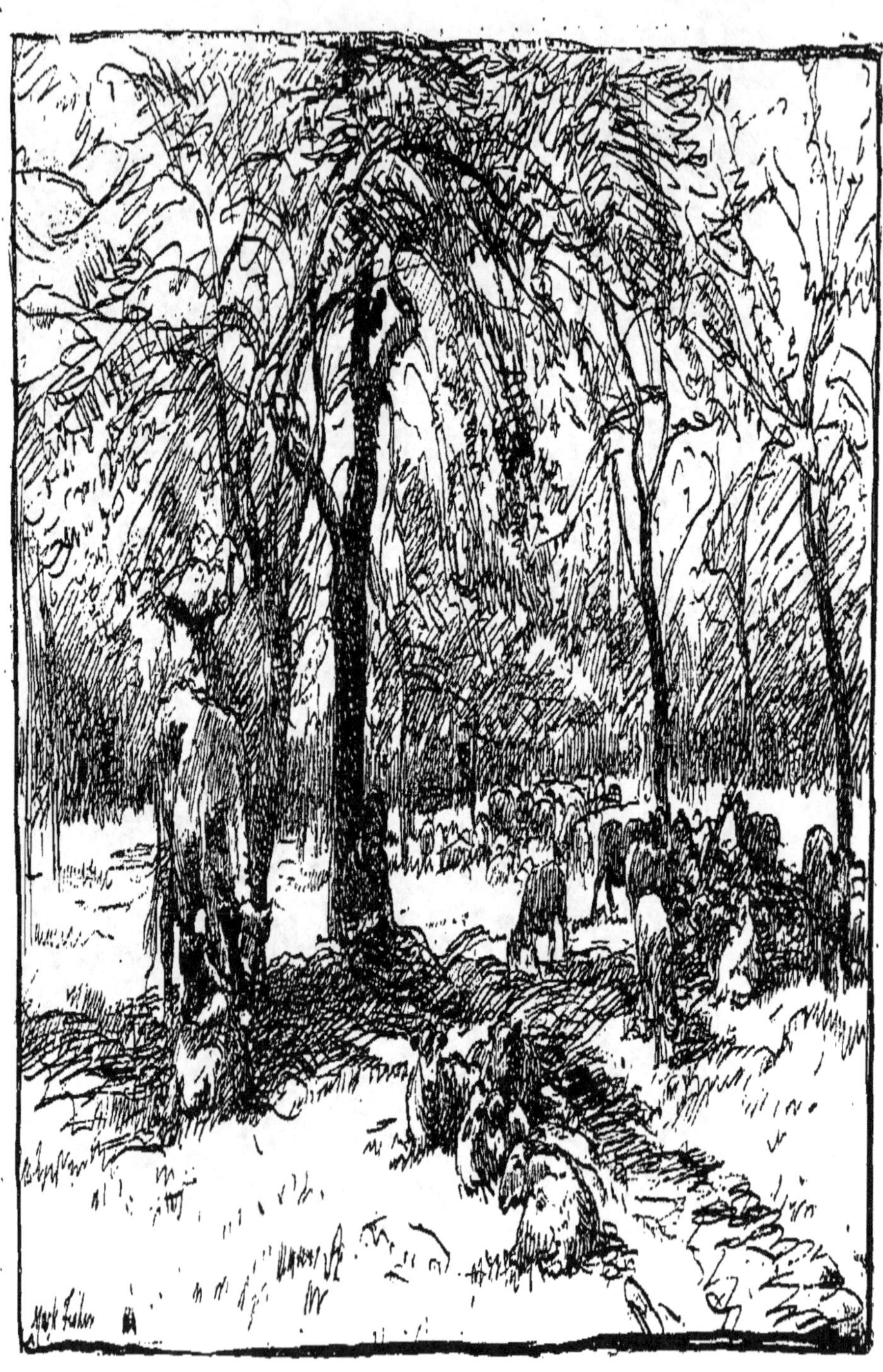

FISHER (MARK). *Printemps.* — *Spring-time.*

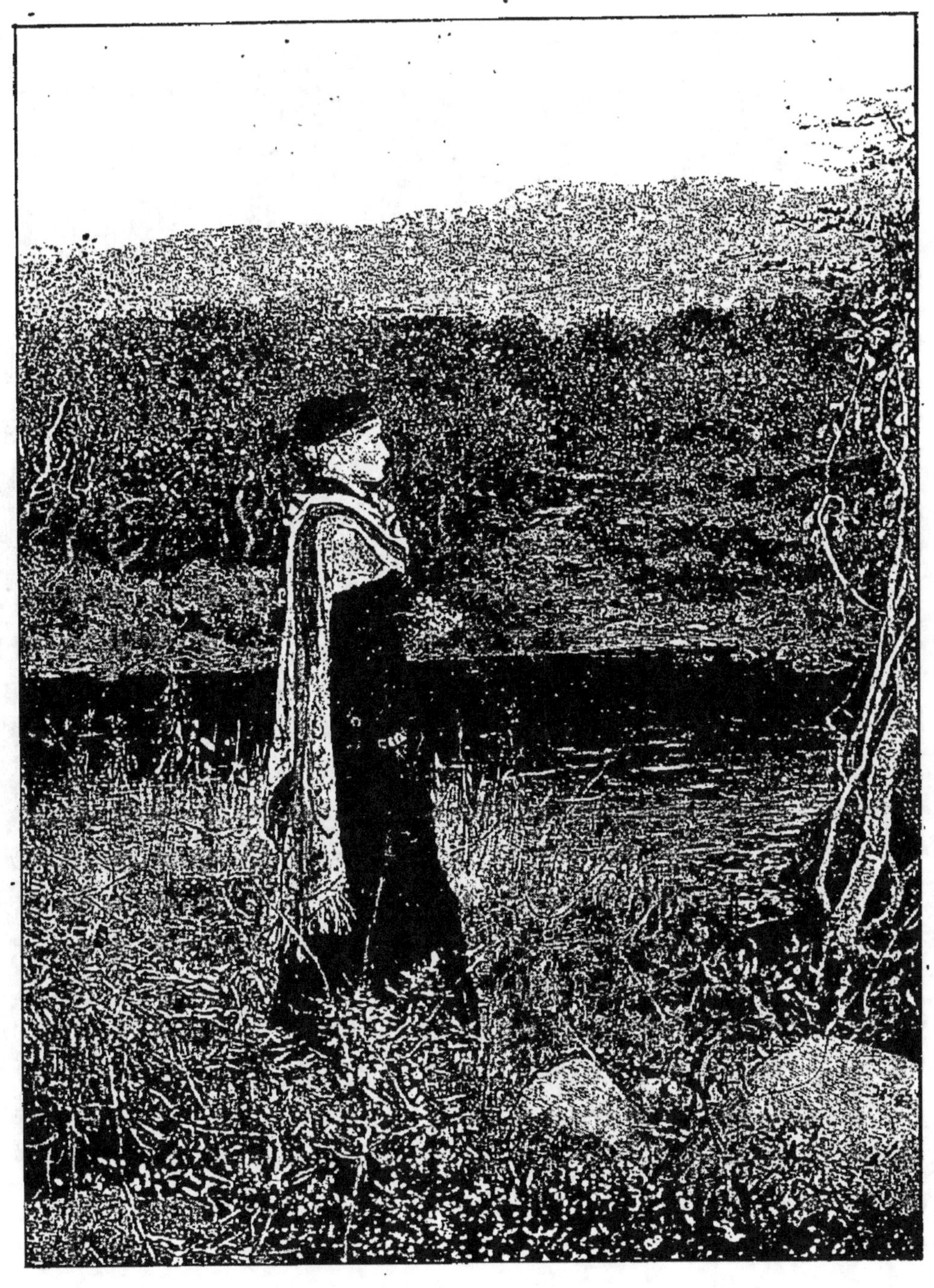

Boughton (G.-H.). **A.R.A.** *Promenade d'Automne au bord du Spey.*
An Autumnal Ramble by the Spey.

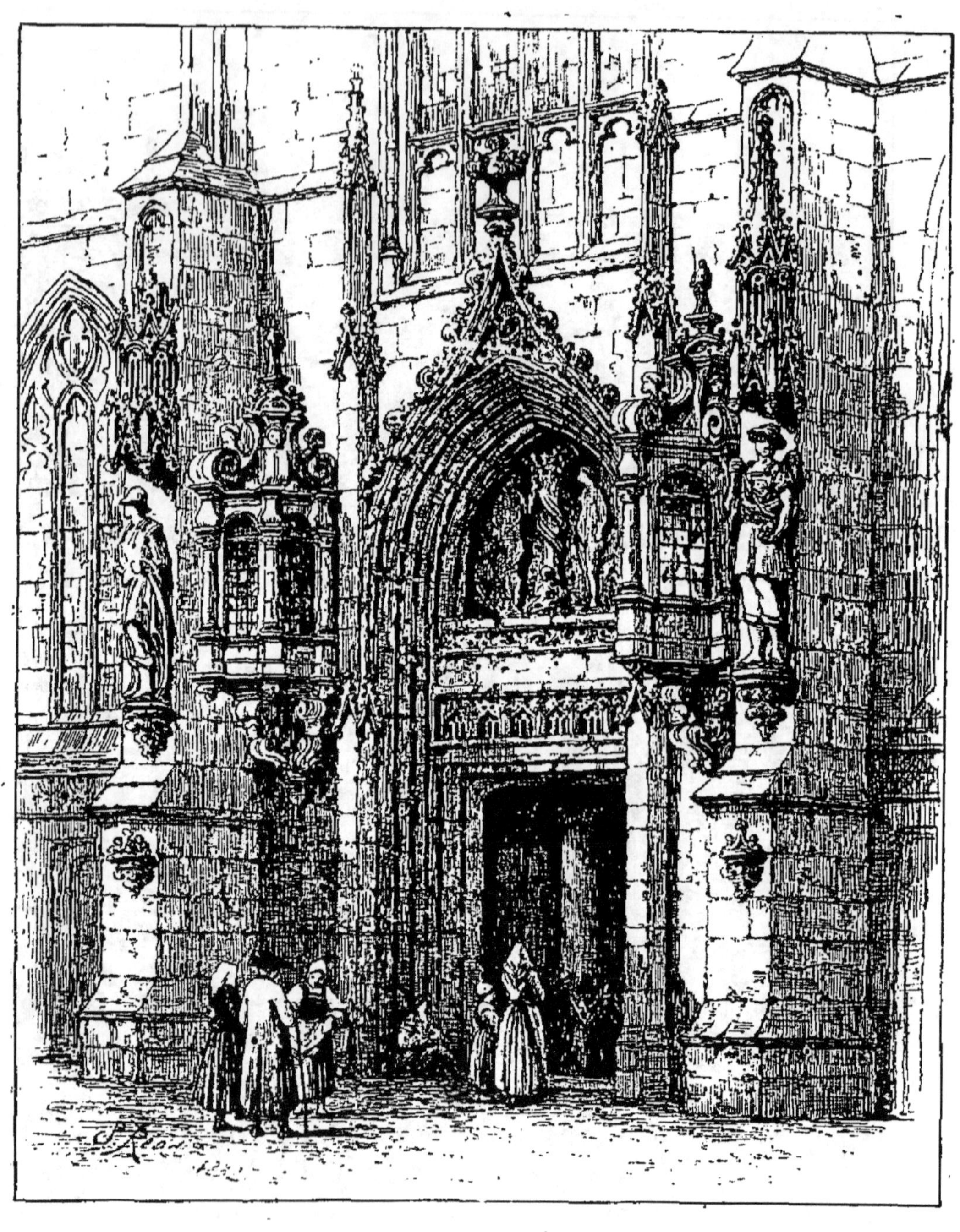

READ. (S.). *La porte sud de la Cathédrale de Münster.*
South Entrance to Cathedral, Münster.

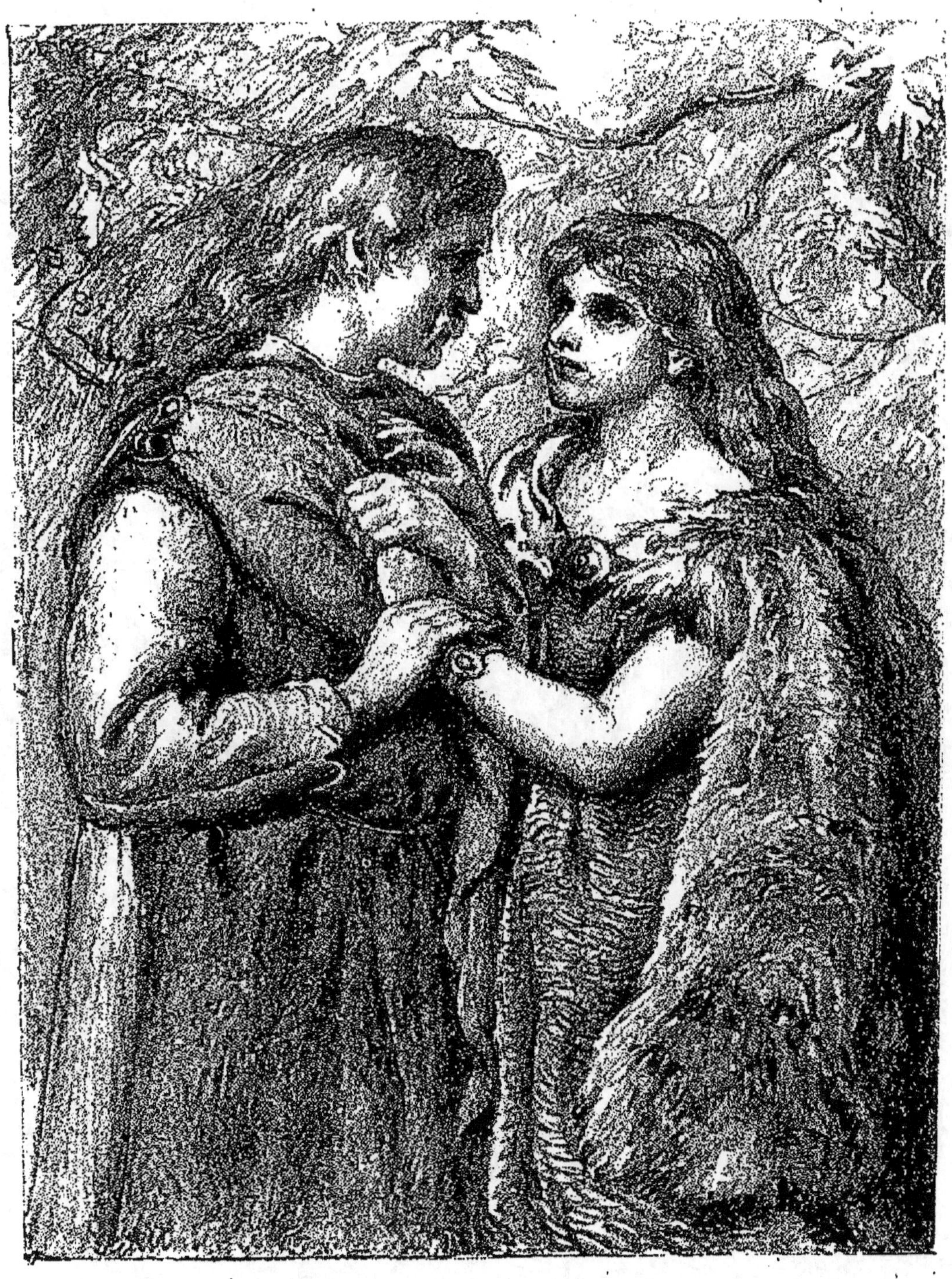

Duncan (W.). *Posthumus et Imogen.* — *Posthumus and Imogen.*

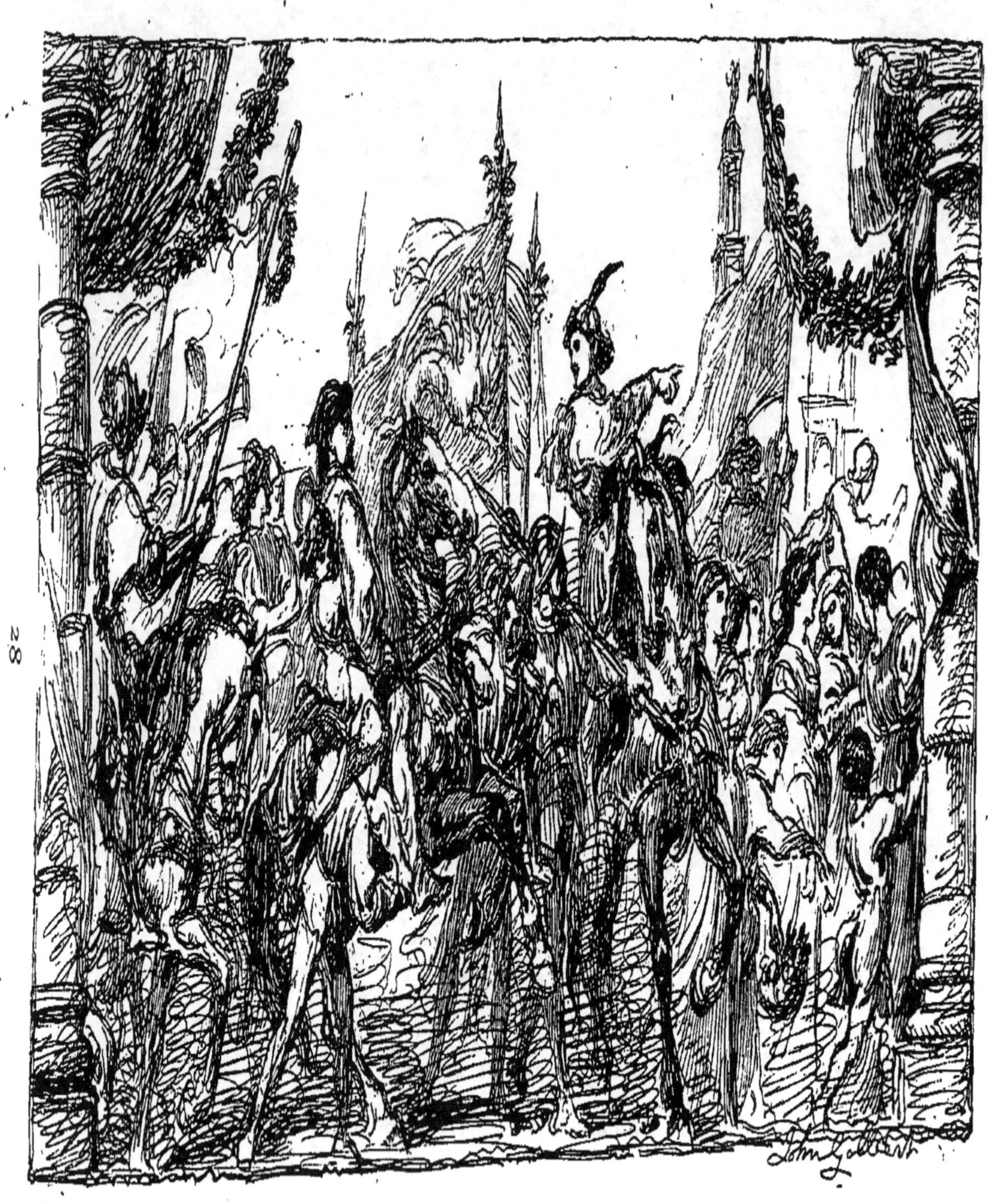

GILBERT (Sir John). R. A. *La Tête de la Procession.* — *The Head of the Procession.*

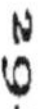

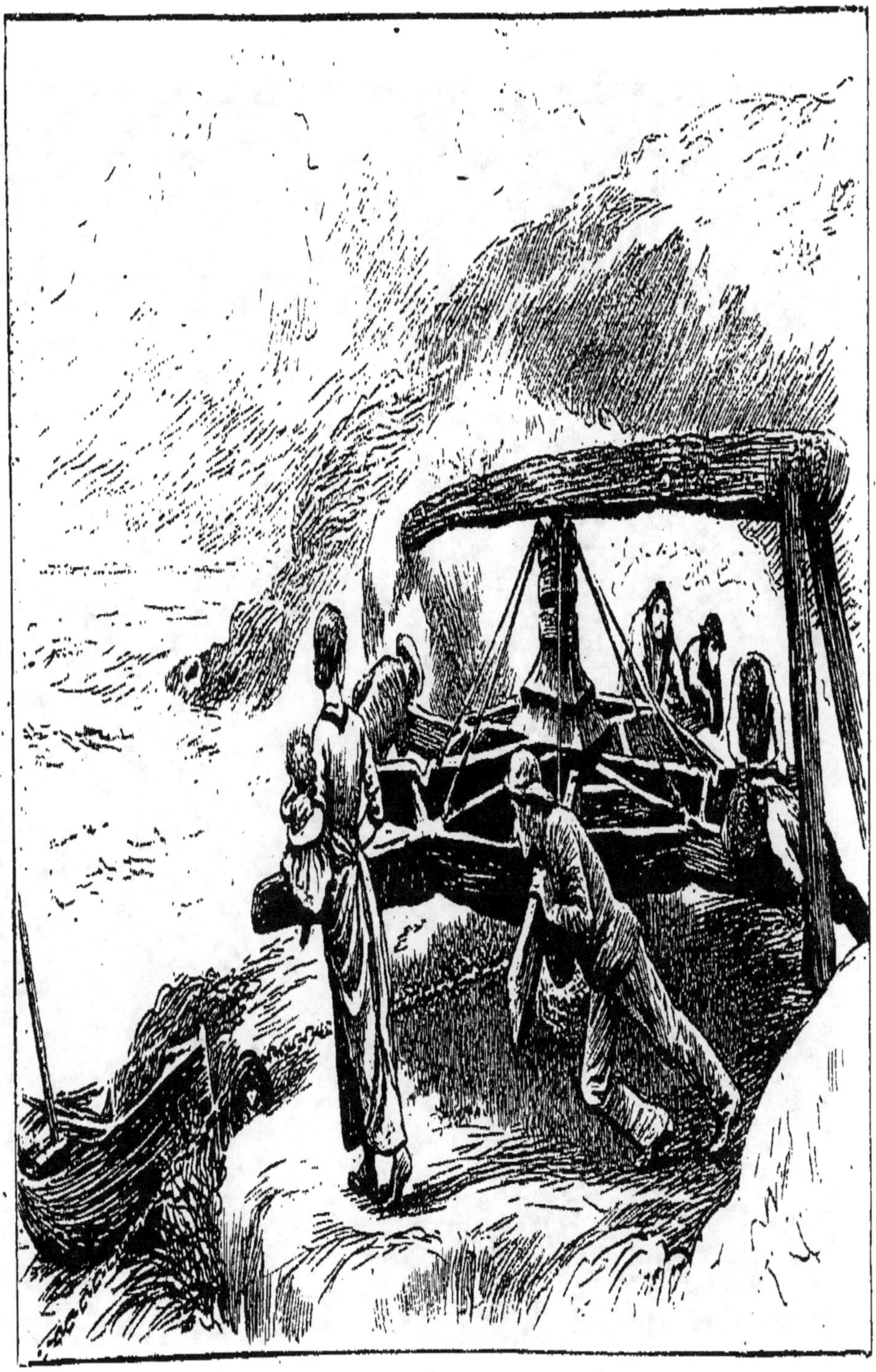

Hopkins (A.). *Tout le monde au cabestan!* — "*All hands to the capstan.*"

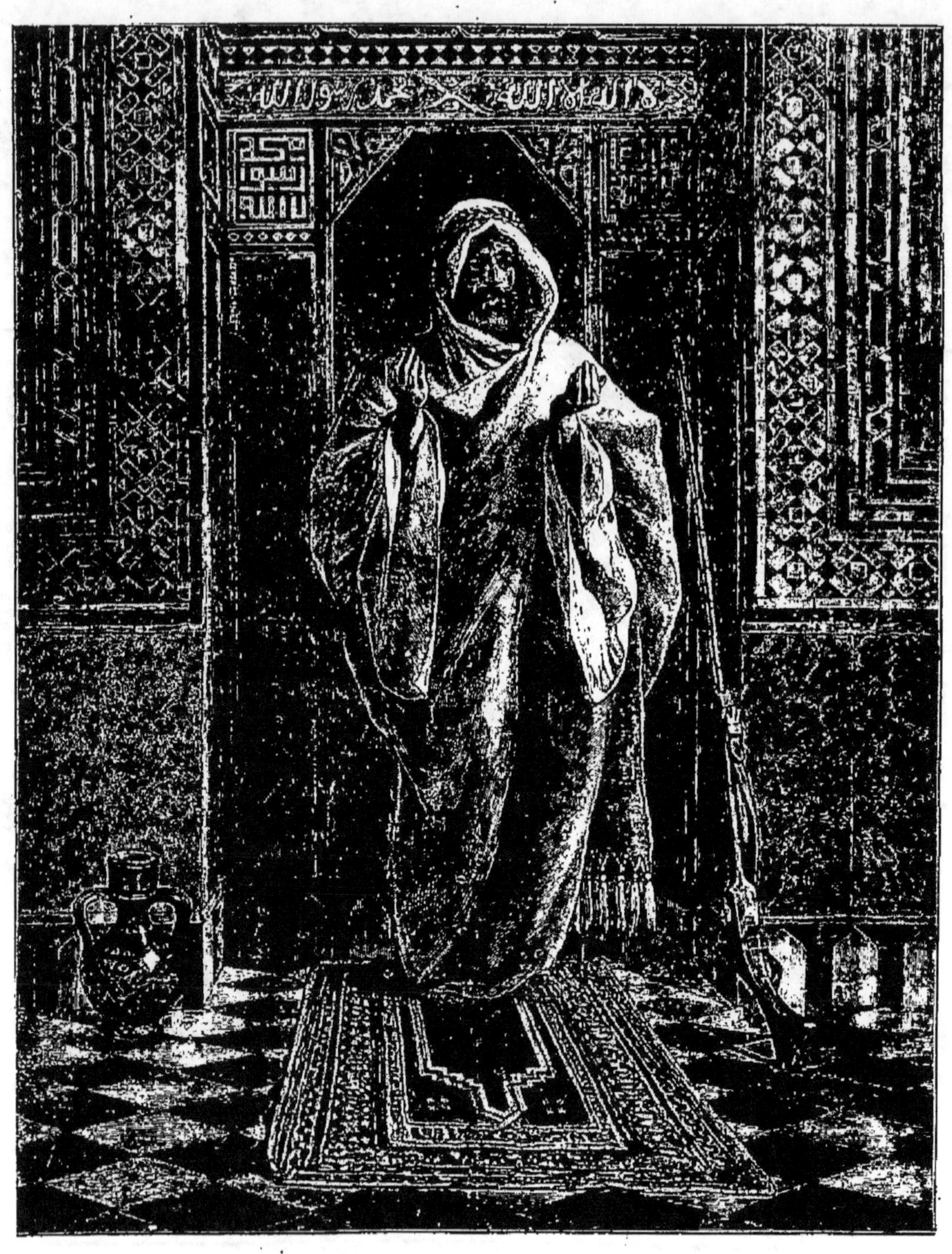

HAAG (CARL). *Bédouin Mugharibé faisant ses dévotions.*
A Mugharibe Bedawee at Devotion.

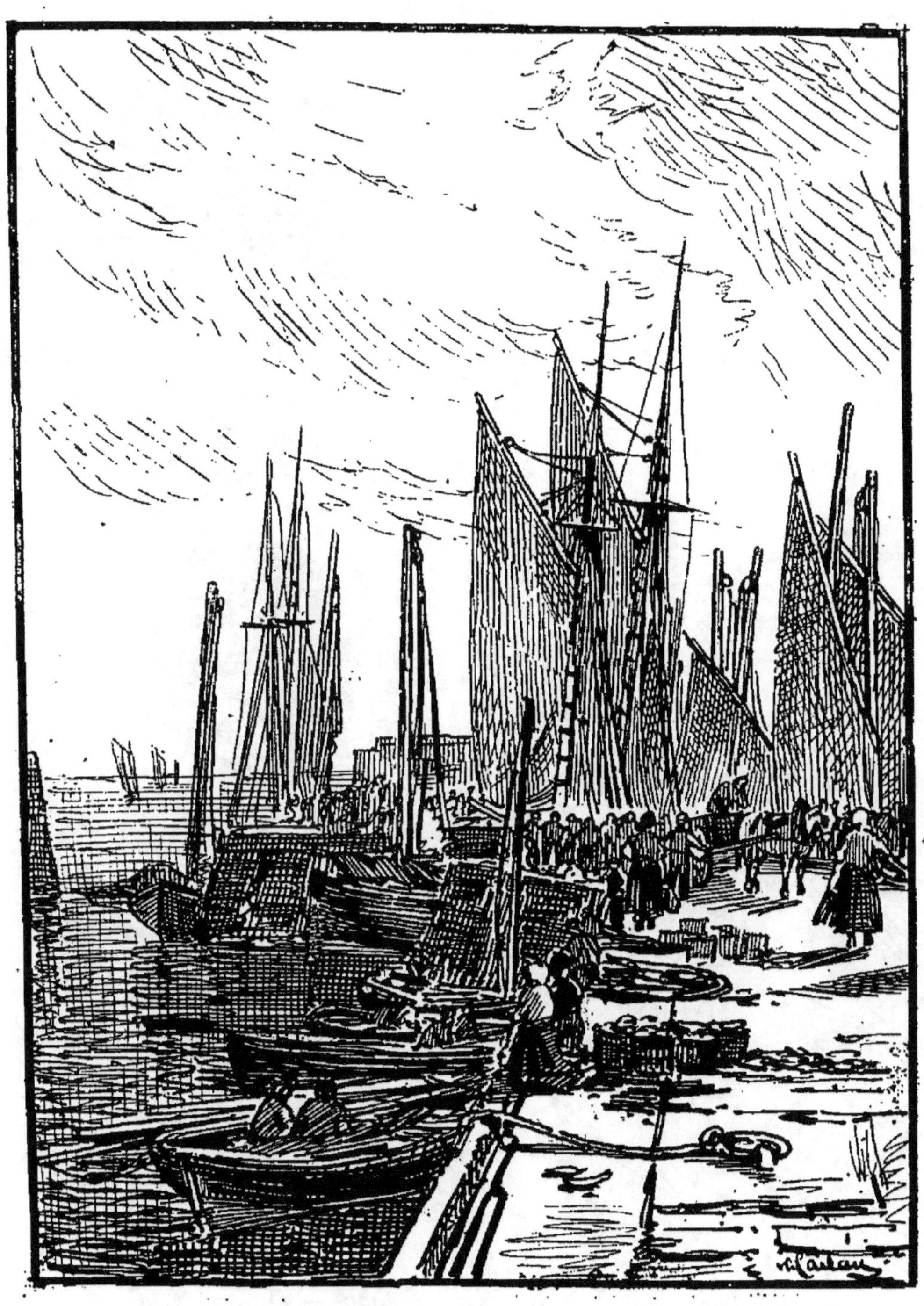

CARLAW (W.). *Déchargeant le Poisson. — Landing the Fish.*
(Stonehaven; Écosse.)

31

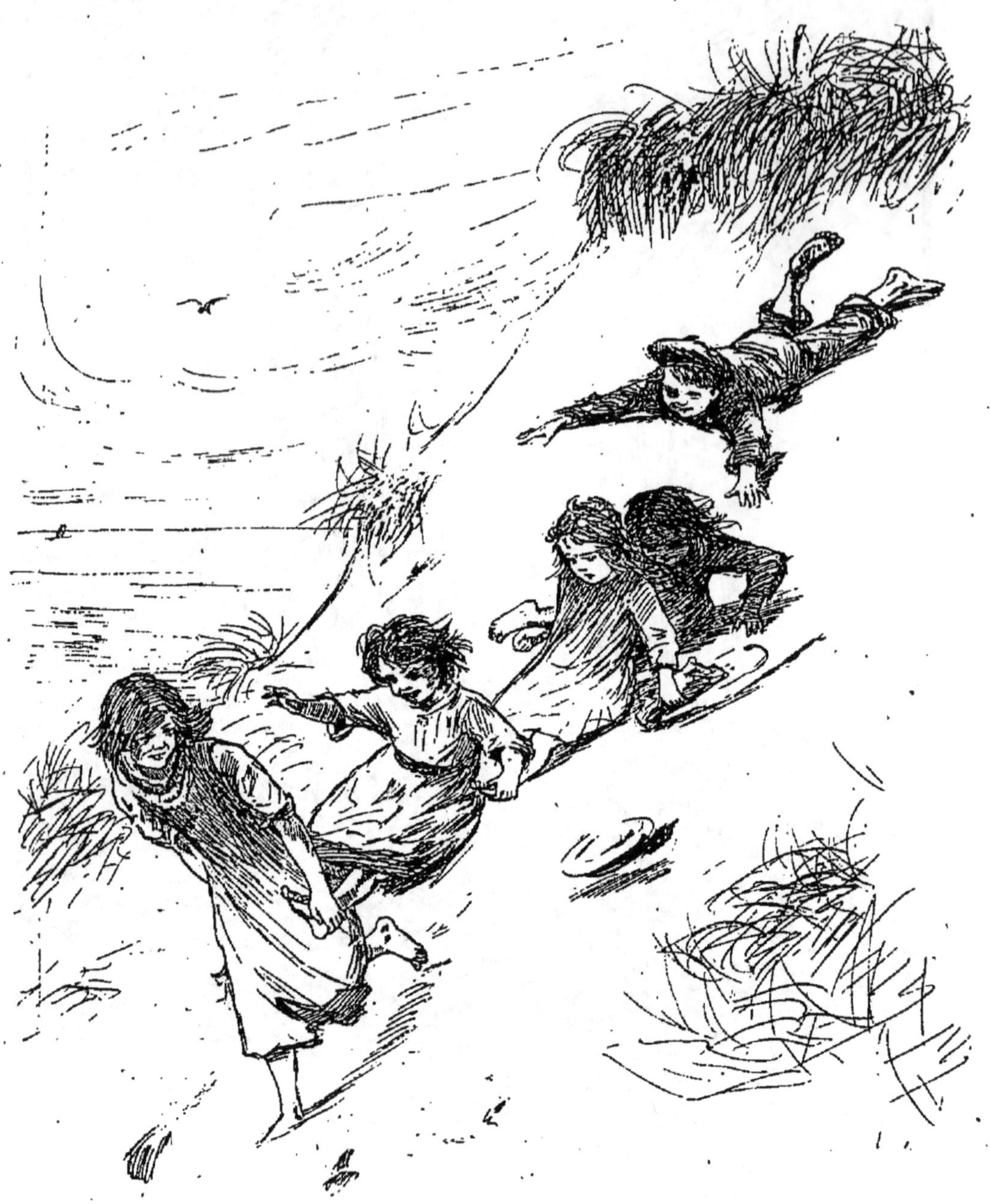

Leyde (O. T.). **R. S. A.** *Dégringolade. — Off and away.*

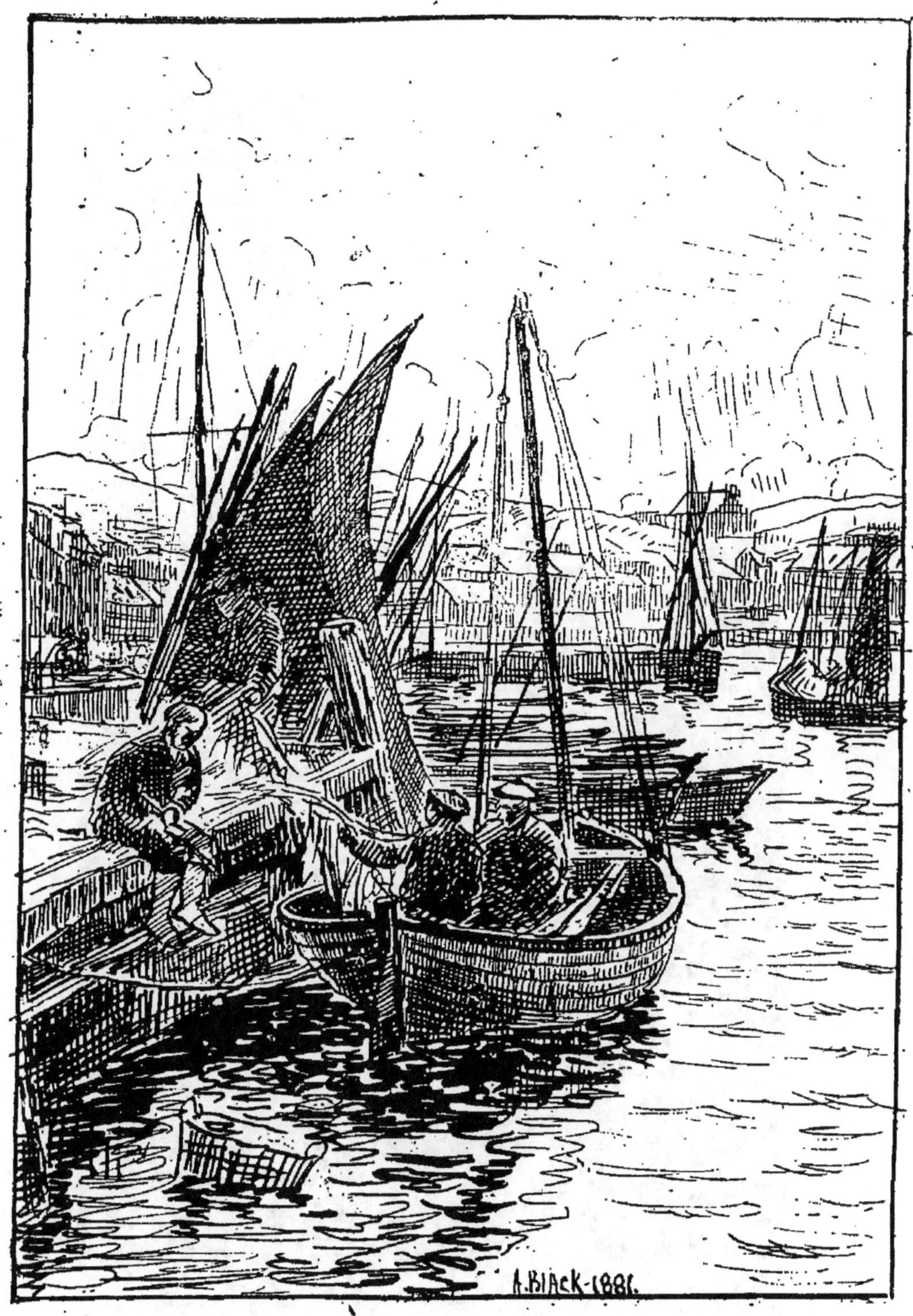

BLACK (A.). *Parmi les Bateaux de pêche. — Among the Trawlers (Tarbert)*.

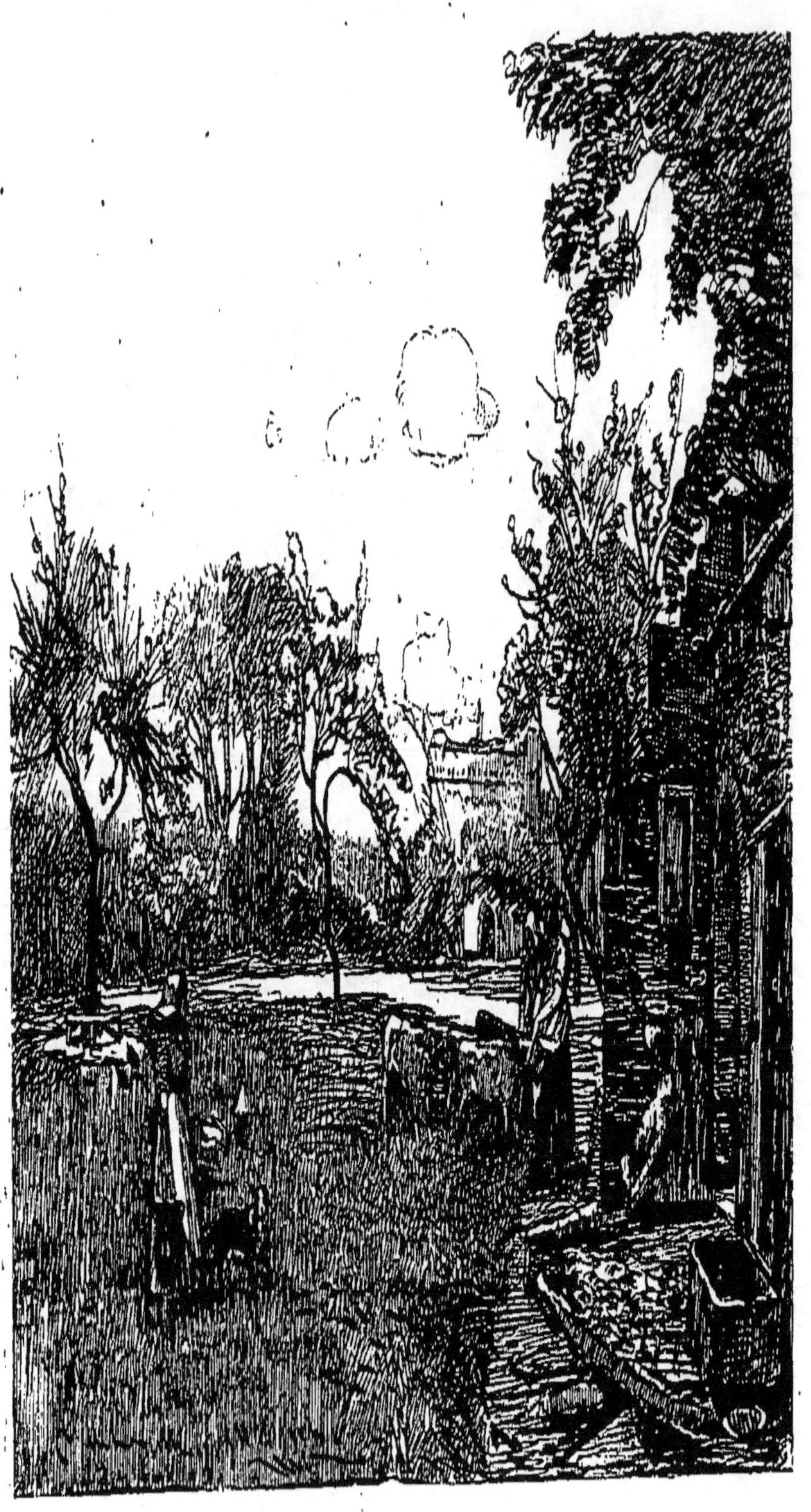

Murray (D.). A.R.S.A. *Le Château de Tillietudlem au printemps.*
Tillietudlem Castle, Spring-time.

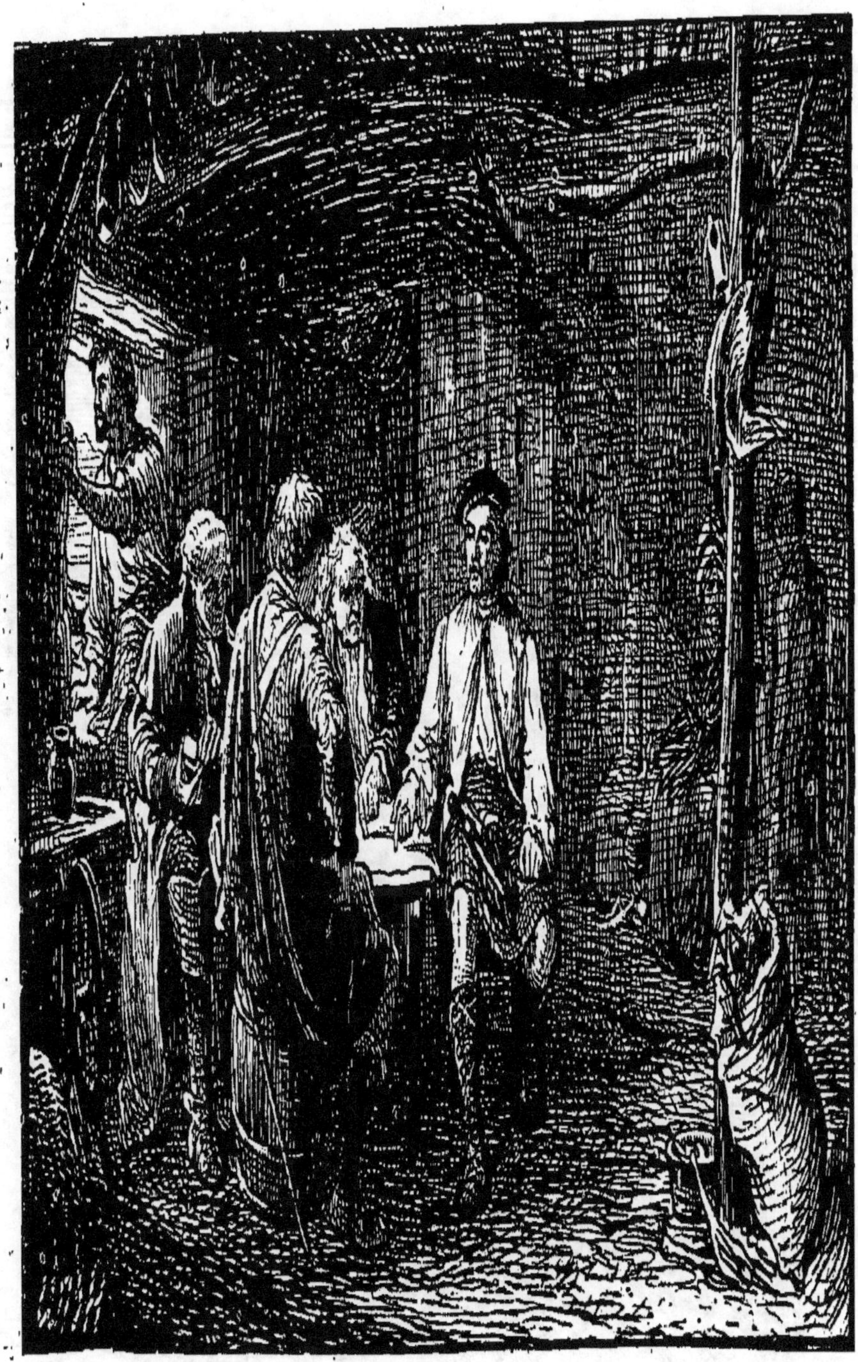

Hole (W. B.). A.R.S.A. *Le Parlement du Prince Charles. — Prince Charlie's Parliament.*

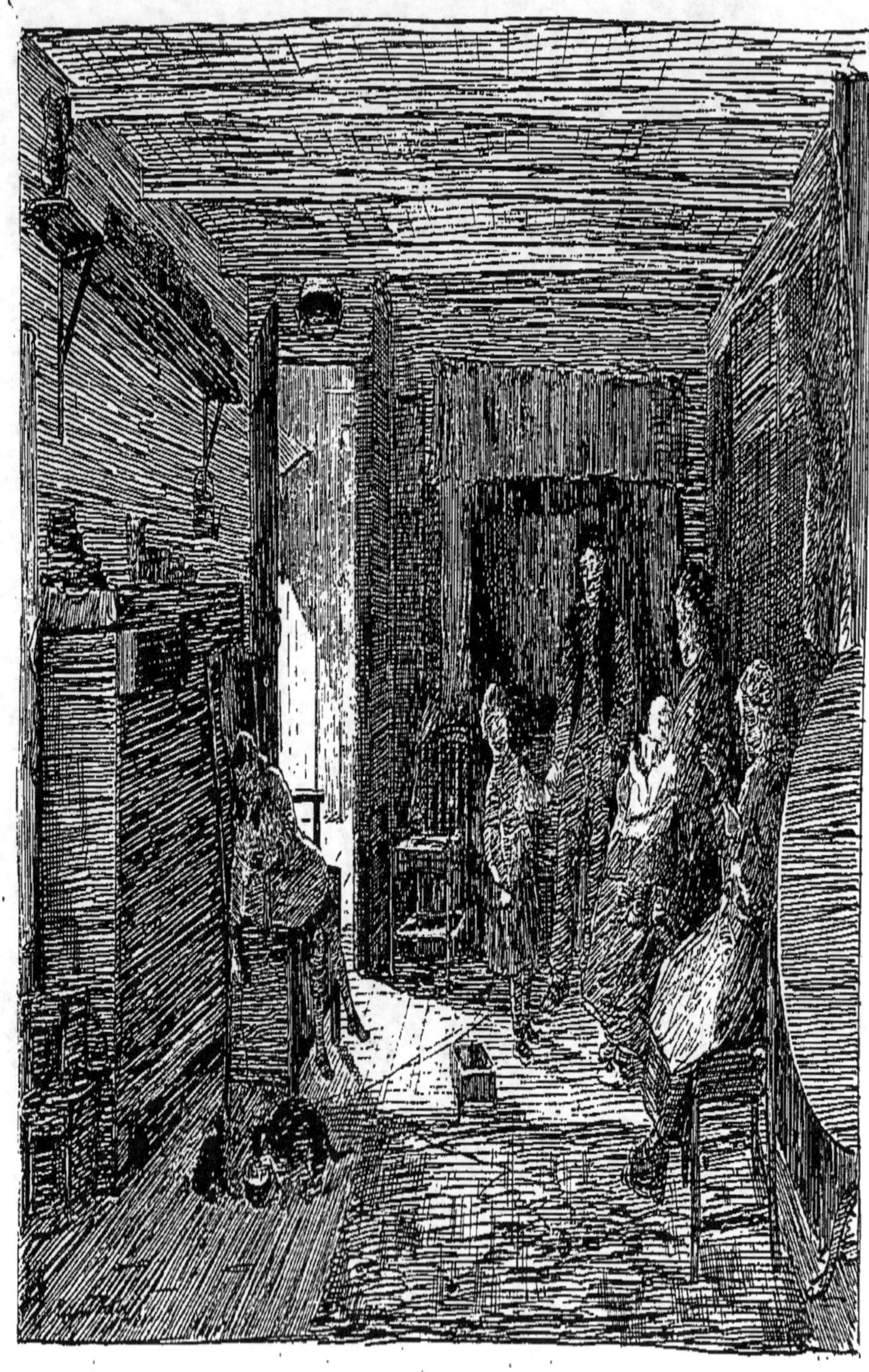

[Noble (R.). Ombre et Lumière. — Sunshine and Shade.]

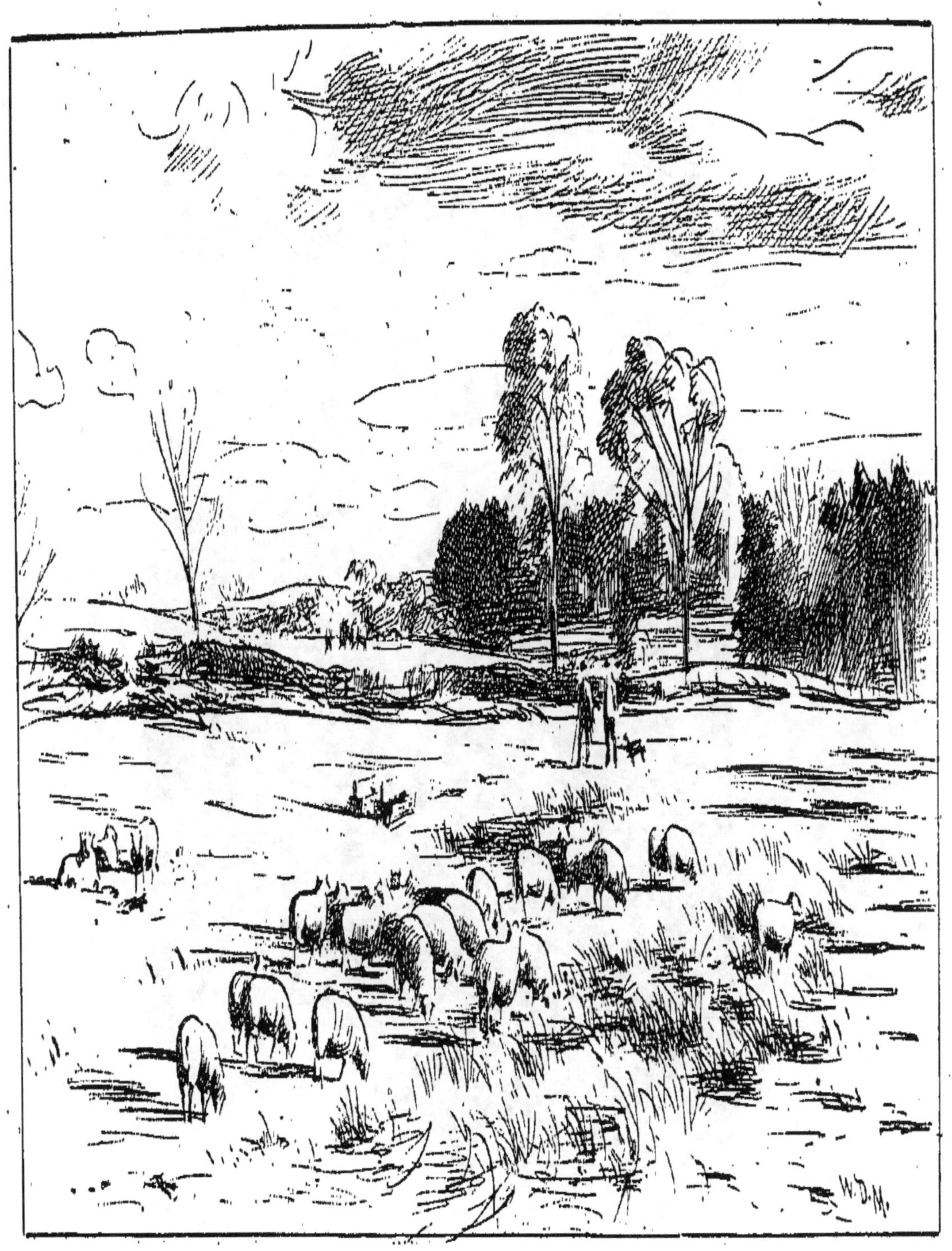

Mc Kay (W. D.). A.R.S.A. *Pastorale écossaise. — A Scottish Pastoral.*

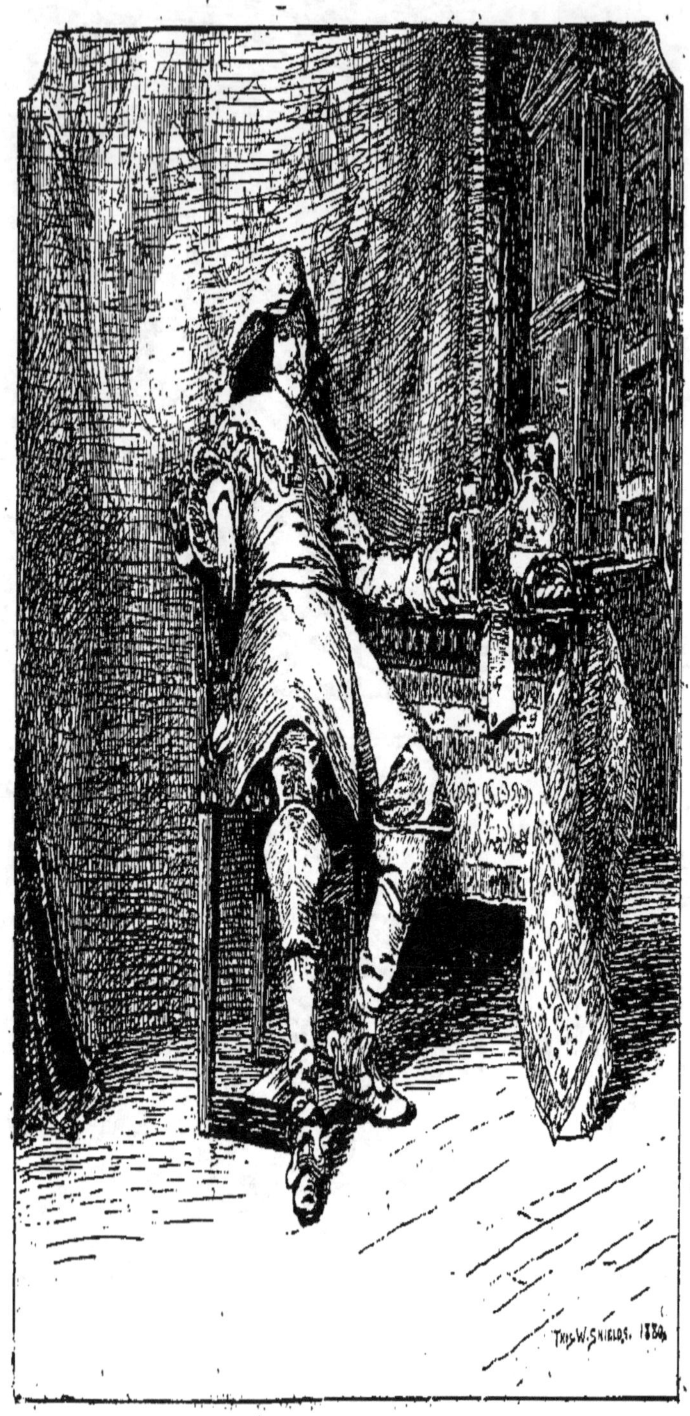

SHIELDS (T. W.). *Le Buveur. — The drinker.*

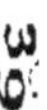

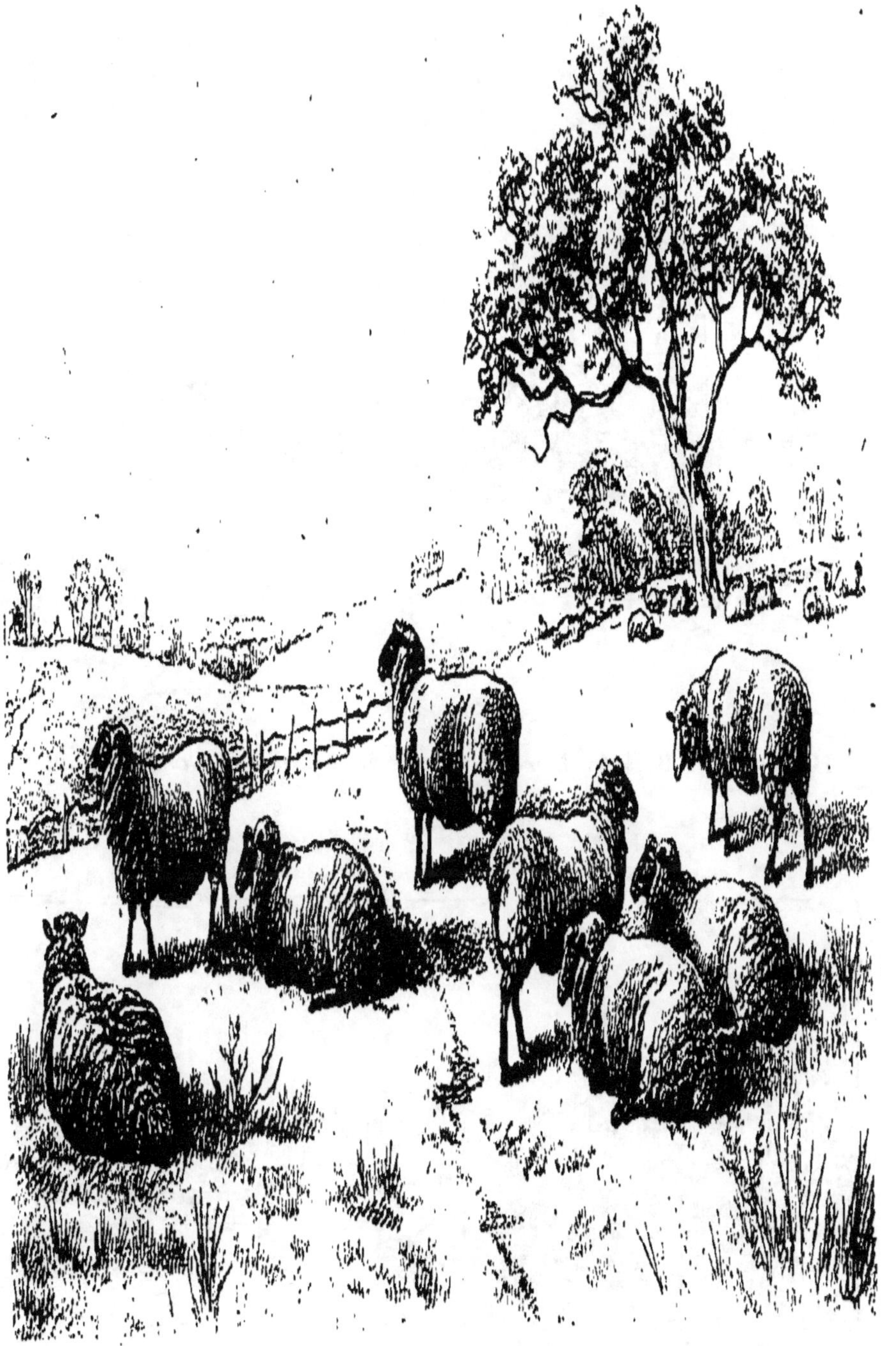

Jones (C.). *Soirée d'Automne en Wiltshire. — Autumn evening in Wiltshire.*

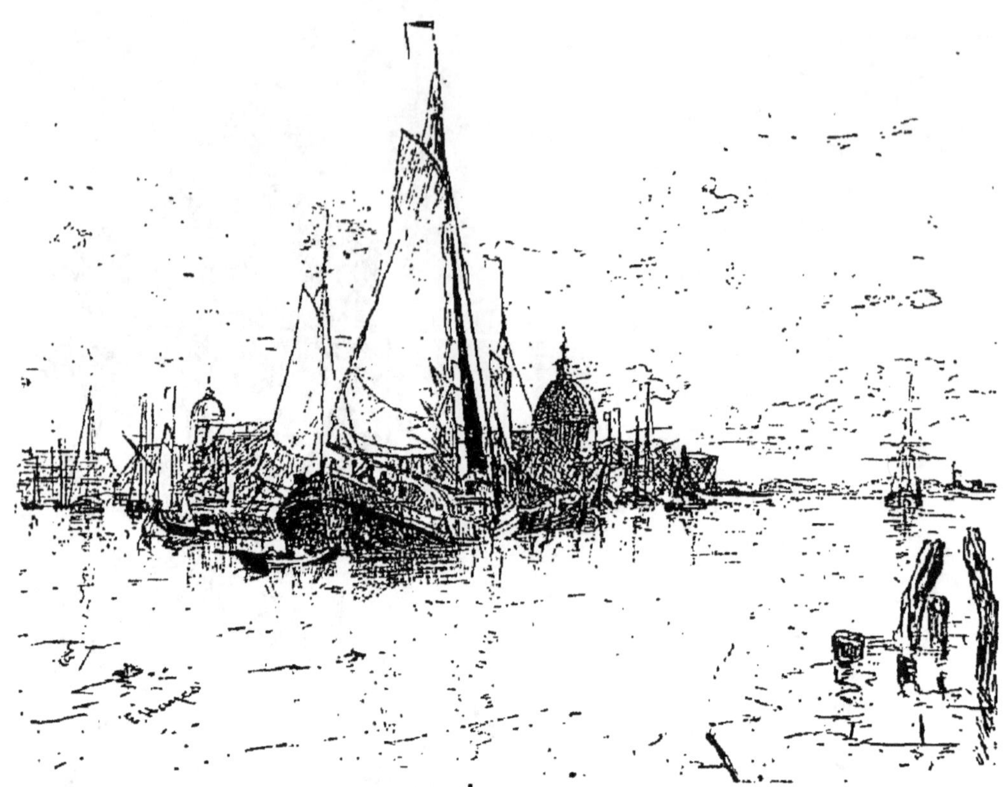

Hayes (E.). **R.H.A.** *Dordrecht sur le Maas. — Dortrecht on the Maas.*

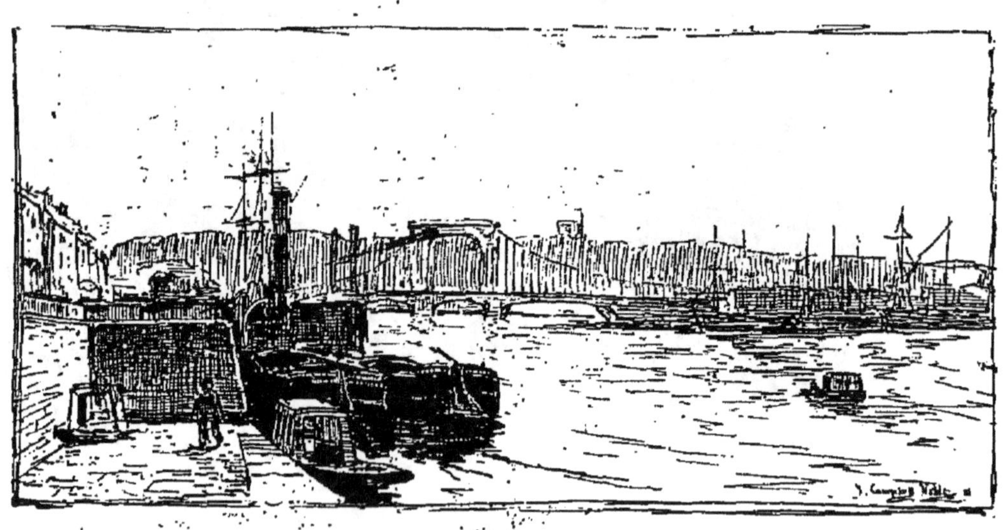

Noble (J. C.). **A.R.S.A.** *Rouen.*

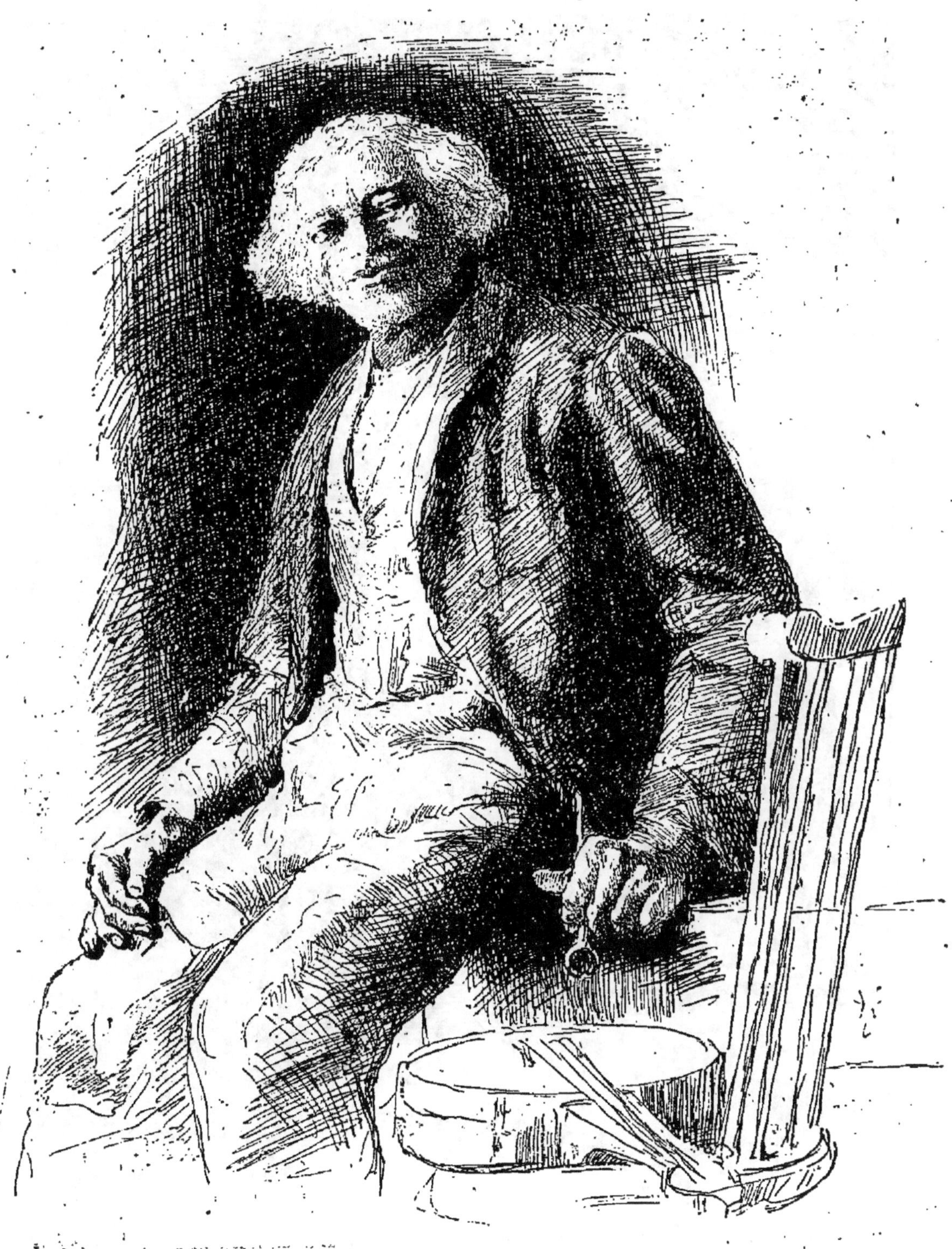

HOVENDEN (T.). **A.N.A.** *C'était le bon vieux temps ! — Dem was good old times !*

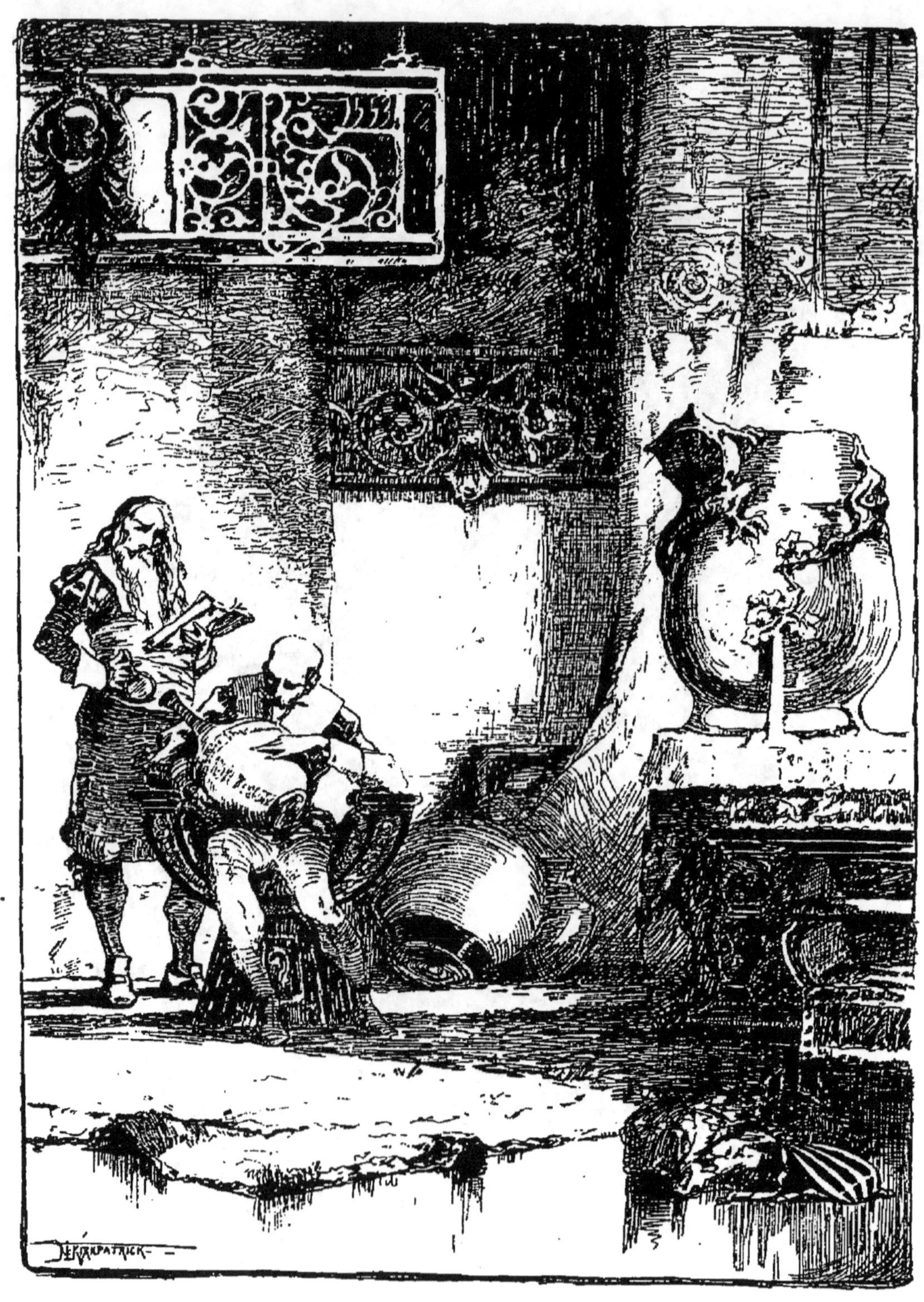

KIRKPATRICK (FRANK): *Les Antiquaires.* — *The Antiquaries.*

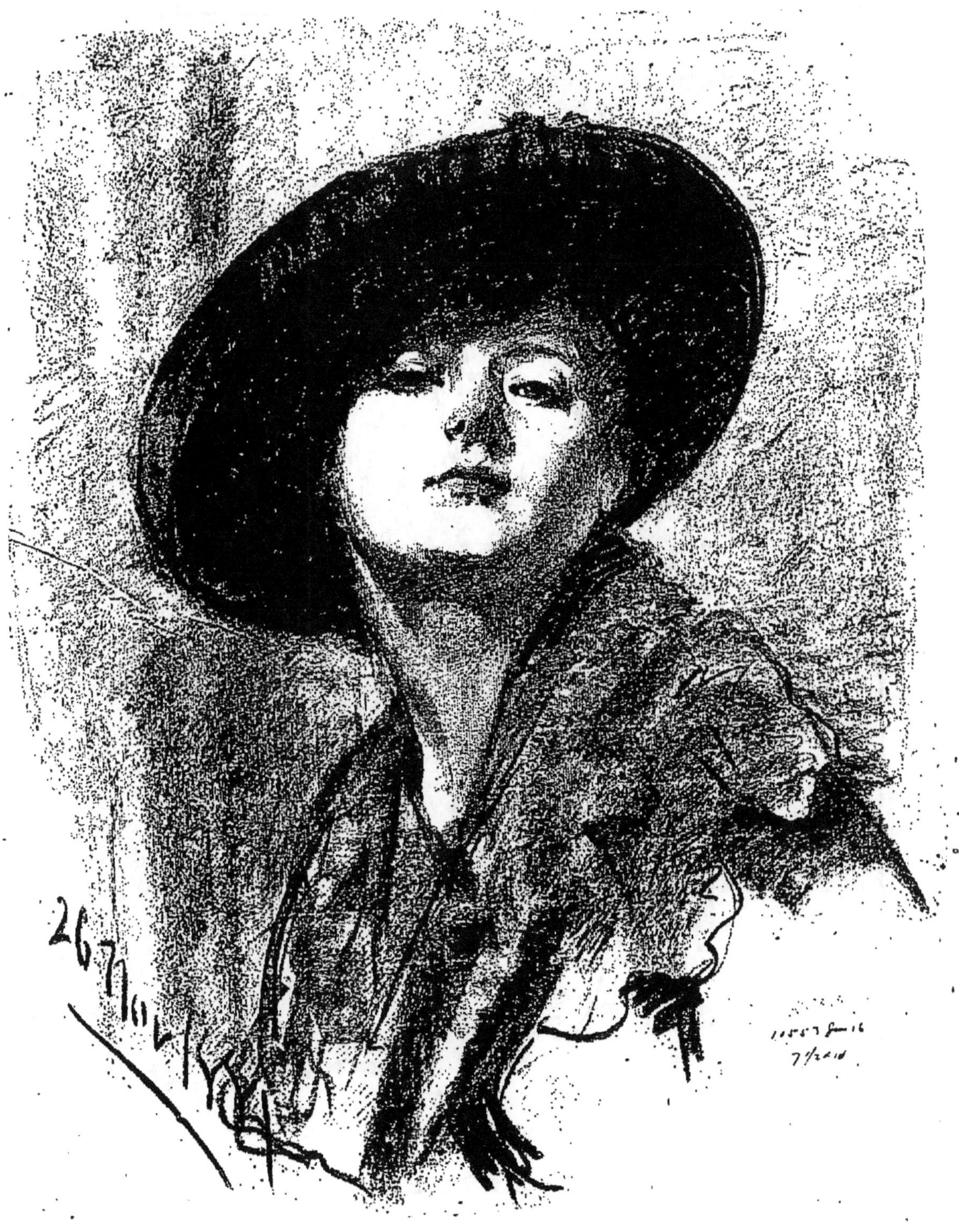

BECKWITH (J. C.). *Carmen.*

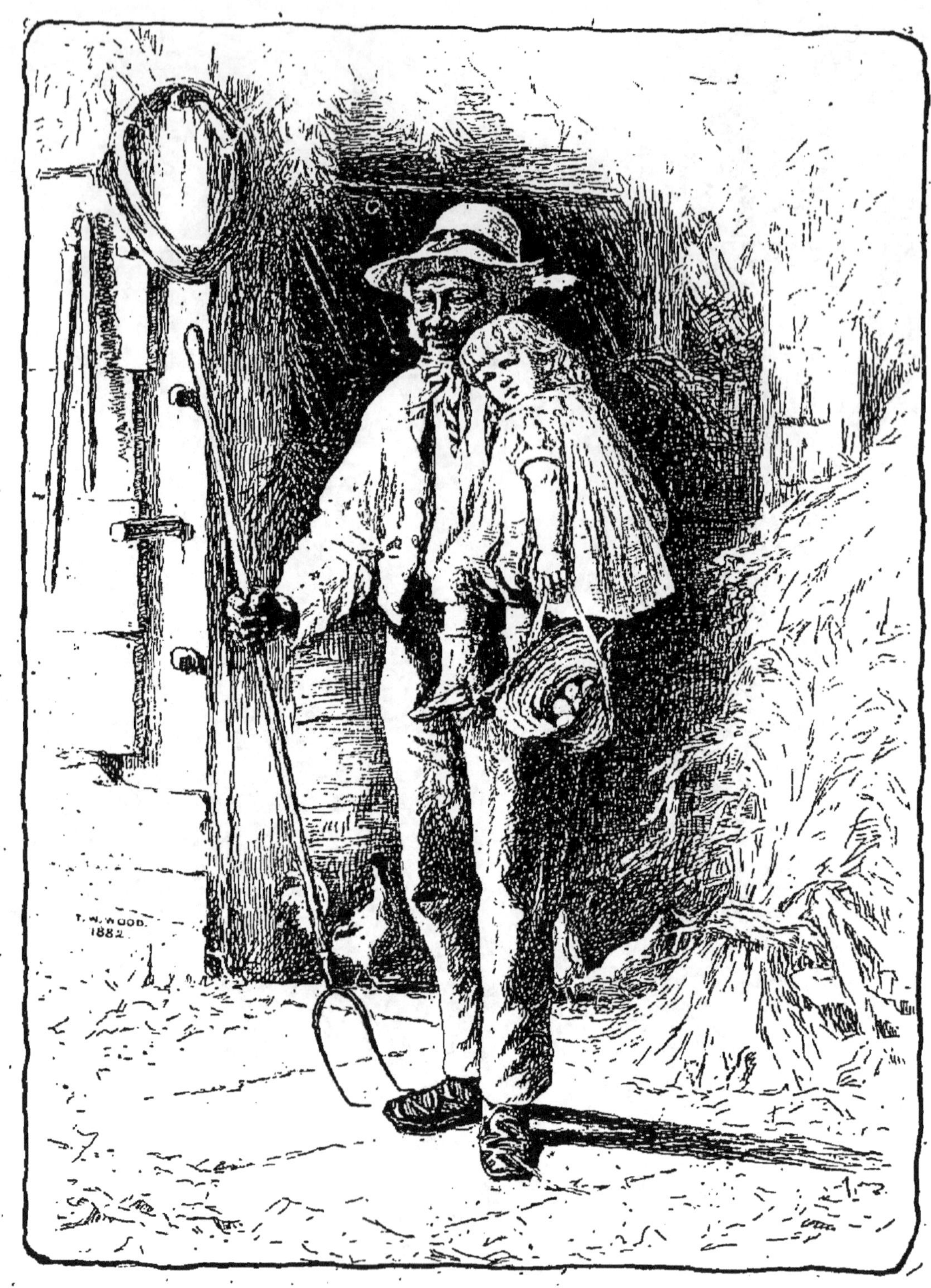

Wood (T. W.) *Oncle Ned.* — Uncle Ned.

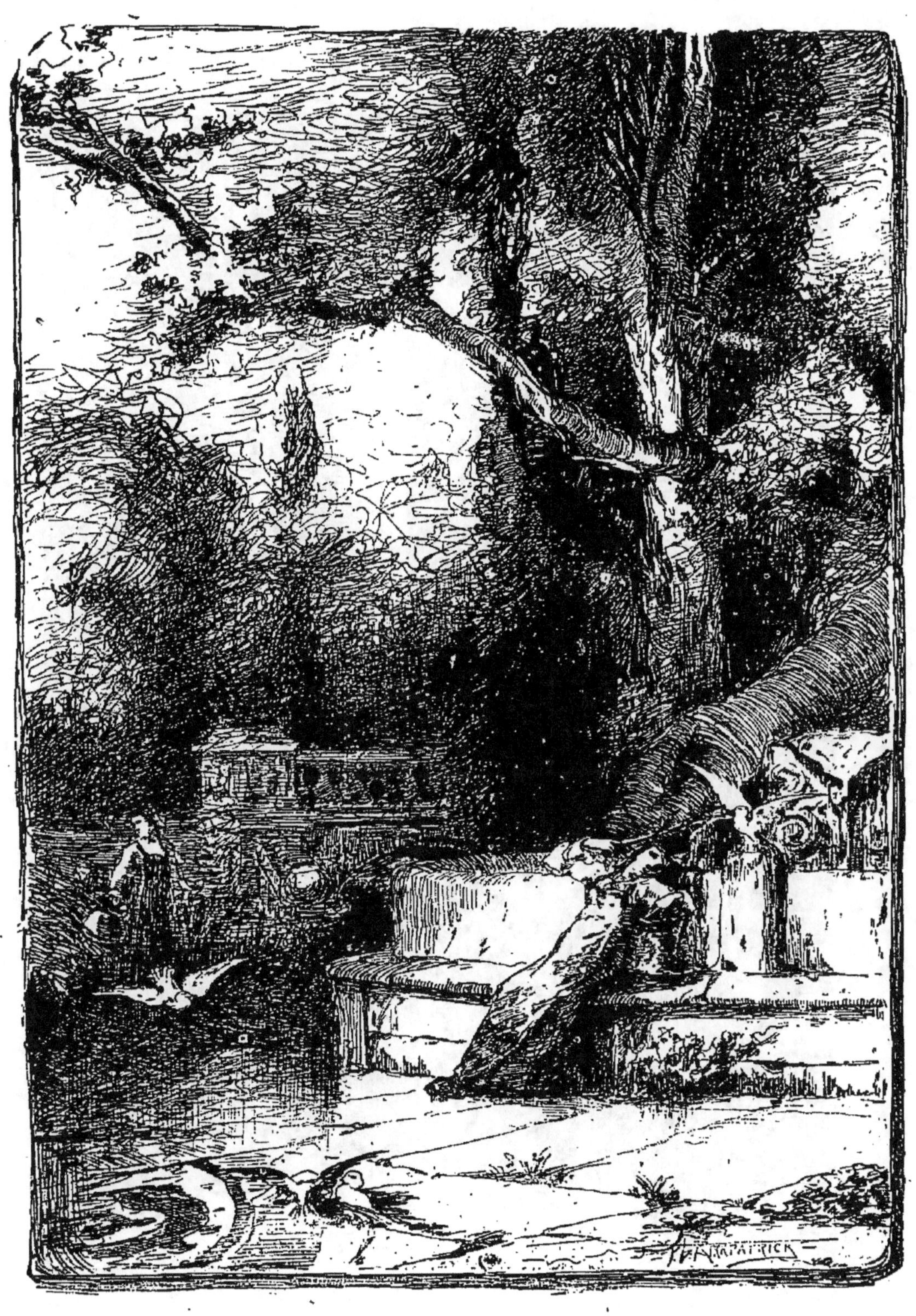

[Kirkpatrick (Frank). *Paysage près Tivoli. — Near Tivoli.*

45

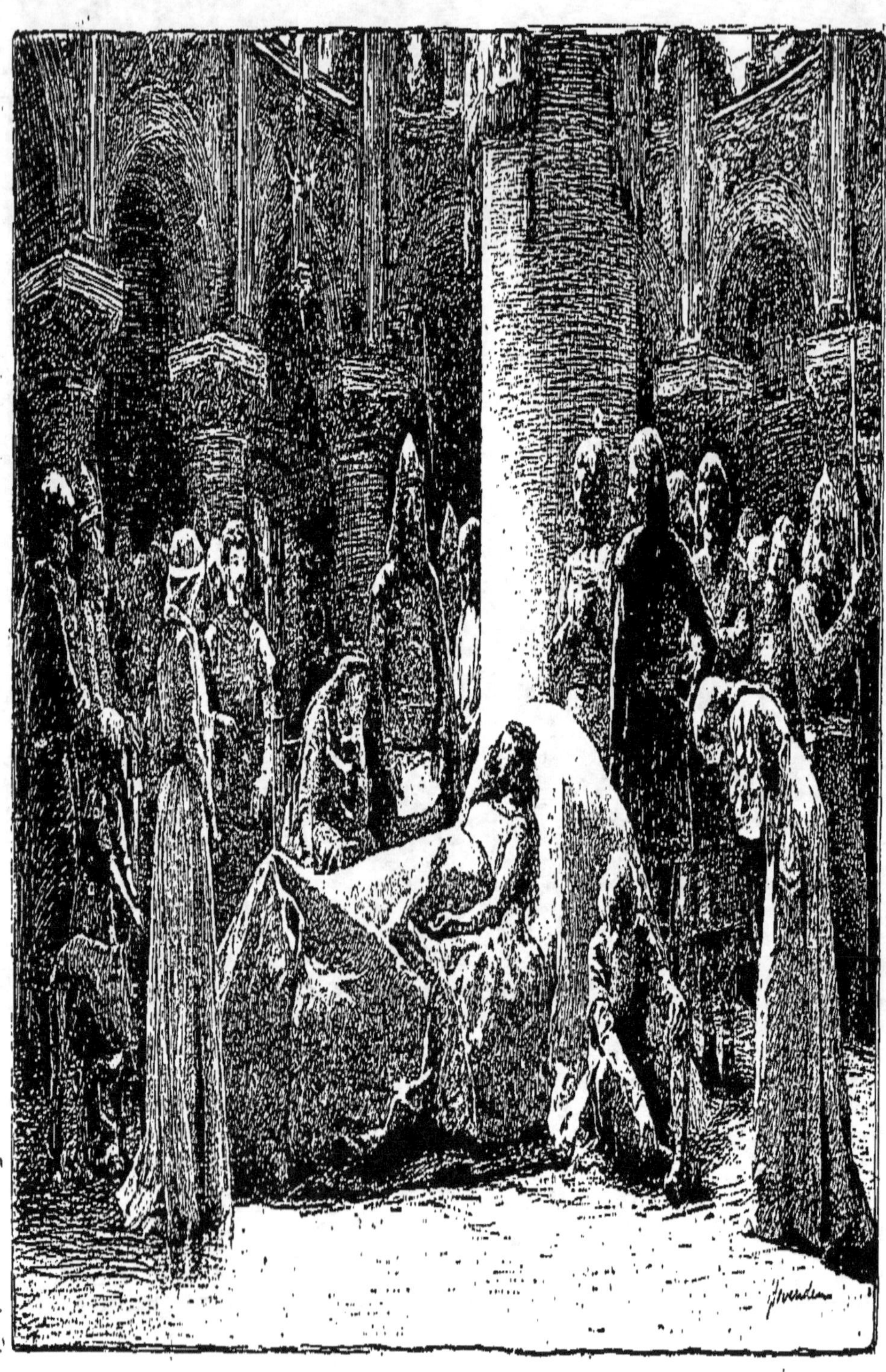

Hovenden (T.). A. N. A. *Elaine.*

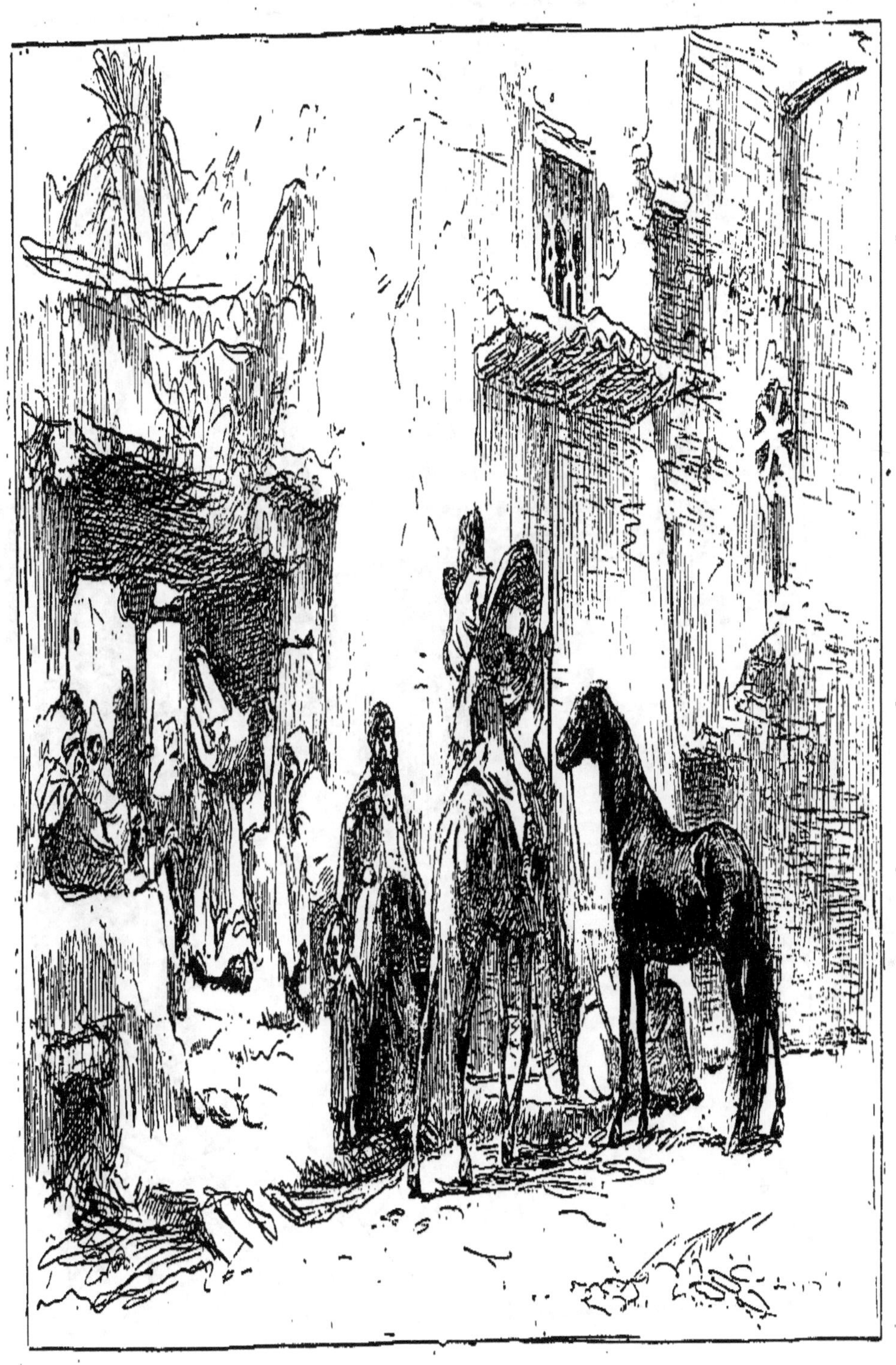

BRIDGMAN (F. A.). A.N.A. *La Fontaine de la Mosquée. — The Mosque Fountain.*

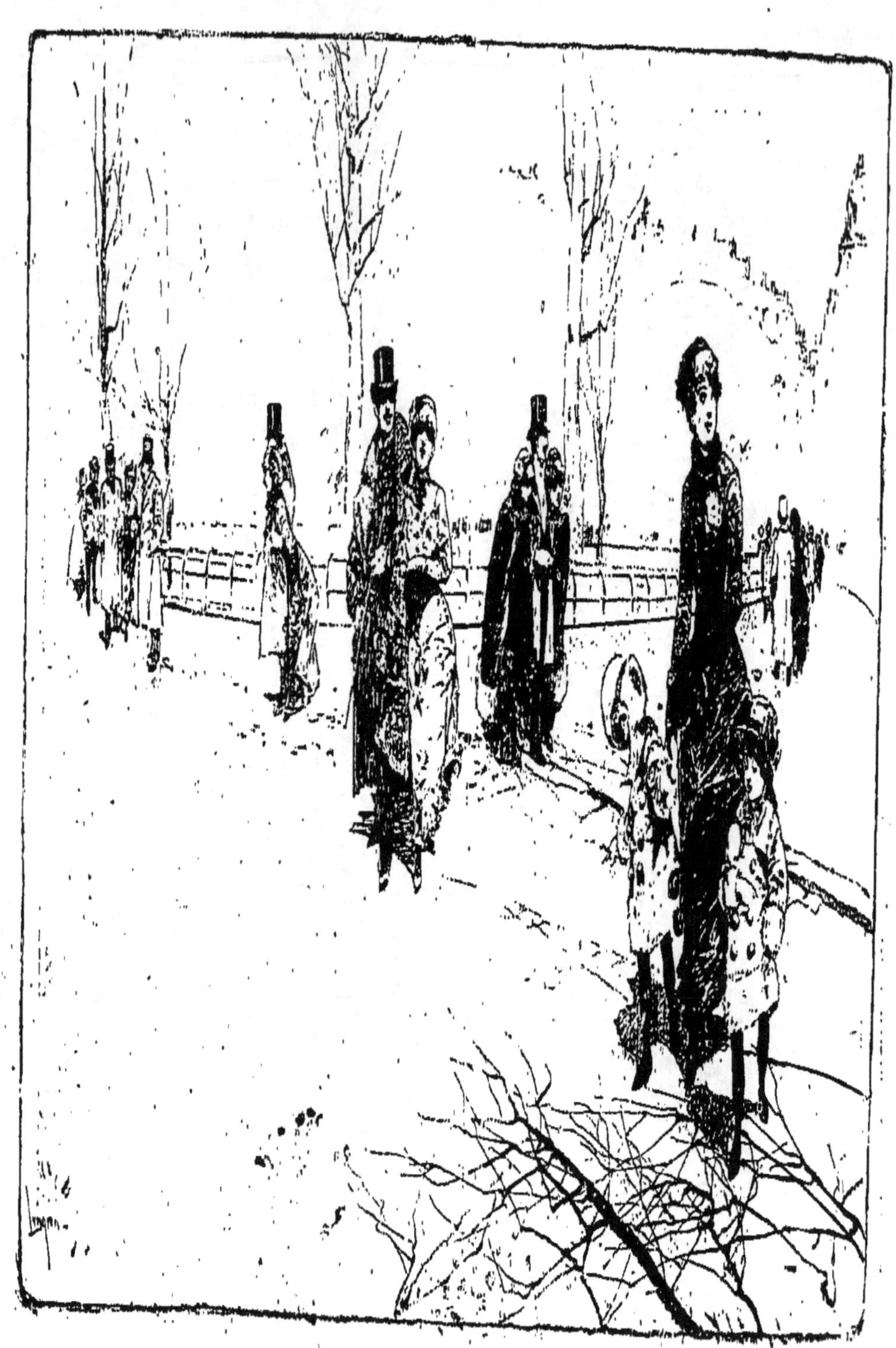

LUNGREN (F. H.). *Parc de New York, effet de lumière électrique sur la neige.*
Effect of electric light on snow, Union Square, New York.

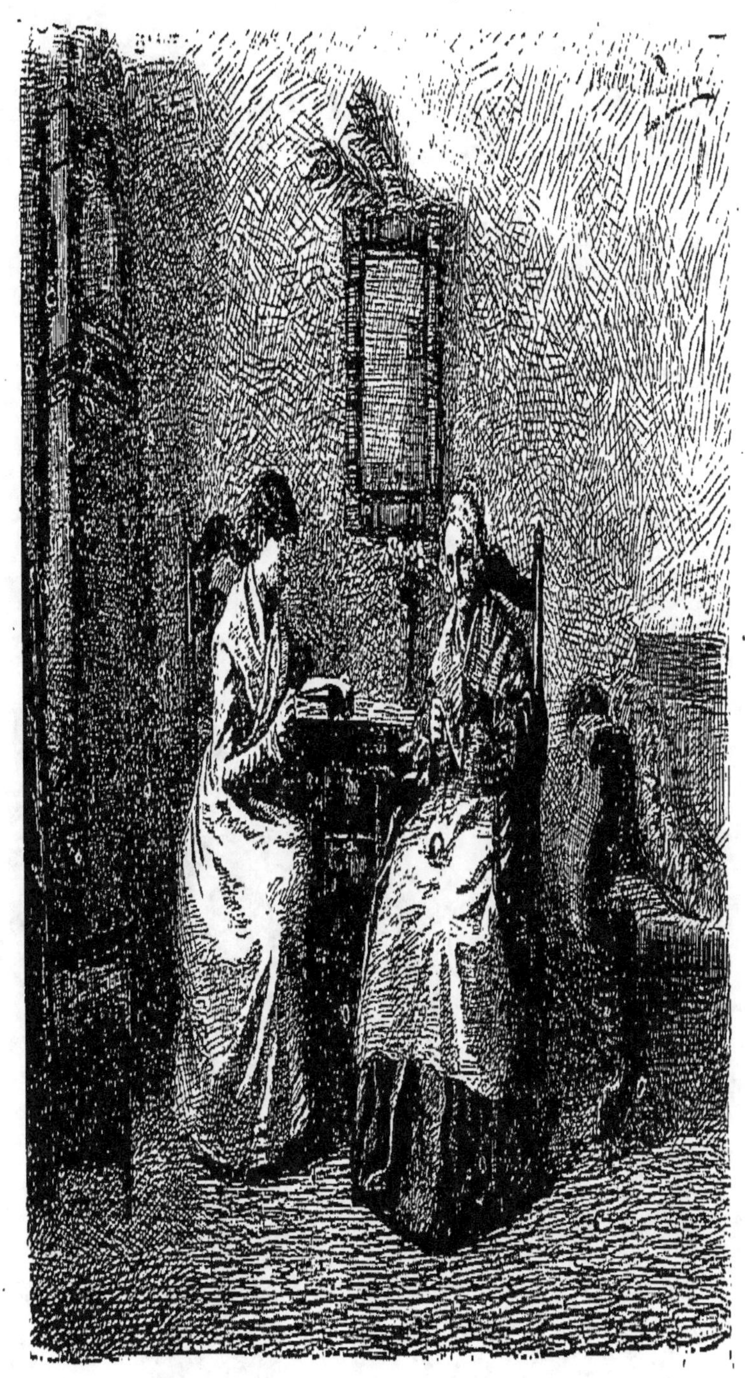

Dunk (W. M.). *L'Après-midi du Samedi. — Seventh Day Afternoon.*

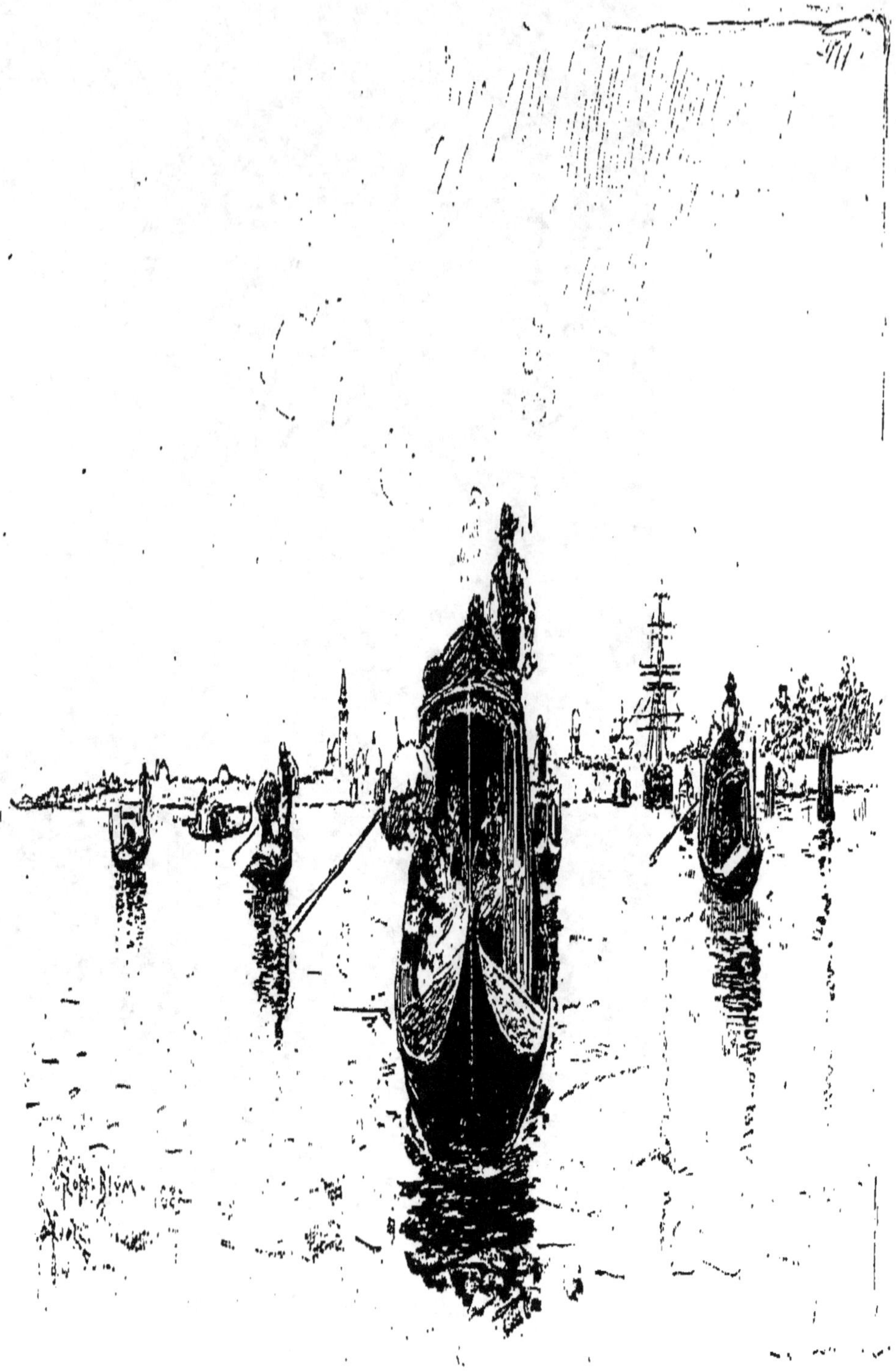

Blum (R.). *Partant pour le Lido. — Going to the Lido.*

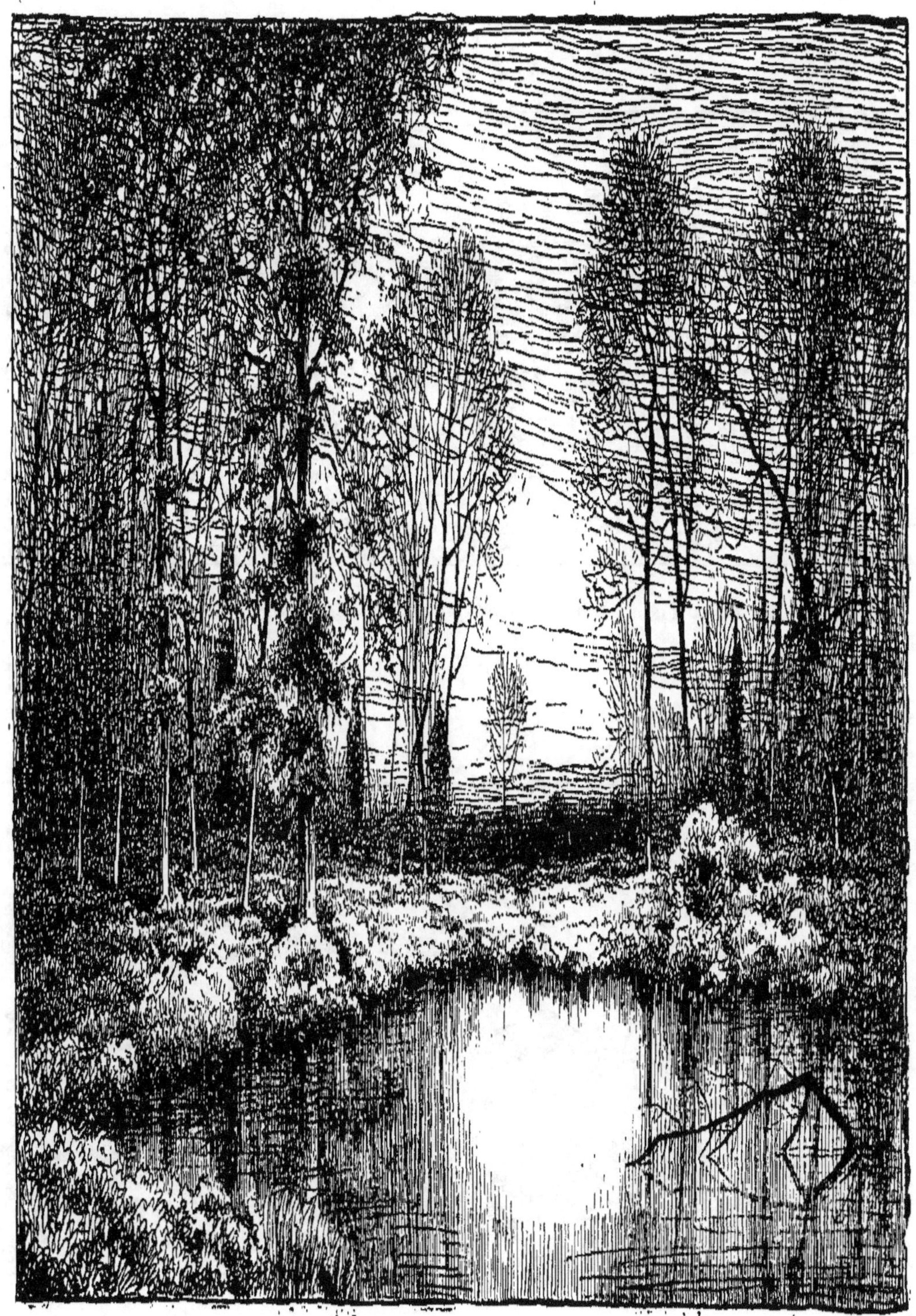

FARRER (H.). N.A. *Automne. — Gone hath the Spring with all its flowers, and gone the Summer's pomp and show.*

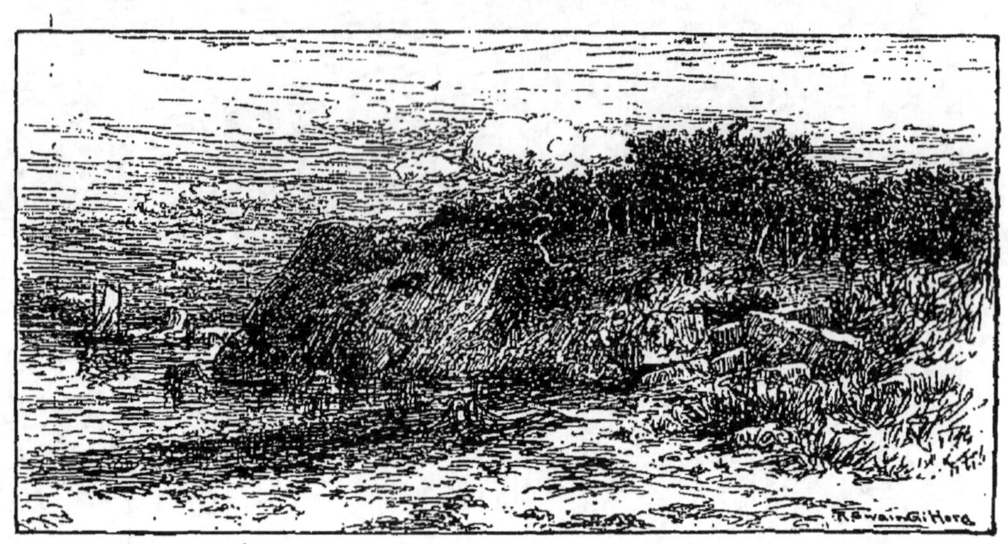

GIFFORD (R. S.). N.A. *Falaise de Nonquitt. — Nonquitt Cliff.*

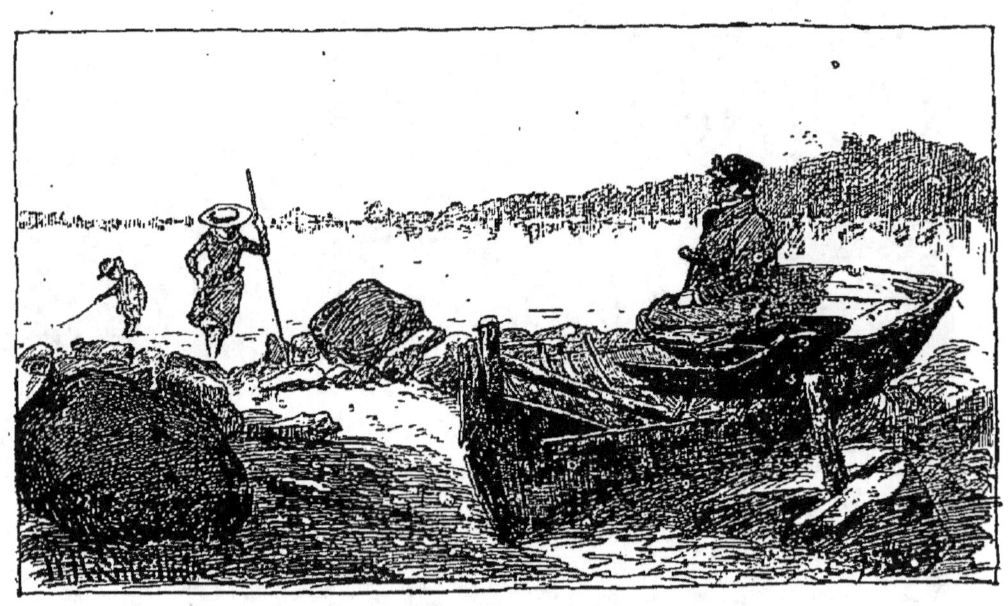

SHELBON (W. H.). *Grand-père montant la garde. — Grandfather on guard.*

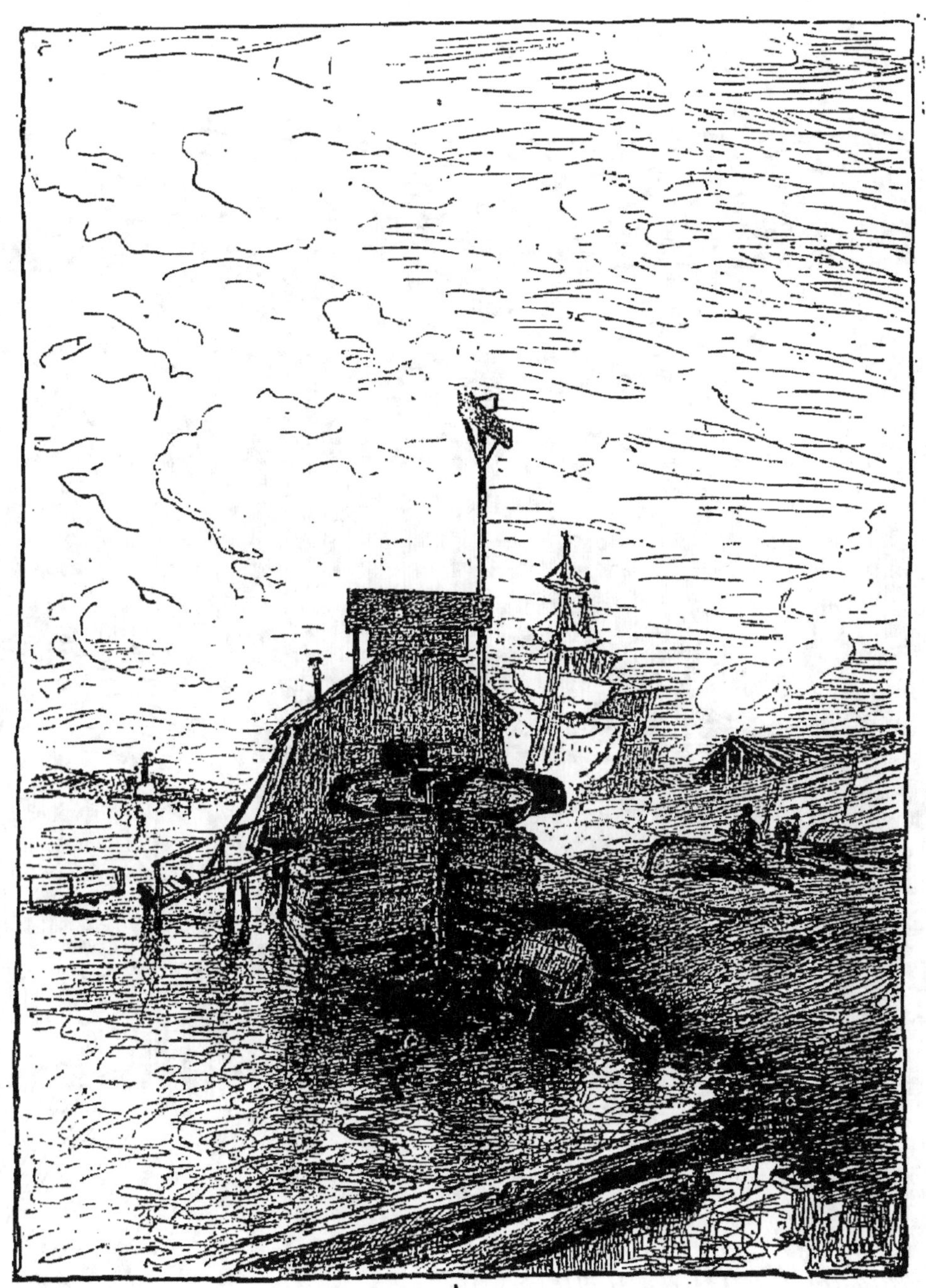

Quartley (A.). *Le Vieux Chaland. — A Riverside Antique.*

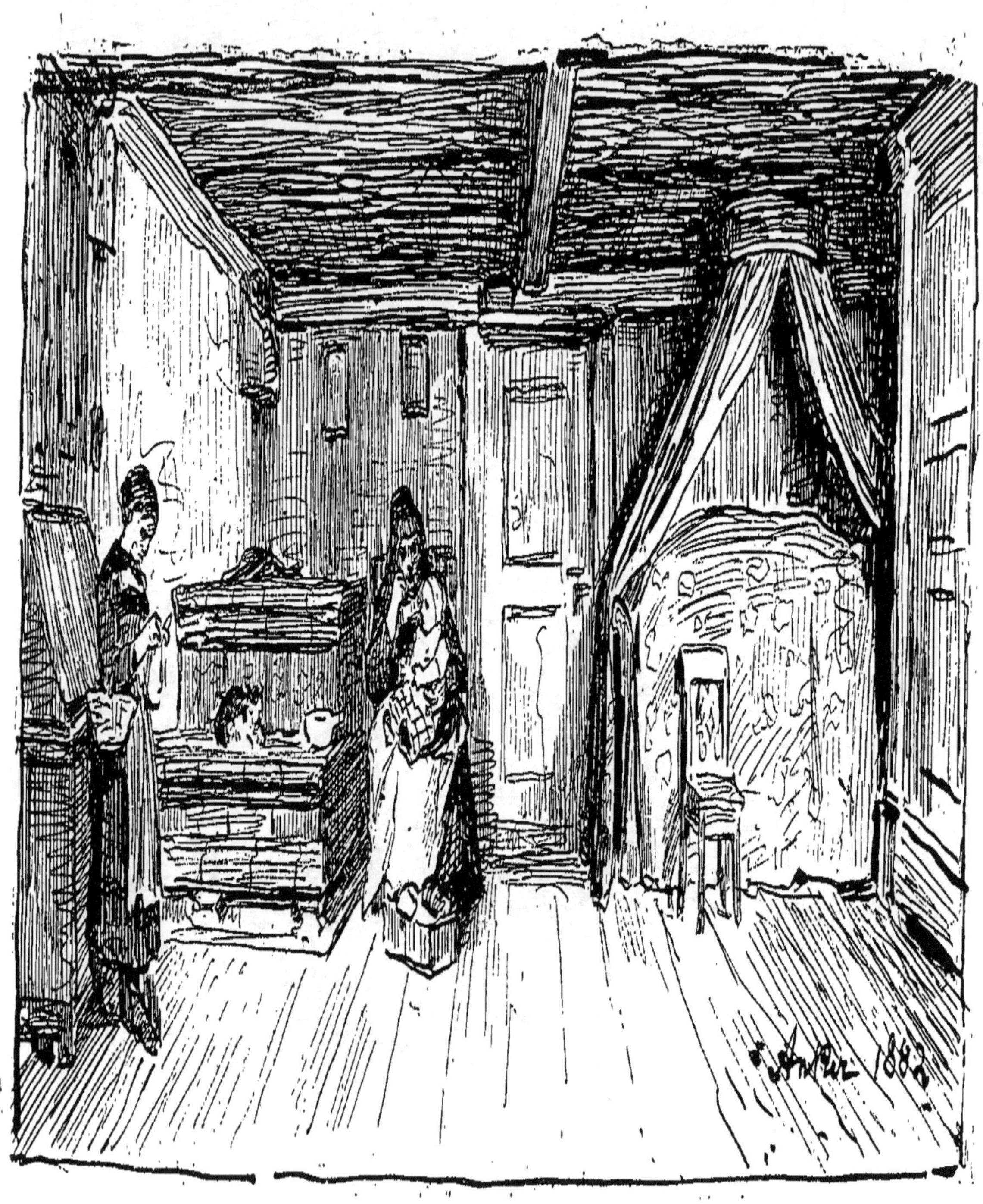

ANKER (A.). *Intérieur Suisse. — Interior in Switzerland.*

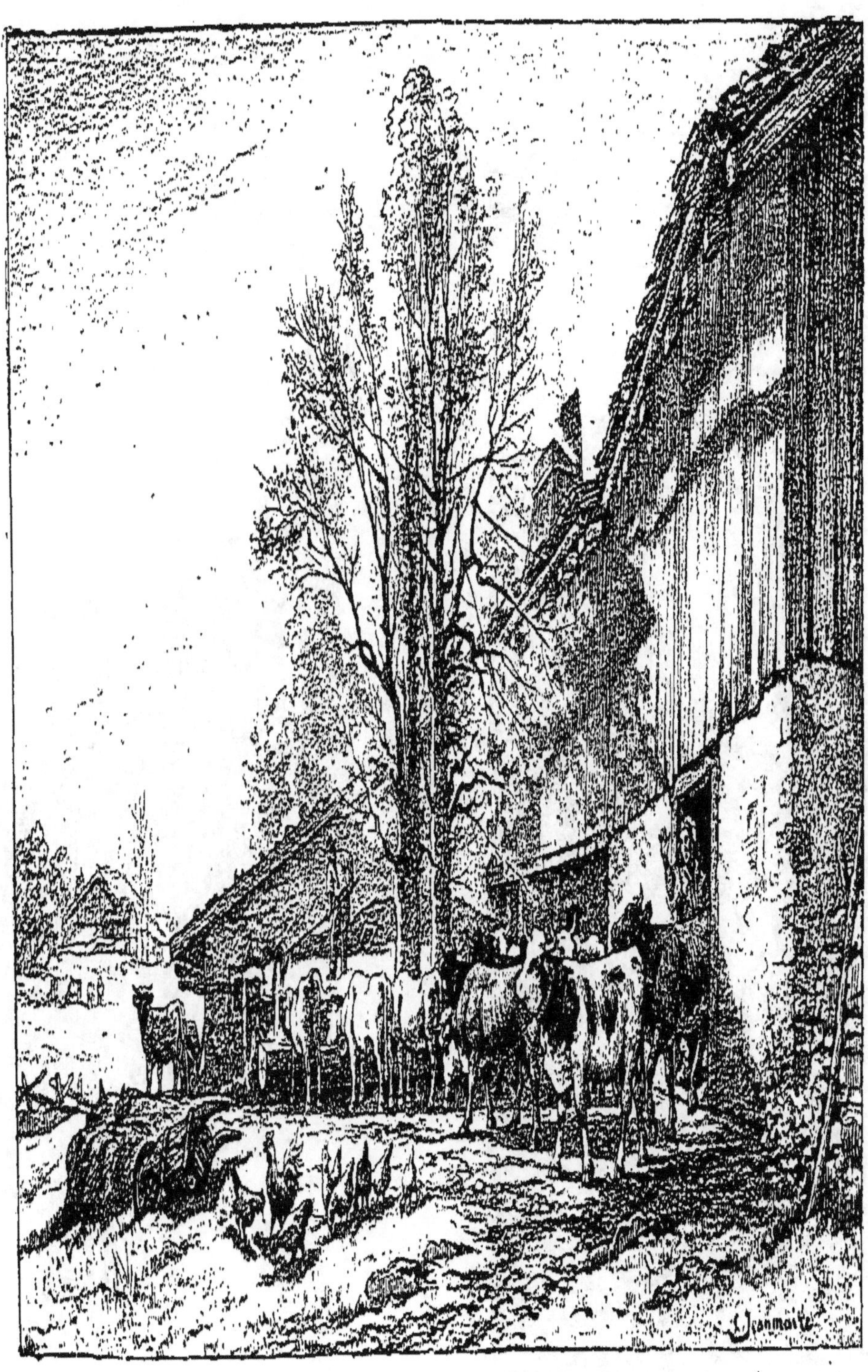

JEANMAIRE (E.). *La Sortie de l'étable (Joux-Perret). — Leaving the Stable.*

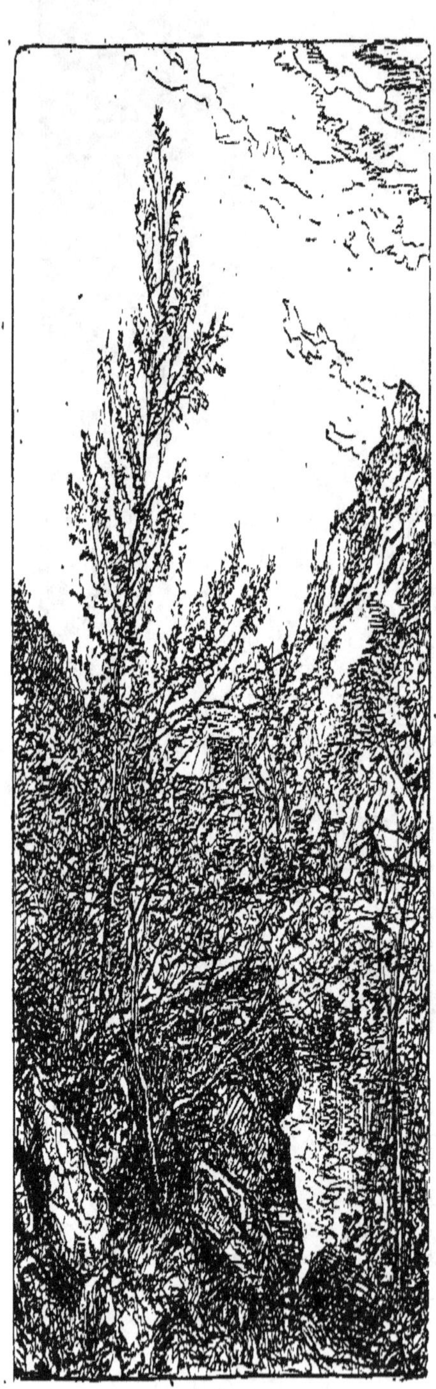

VUILLERMET (Ch.). *Vallée de l'Orbe (Jura).*
Orbe Valley.

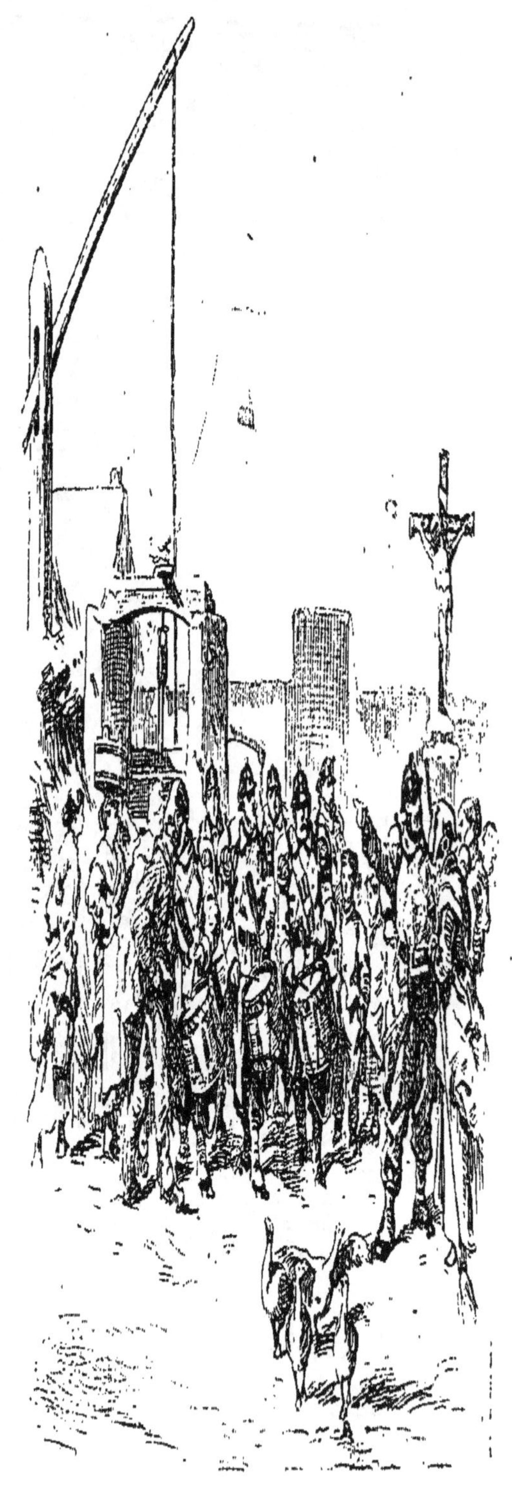

BACHELIN (A.). *La Générale. Souvenir de l'occupation des*
frontières.—Souvenir of the occupation of the frontiers, 1870.

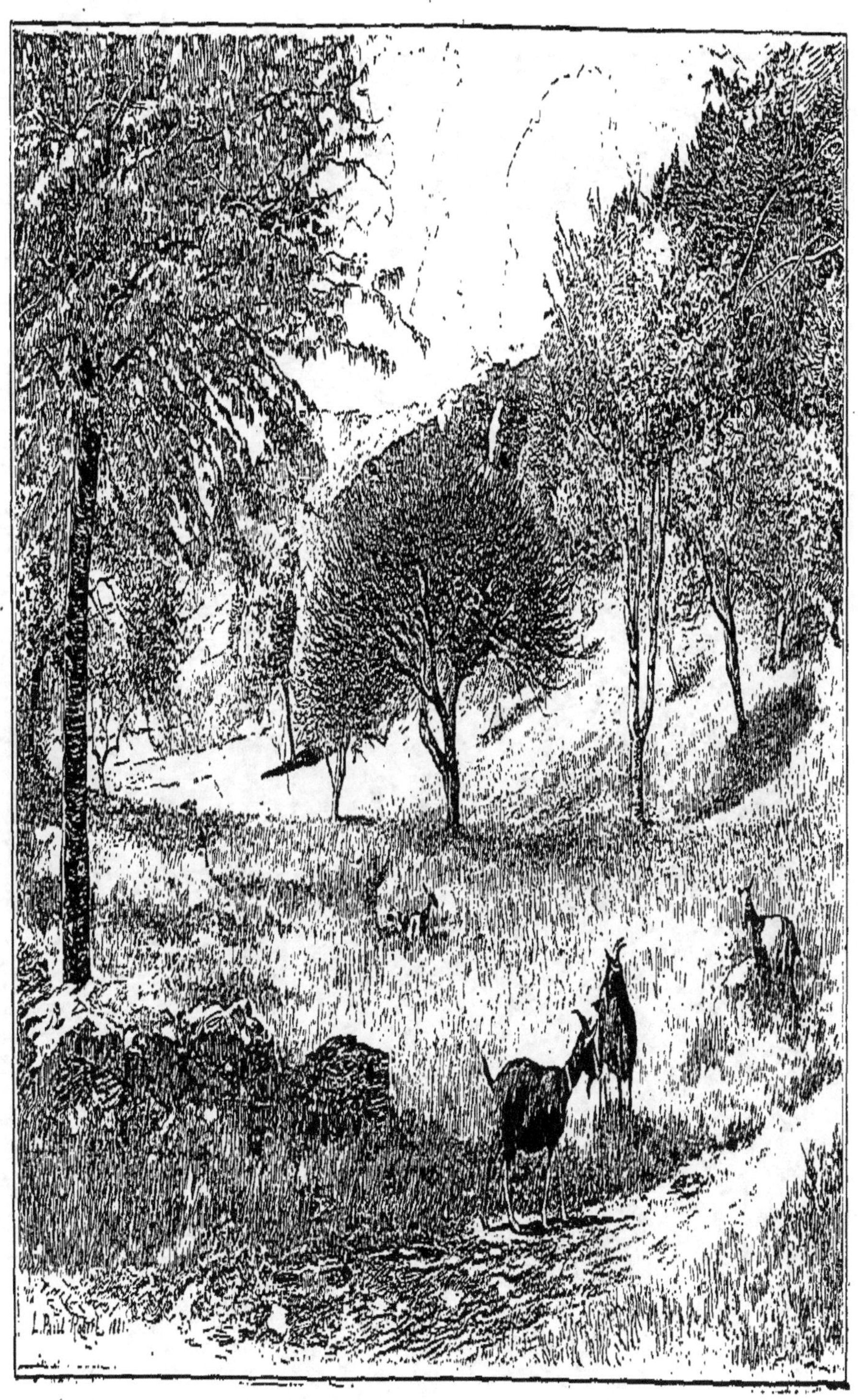

Robert (P.). *La Prairie. — The Meadows.*

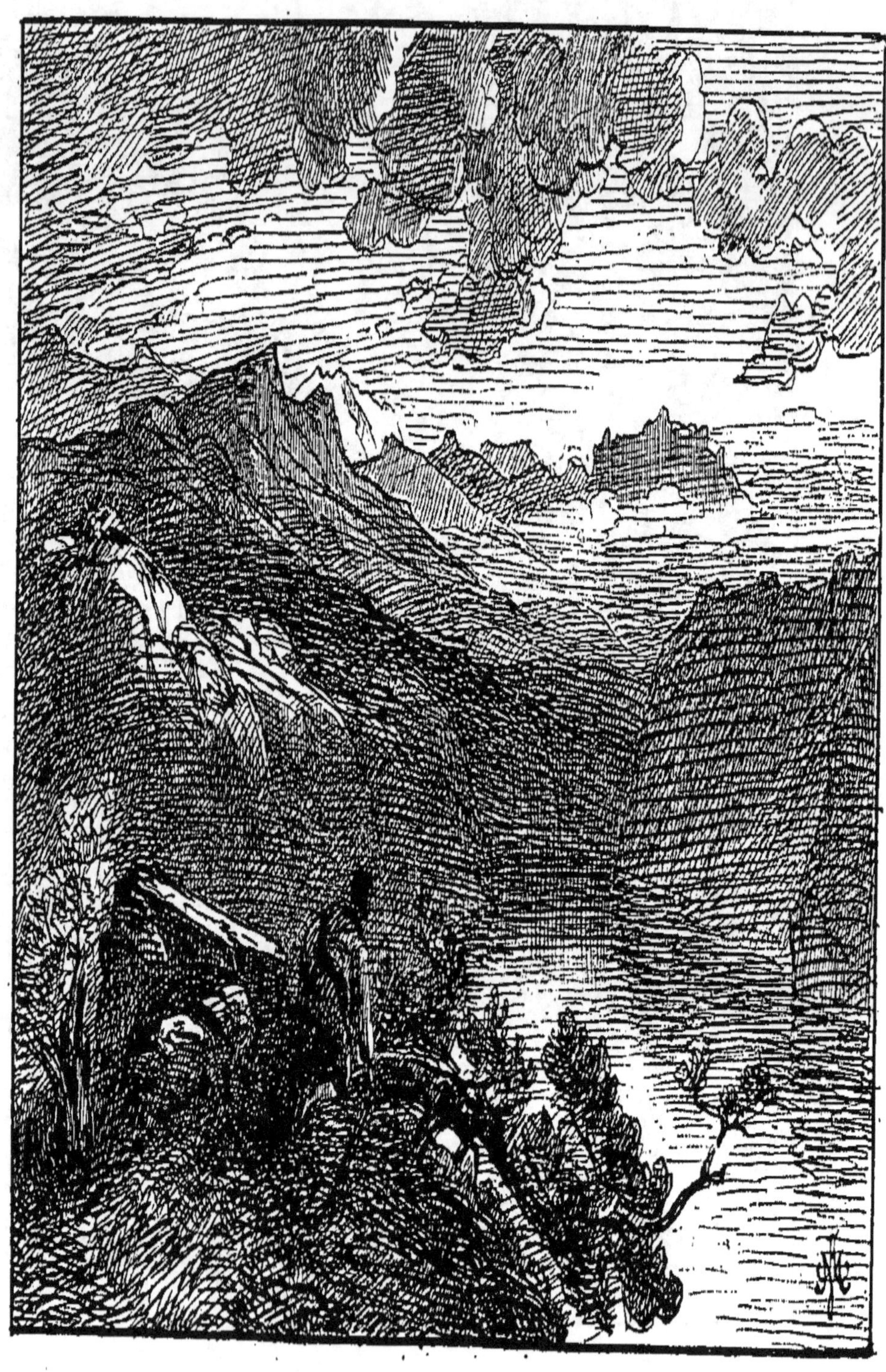

MEURON (A. DE). *Un soir dans les Alpes.* — *Evening in the Alps.*

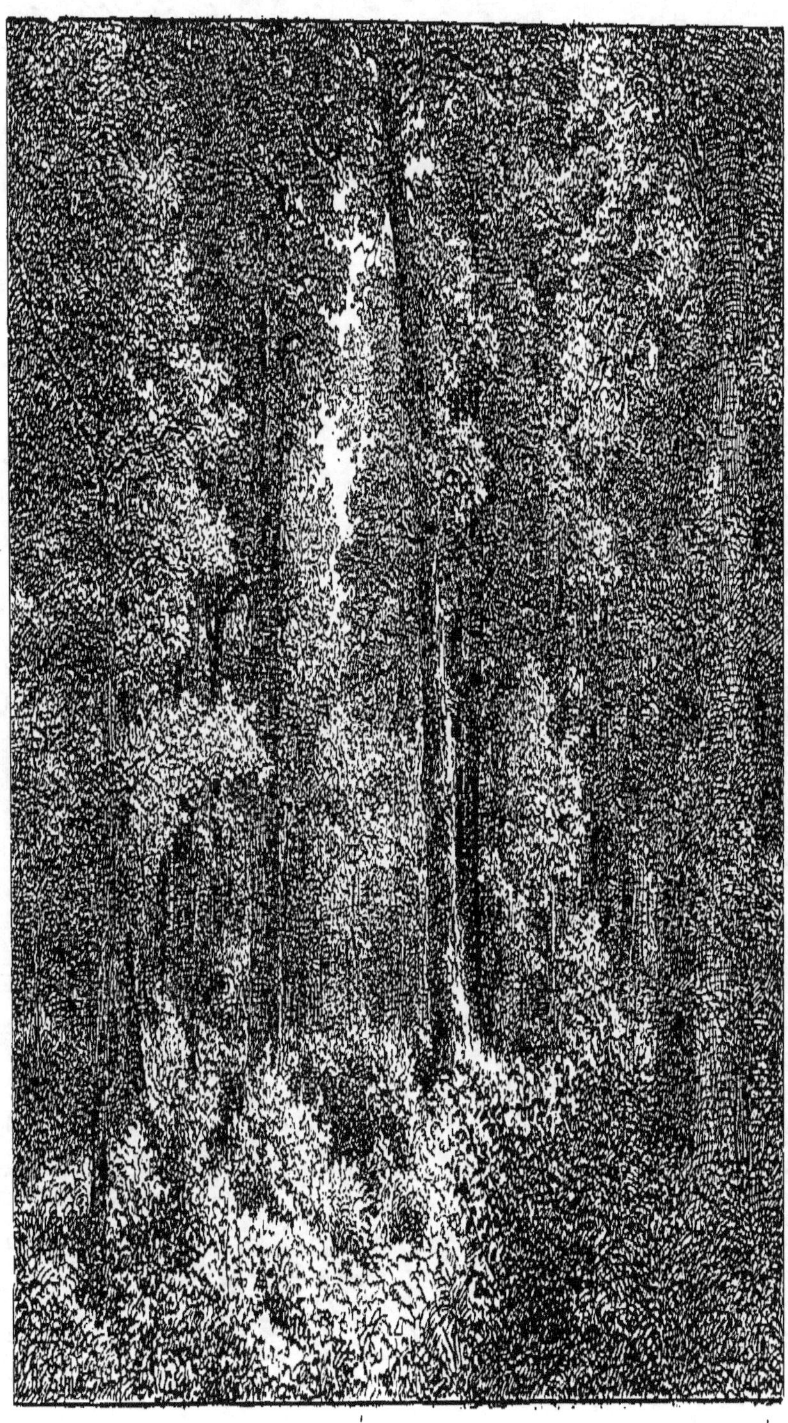

ZᴜɴD (Rᴏʙᴇʀᴛ). *Forêt de chênes. — The oak forest*

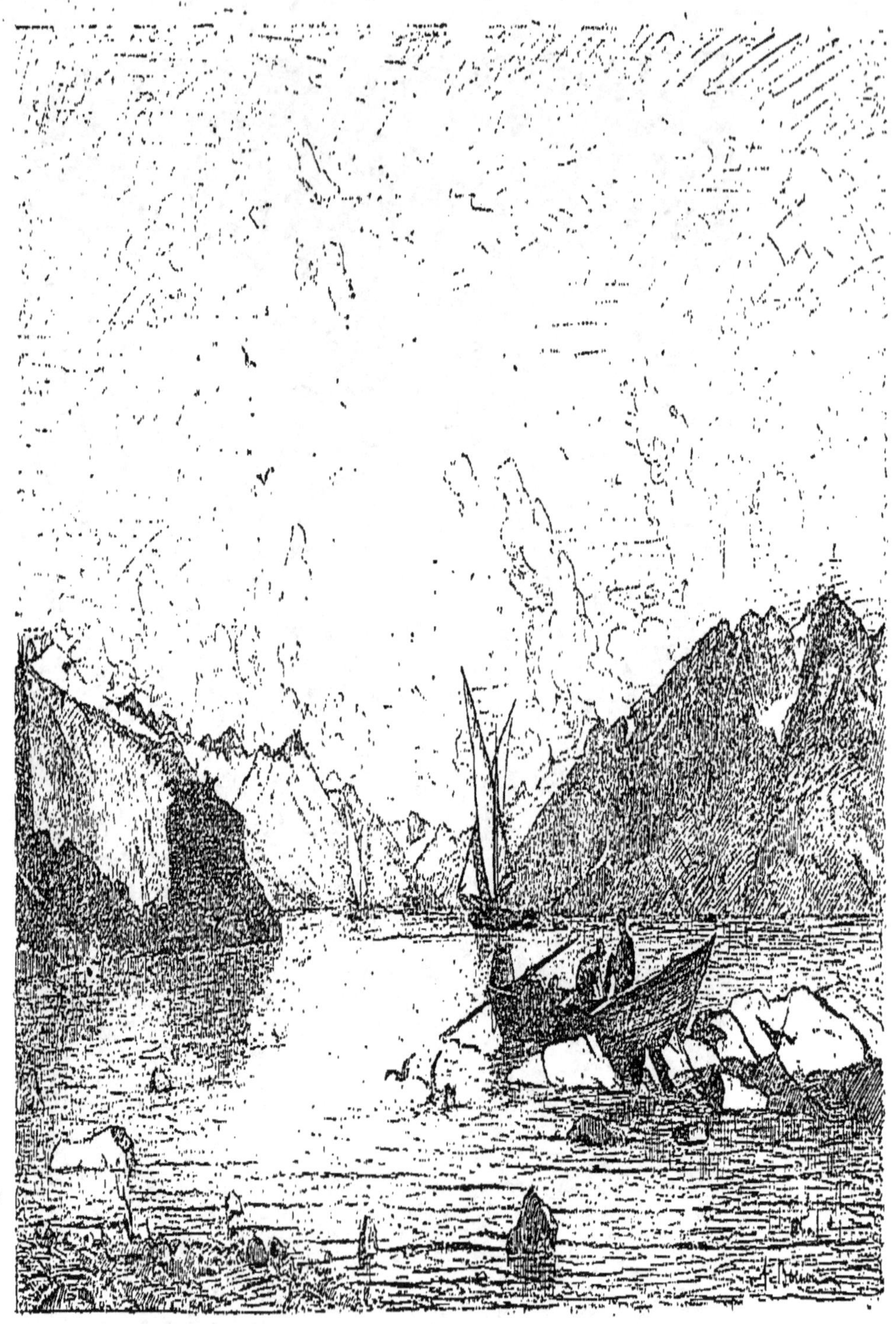

Bocion (F). *Le lac Léman, vu de Saint-Saphorin. — Lake Leman, from Saint-Saphorin.*

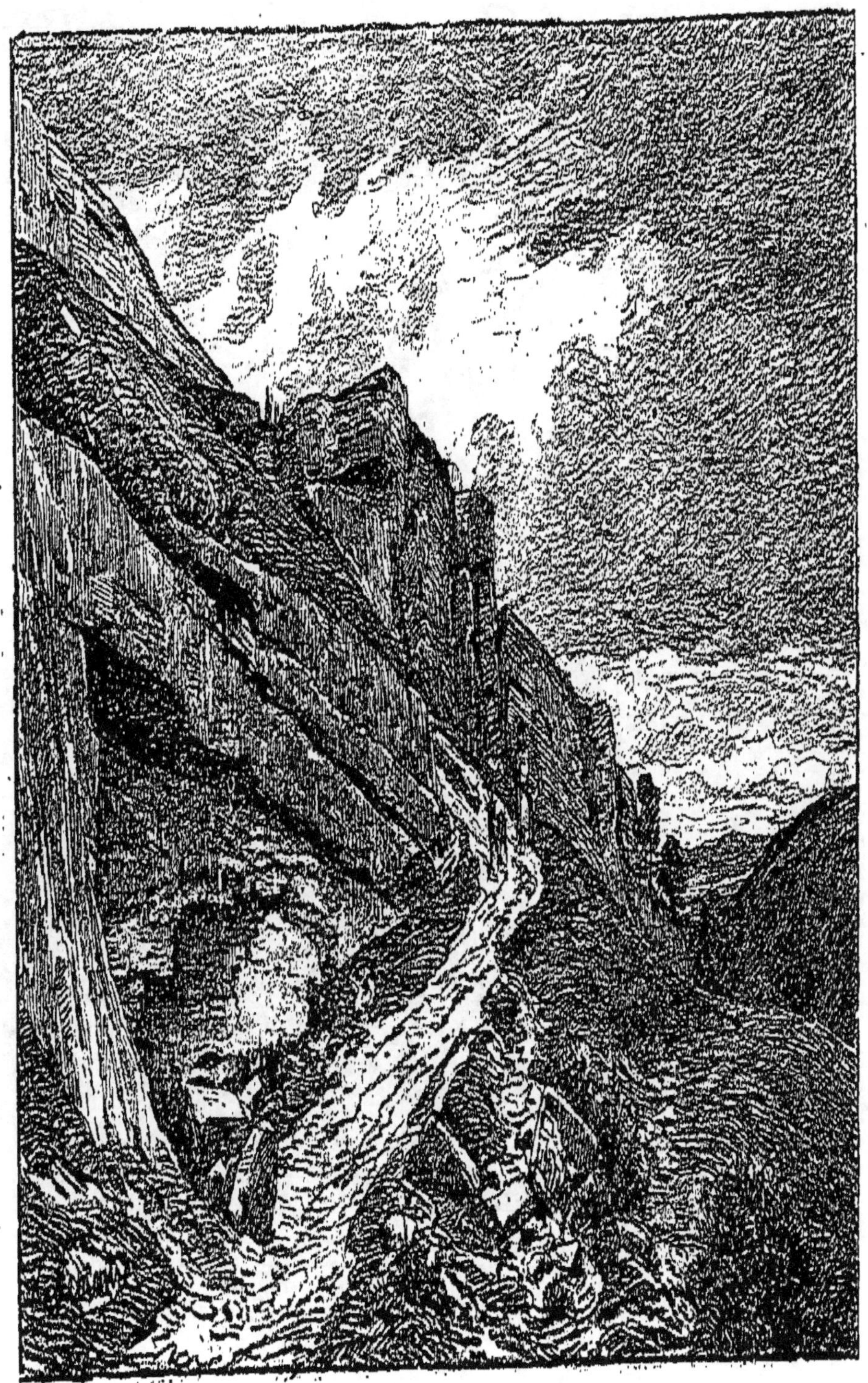

Lemaitre (N.). *Sur le Salève. — On the Salève.*

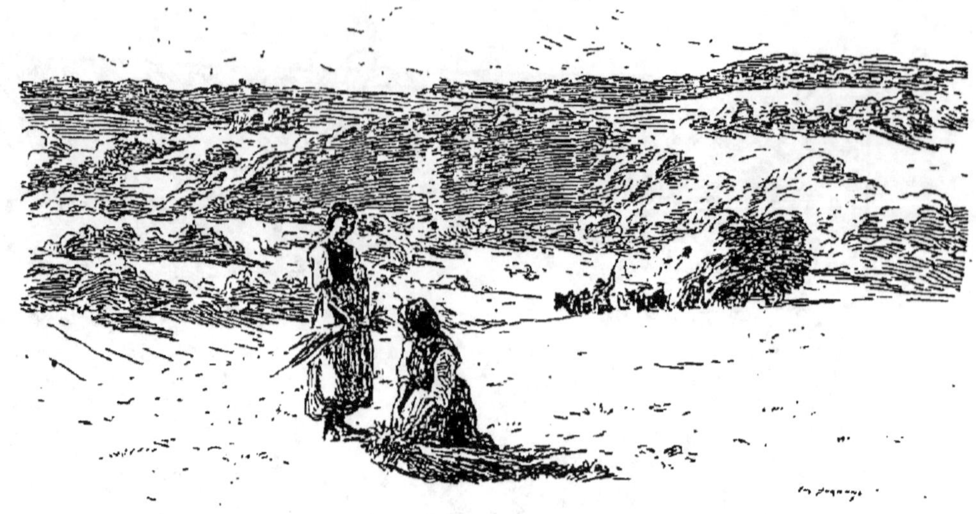

Burnand (E.). *Glaneuses.* — *Gleaners.*

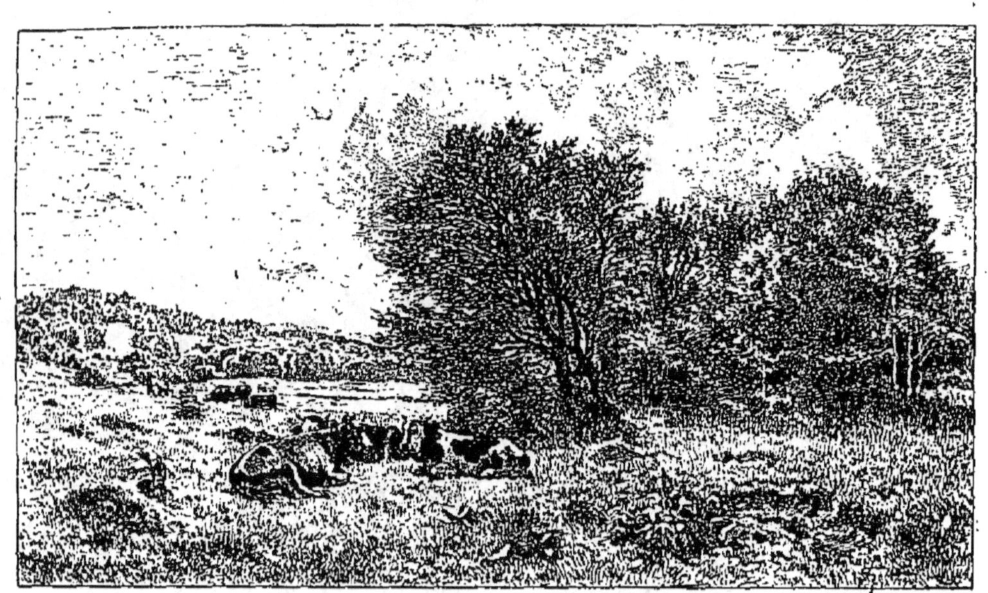

Huguenin-Lassauguette (F.). *Pâturage à la Tourne.*
A Pasture at the Tourne.

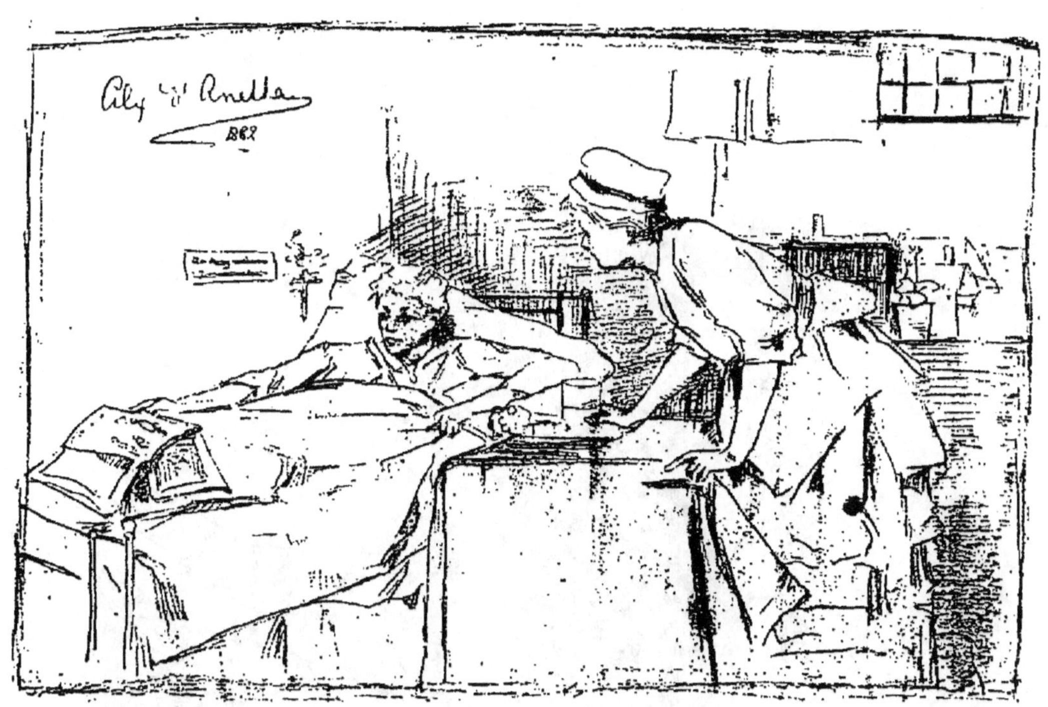

D'Anethan (Mᵐᵉ). *L'Enfant malade.* — *The sick child.*

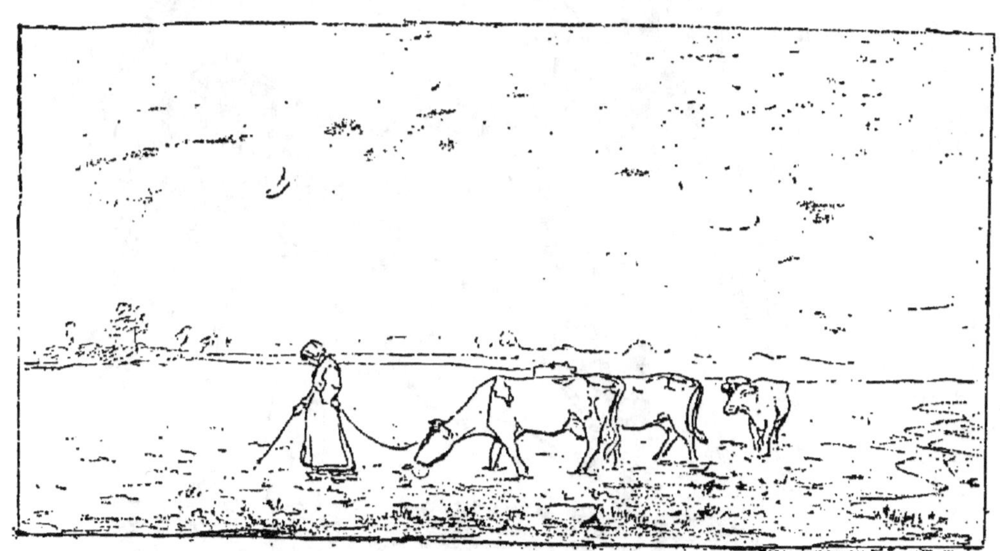

Verstraete (T.). *Dans la Bruyère.* — *In the heath.*

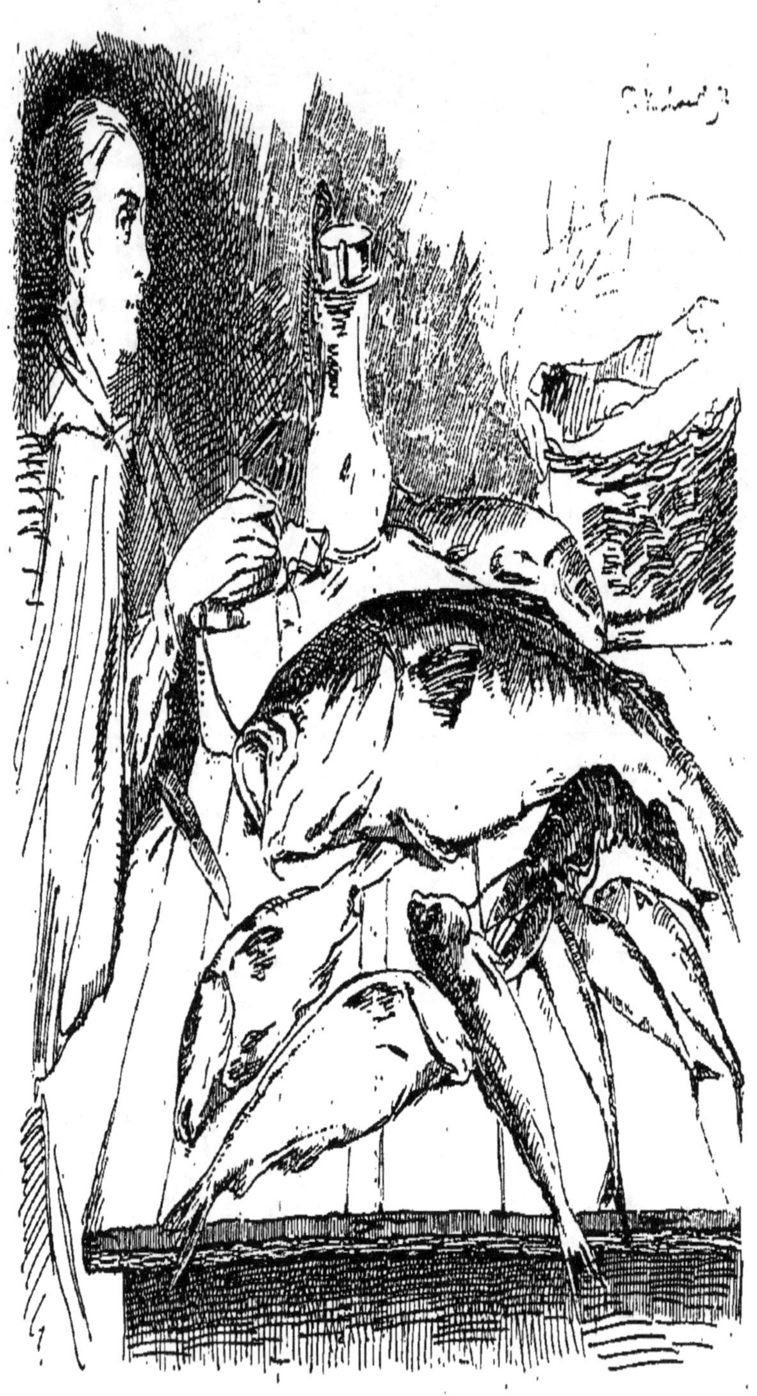

VERHAERT (R.) *La Marchande de marée à Anvers.* — *Woman selling fish at Antwerp.*

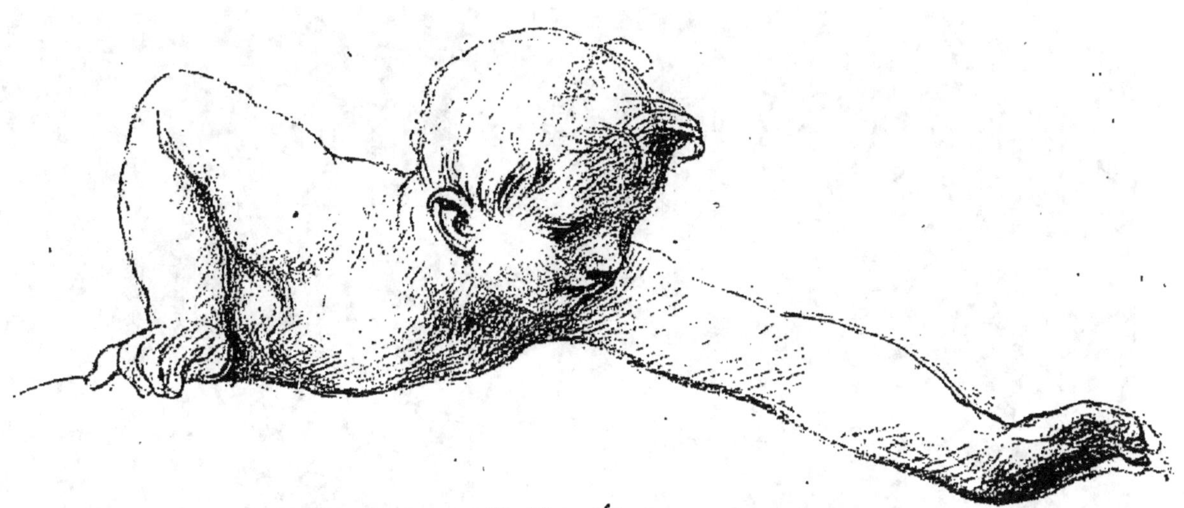

GALLAND (P. V.). *Étude. — A study.*

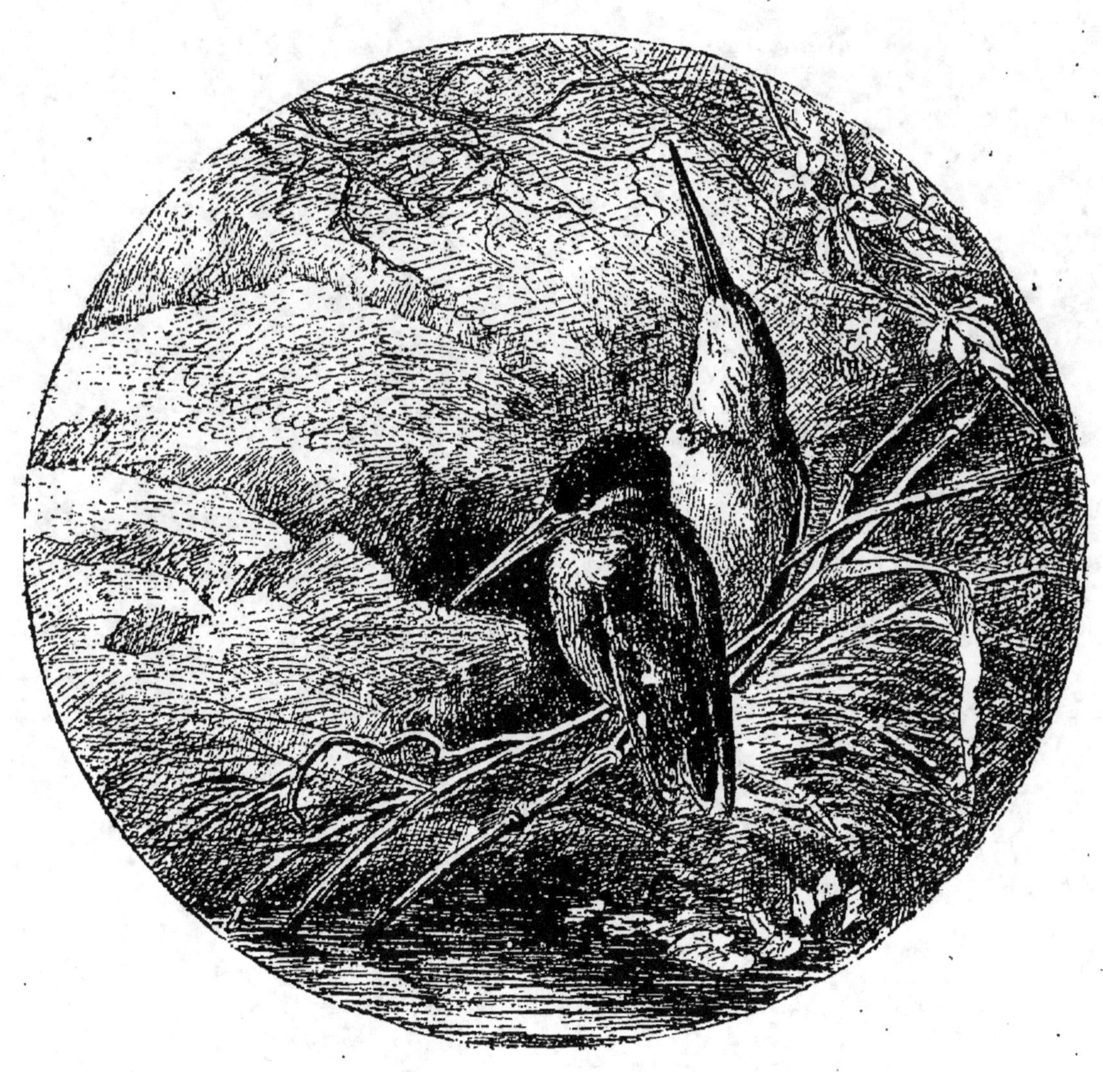

SCHMIDT. *Groupe de Martins-Pêcheurs; Peinture Barbotine.*
Group of King-Fishers; Painted Barbotine.

e

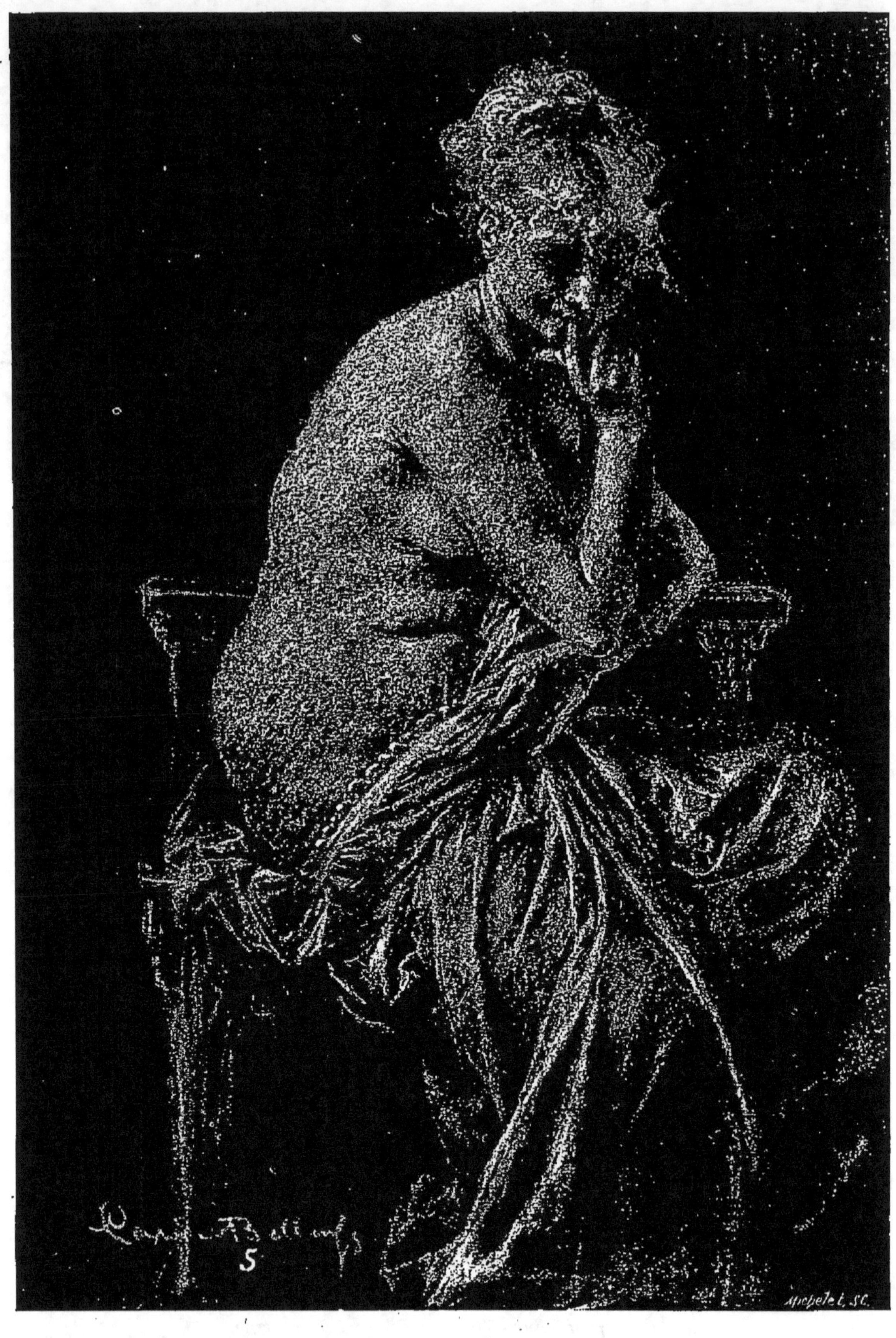

CARRIER-BELLEUSE (L. R.) *Dessin au crayon blanc. — A Drawing in White.*

66

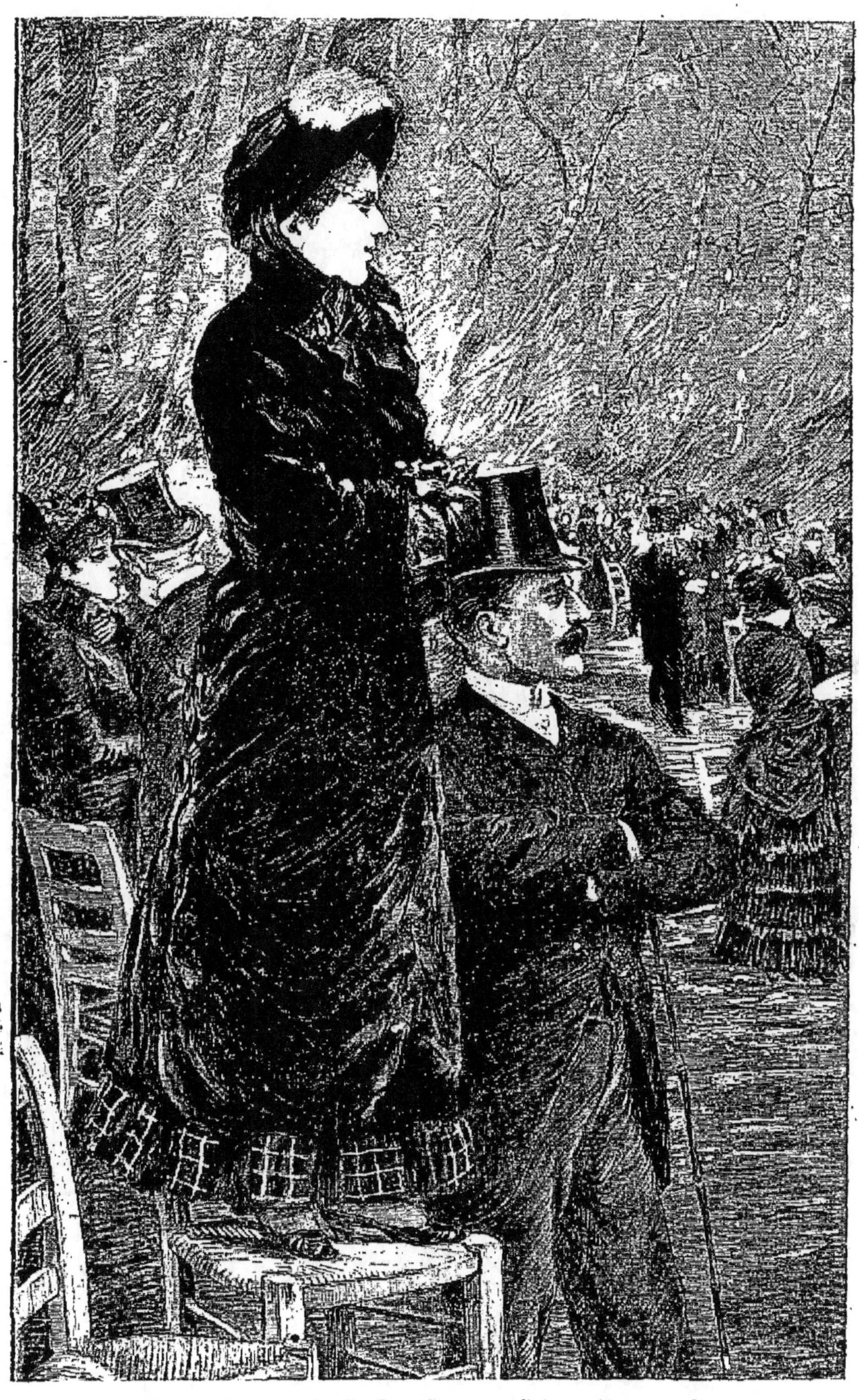

NITTIS (J. DE). **H. C.** *Les Courses d'Auteuil (Pastel).*
Races at Auteuil (Bois de Boulogne).

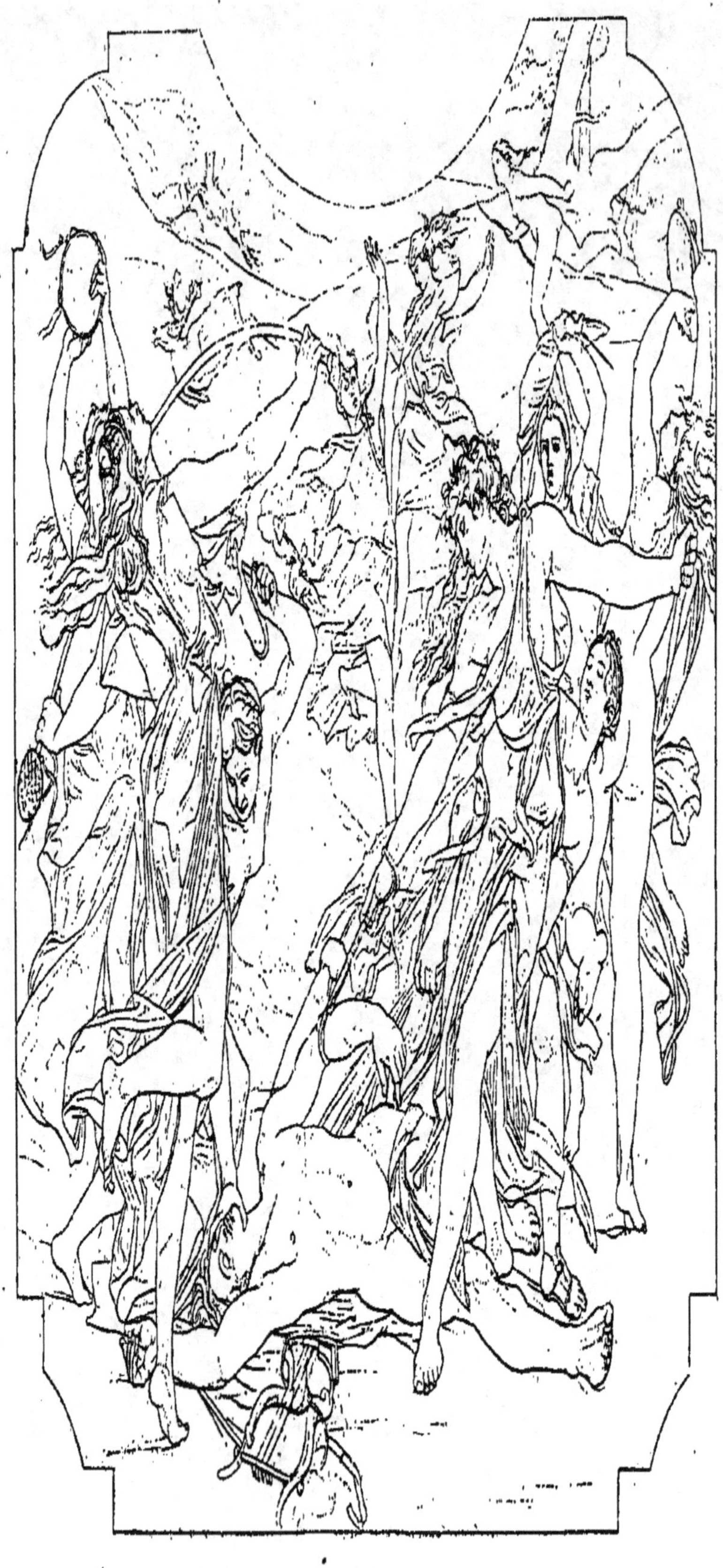

BAUDRY (P.). **H.C.** *Mort d'Orphée. — Death of Orpheus.*

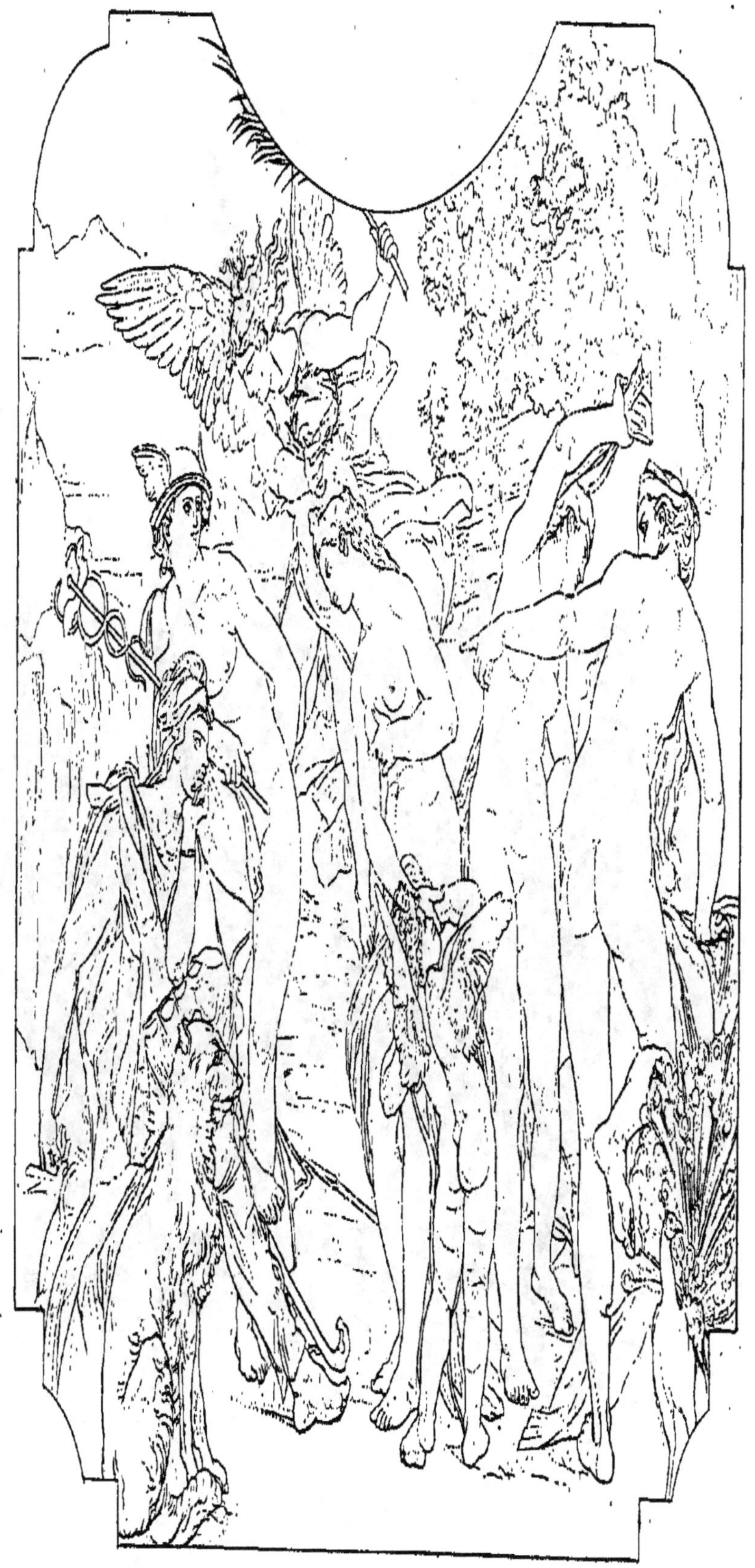

Baudry (P.). H. C. *Le Jugement de Pâris.* — *The judgment of Paris.*

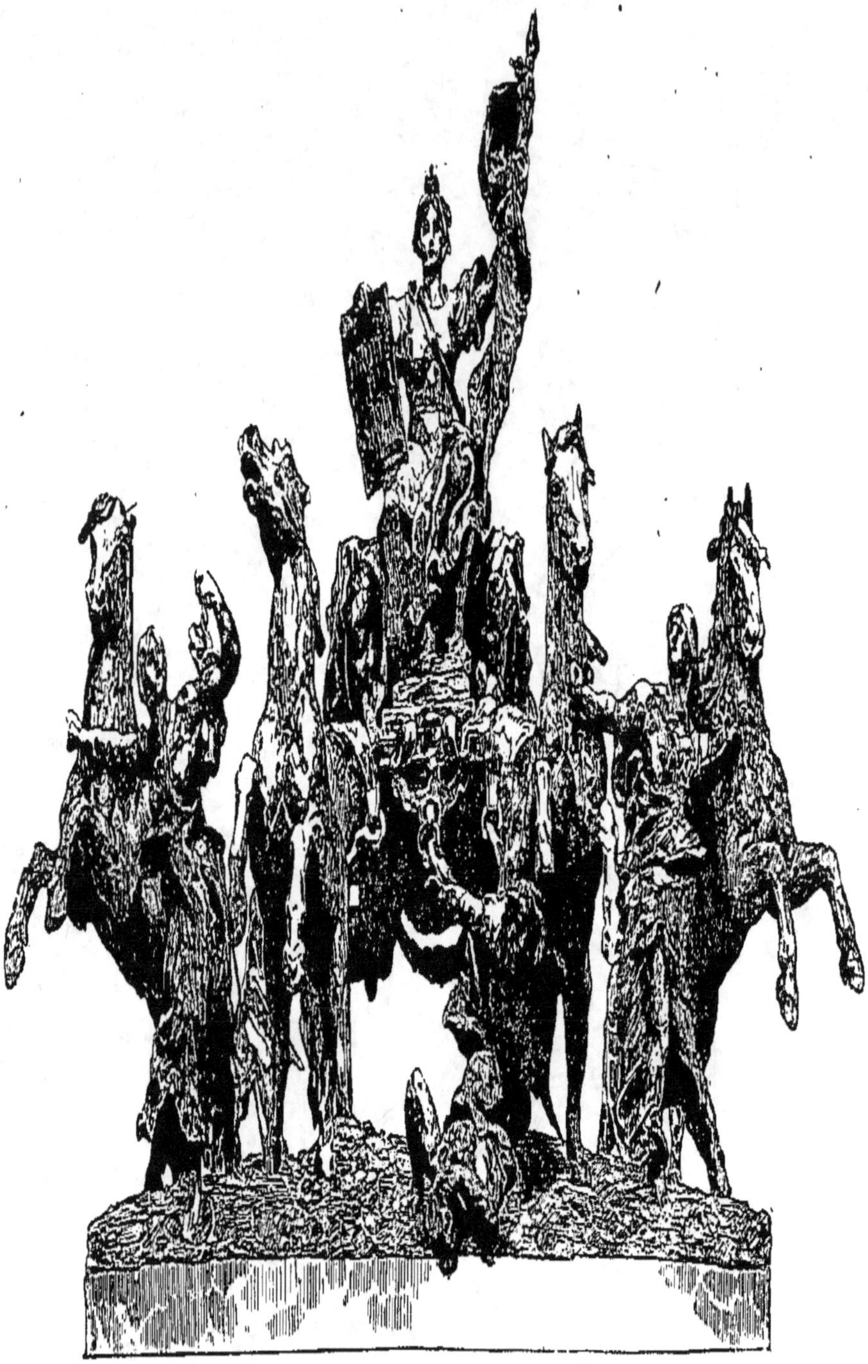

Falguière (A.). H. C. *Projet pour le couronnement de l'Arc de Triomphe.*
Project for the summit of the Arc de Triomphe.

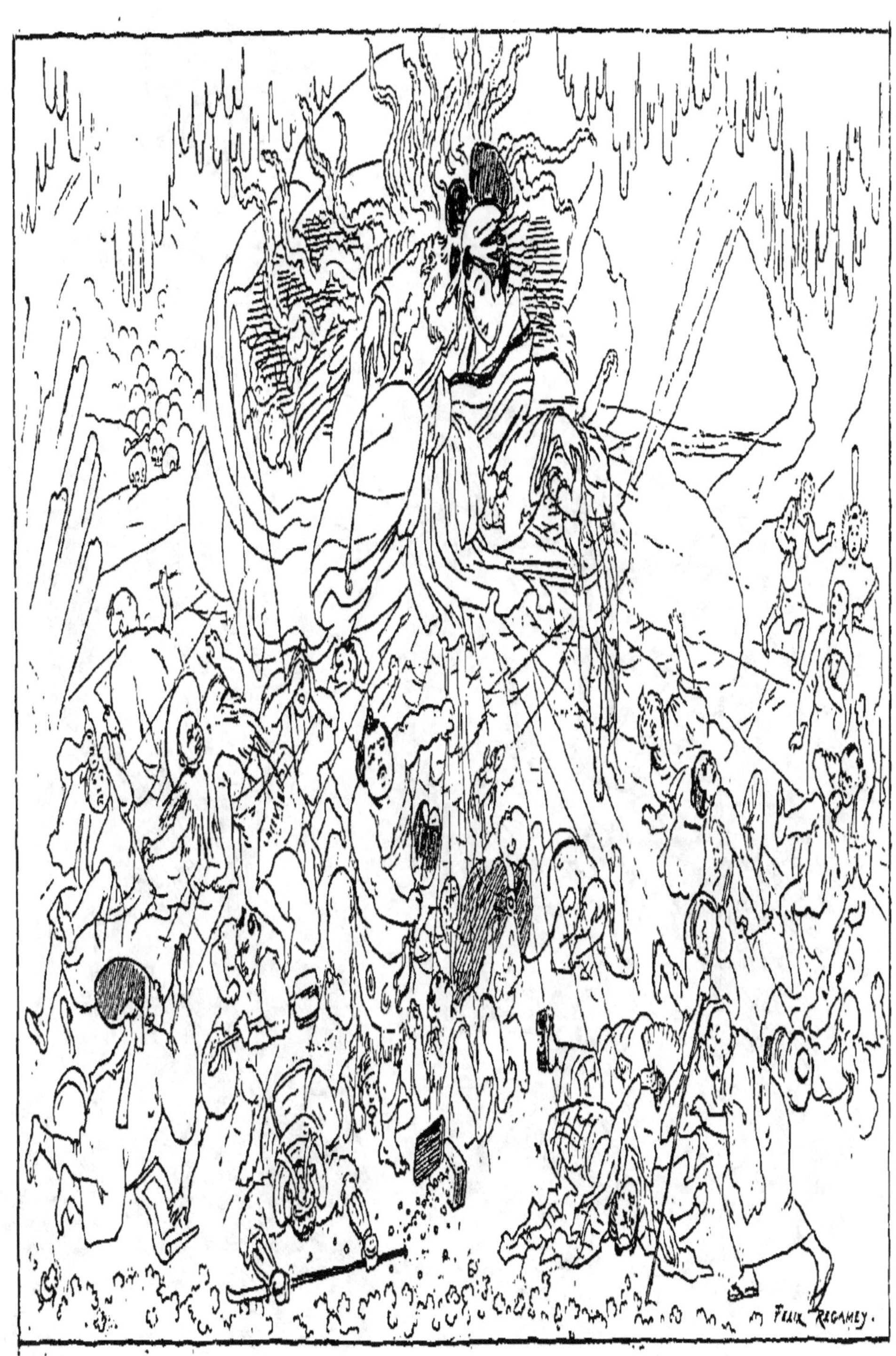

Régamey (F.). *La grande Chasseresse.* — *The great Huntress.*

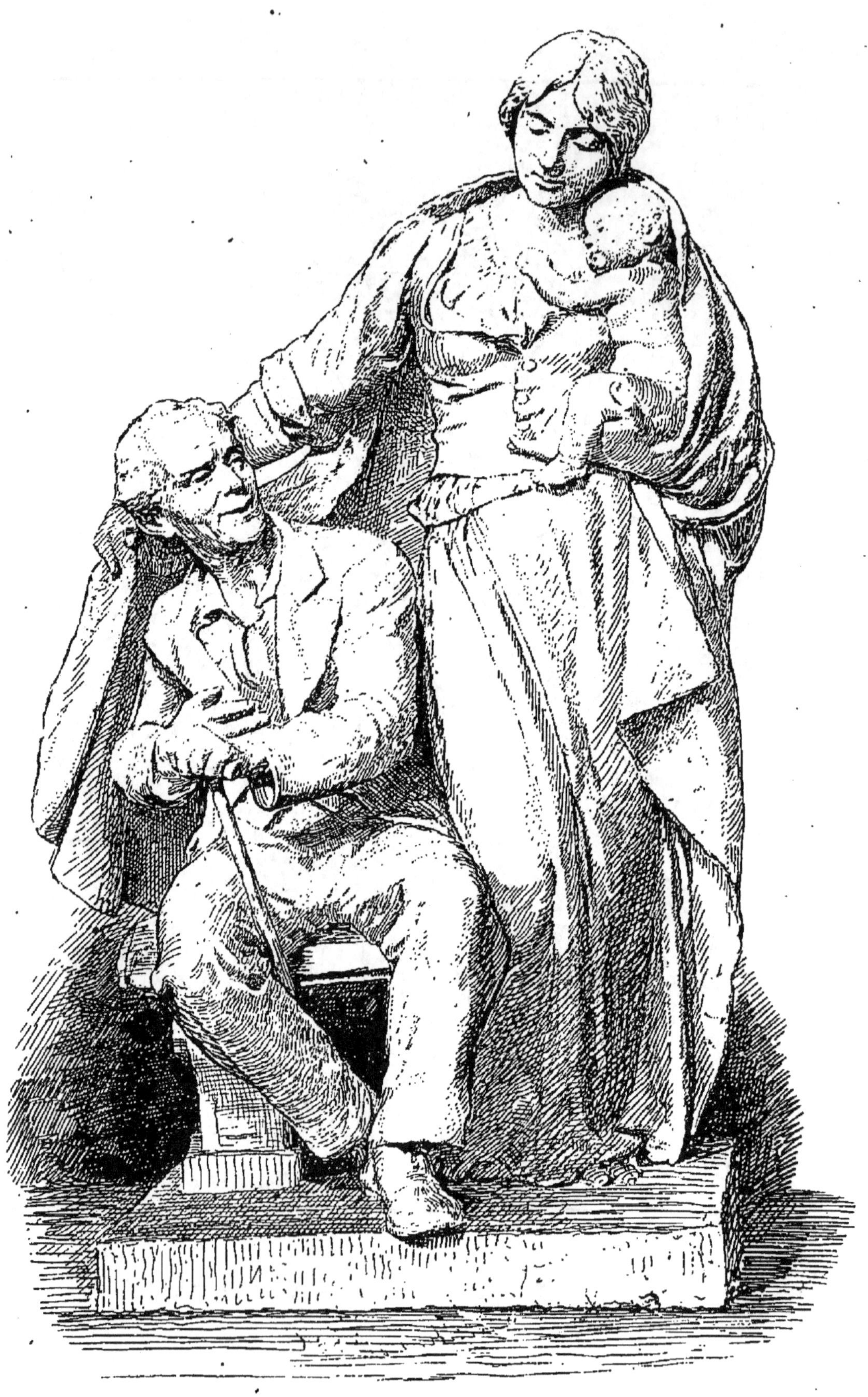

DELAPLANCHE (E.). **H. C.** *Le Travail. — Work.*

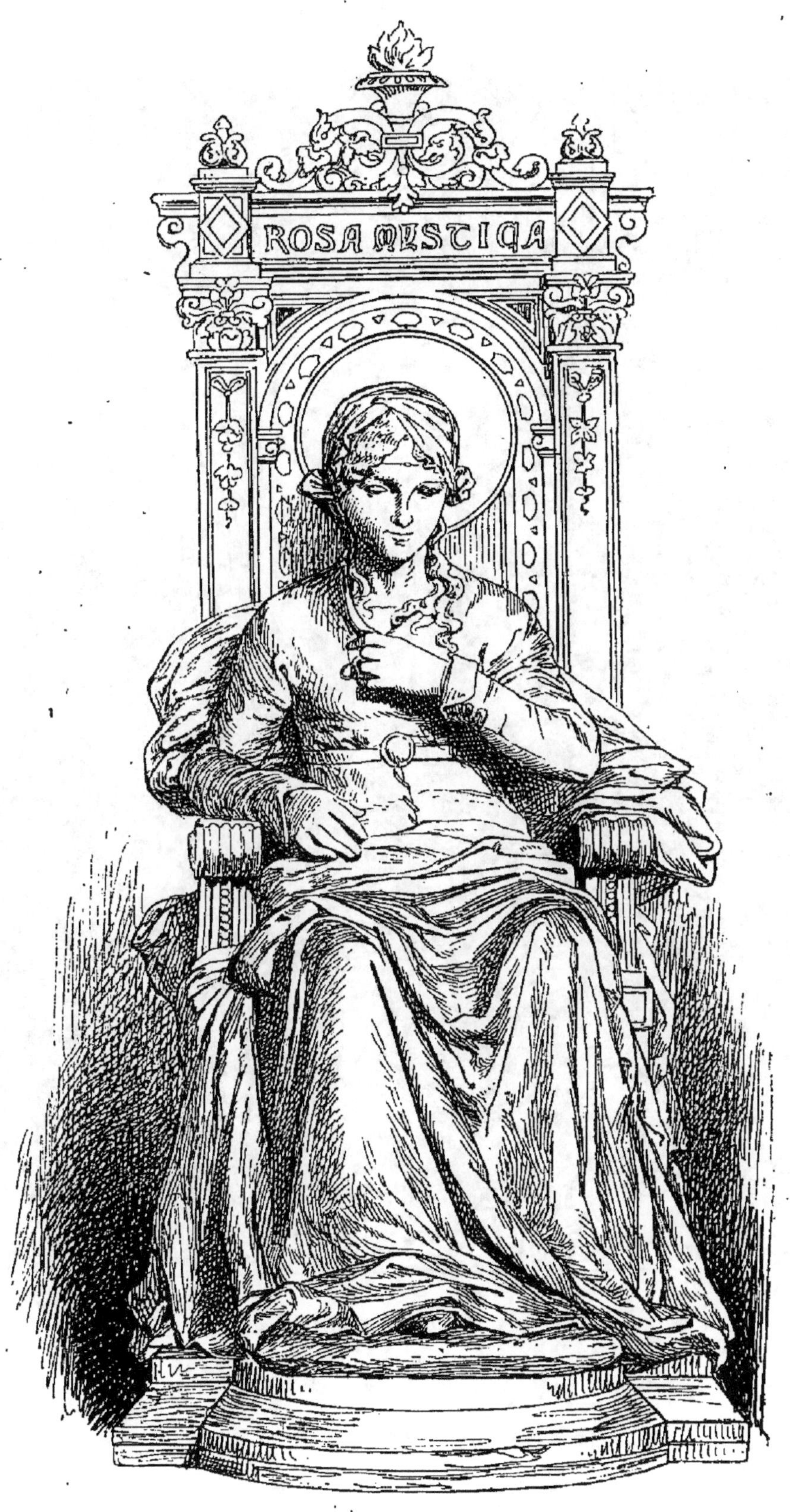

Morice (L.). **H.C.** *Rosa Mystica.*

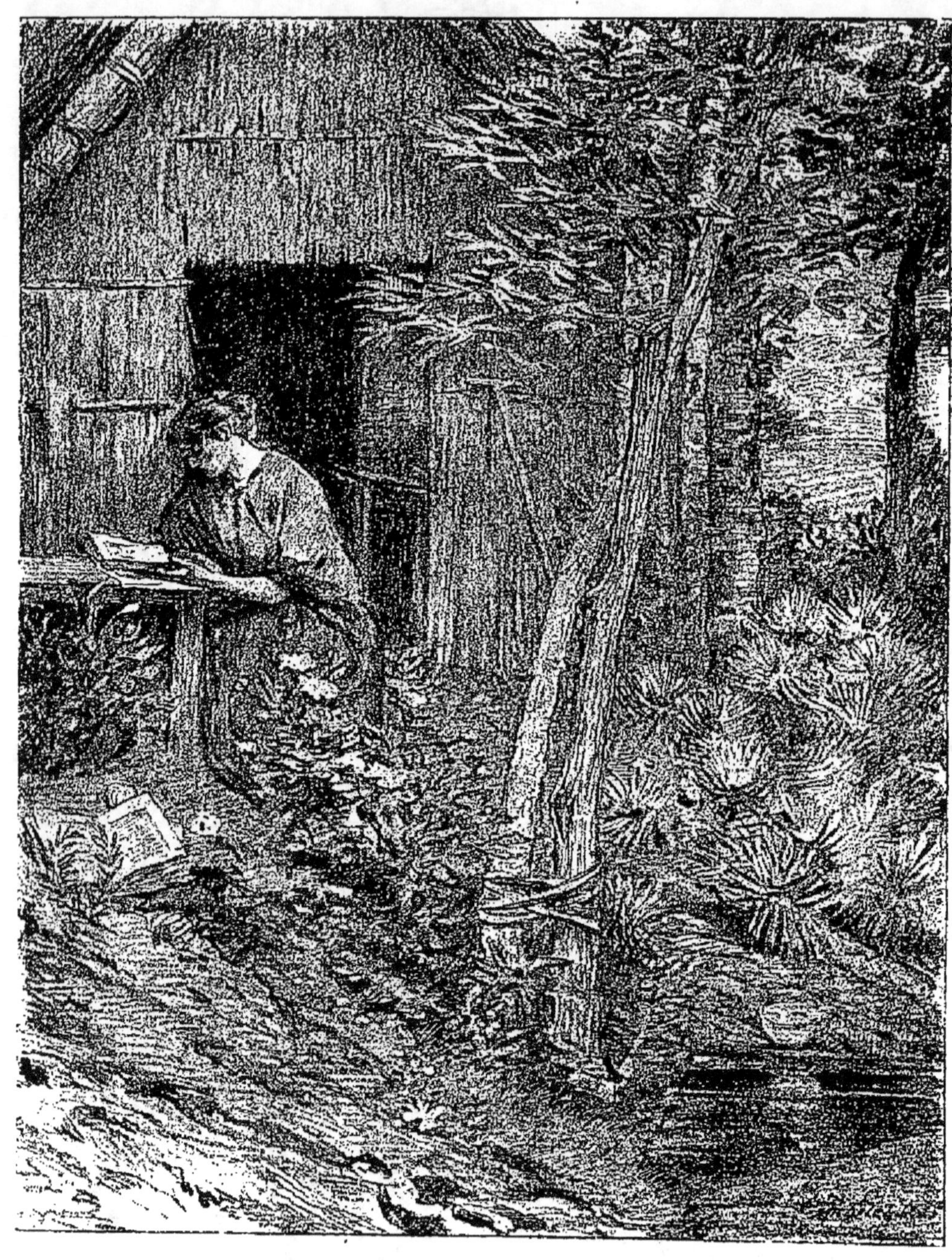

Cazin (J.-C.). **H.C.** *La Retraite.* — *The Retreat.*

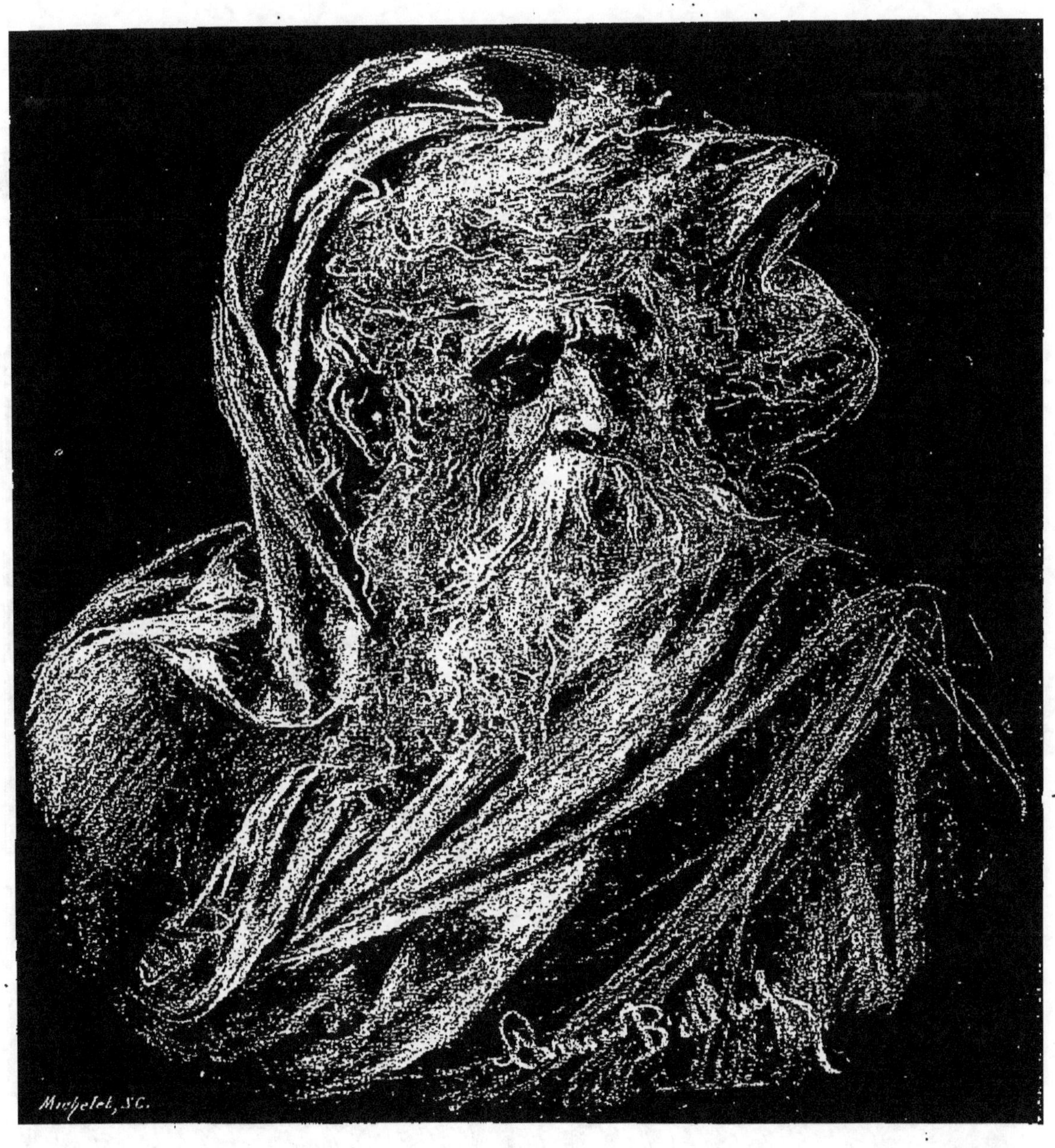

CARRIER-BELLEUSE (L. R.). *Dessin au crayon blanc. — A Drawing in White.*

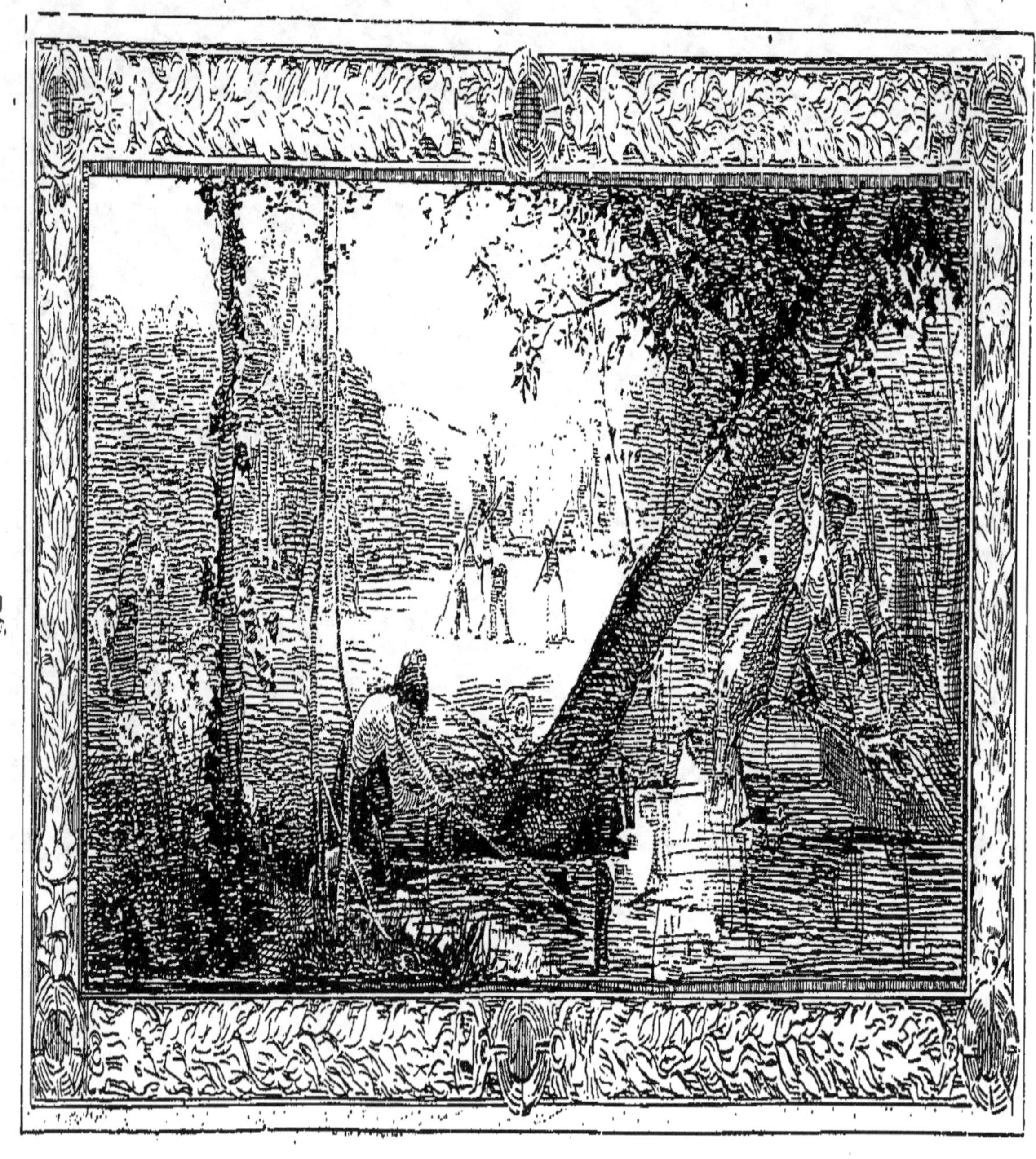

Truffaut (G.). *La Prairie. — The Field.*

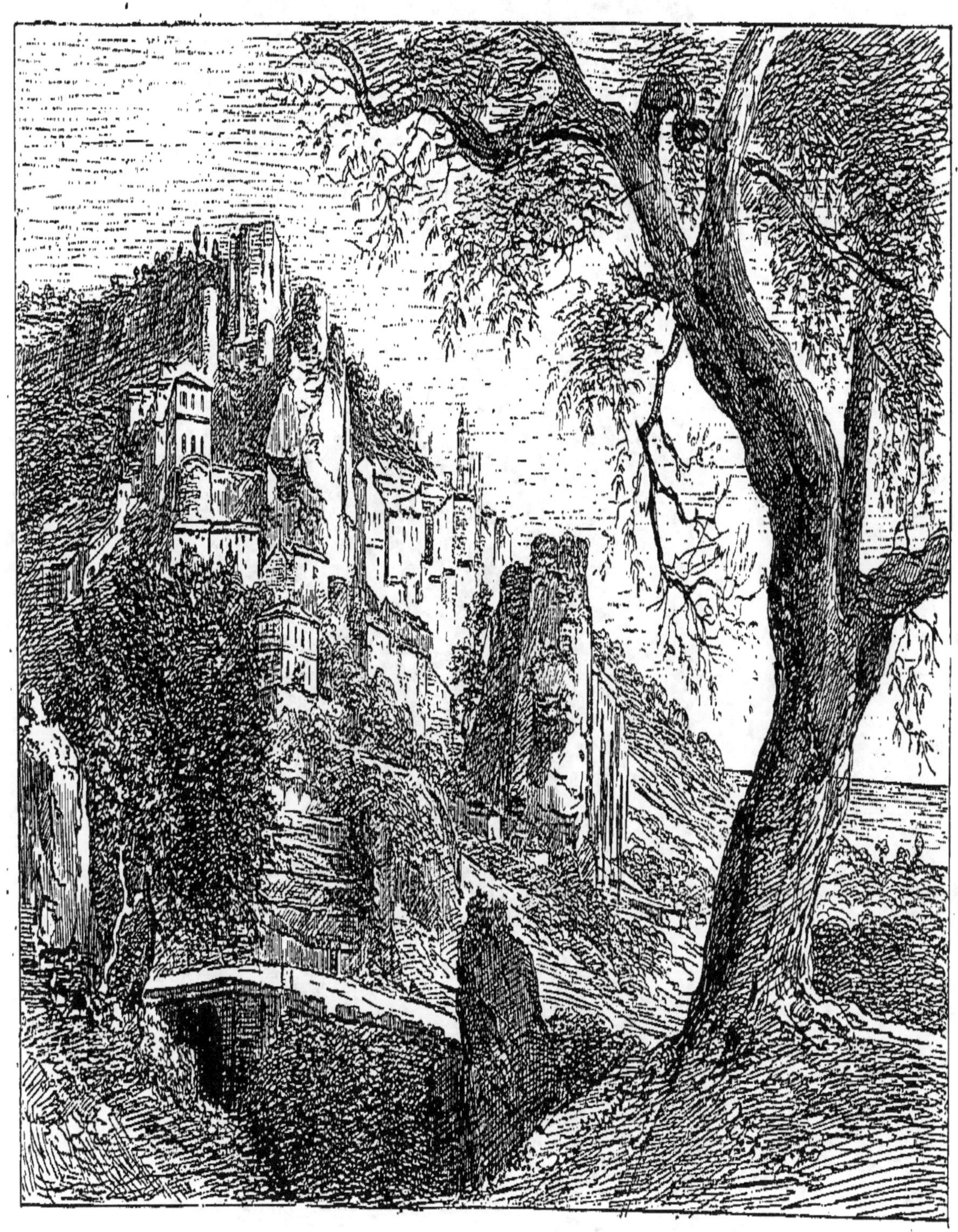

Noel (G.). Roquebrune (motif d'un panneau de faïences décoratives). — Roquebrune (motive for a panel in decorative faïence).

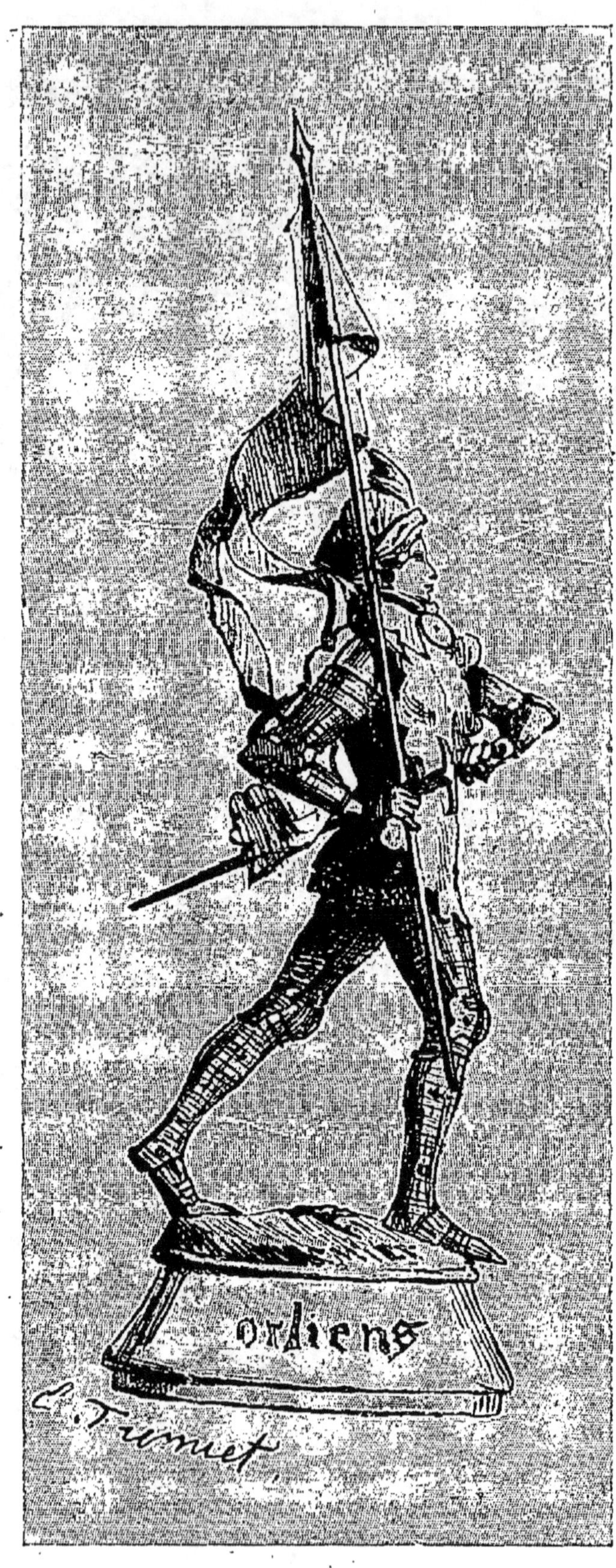

FREMIET (E.). **H.C.** *Jeanne d'Arc.* — *Joan of Arc.*

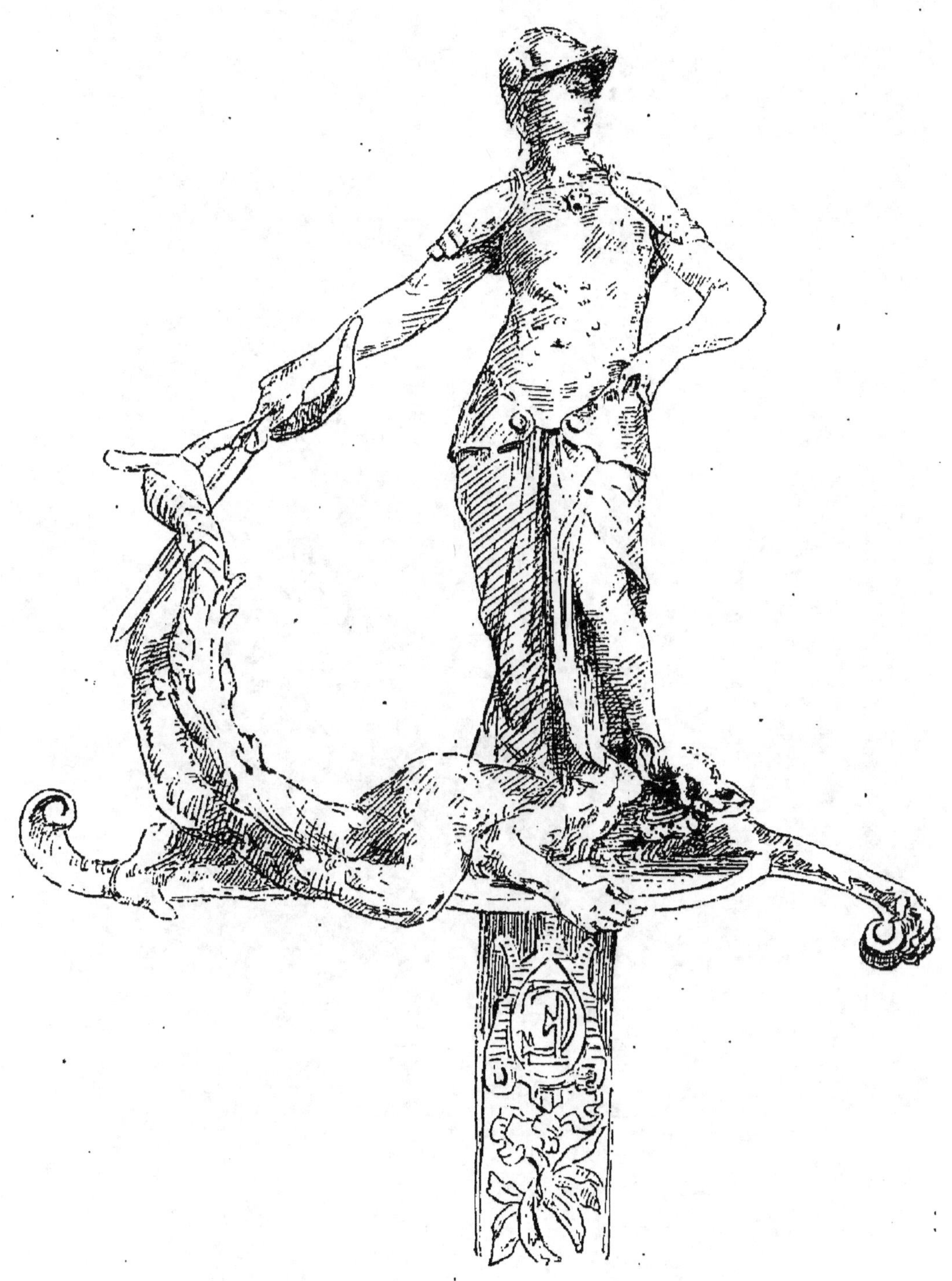

MERCIÉ (A.). **H.C.** *Épée d'honneur offerte au général de Cissey.*
Sword of honnour presented to General de Cissey.

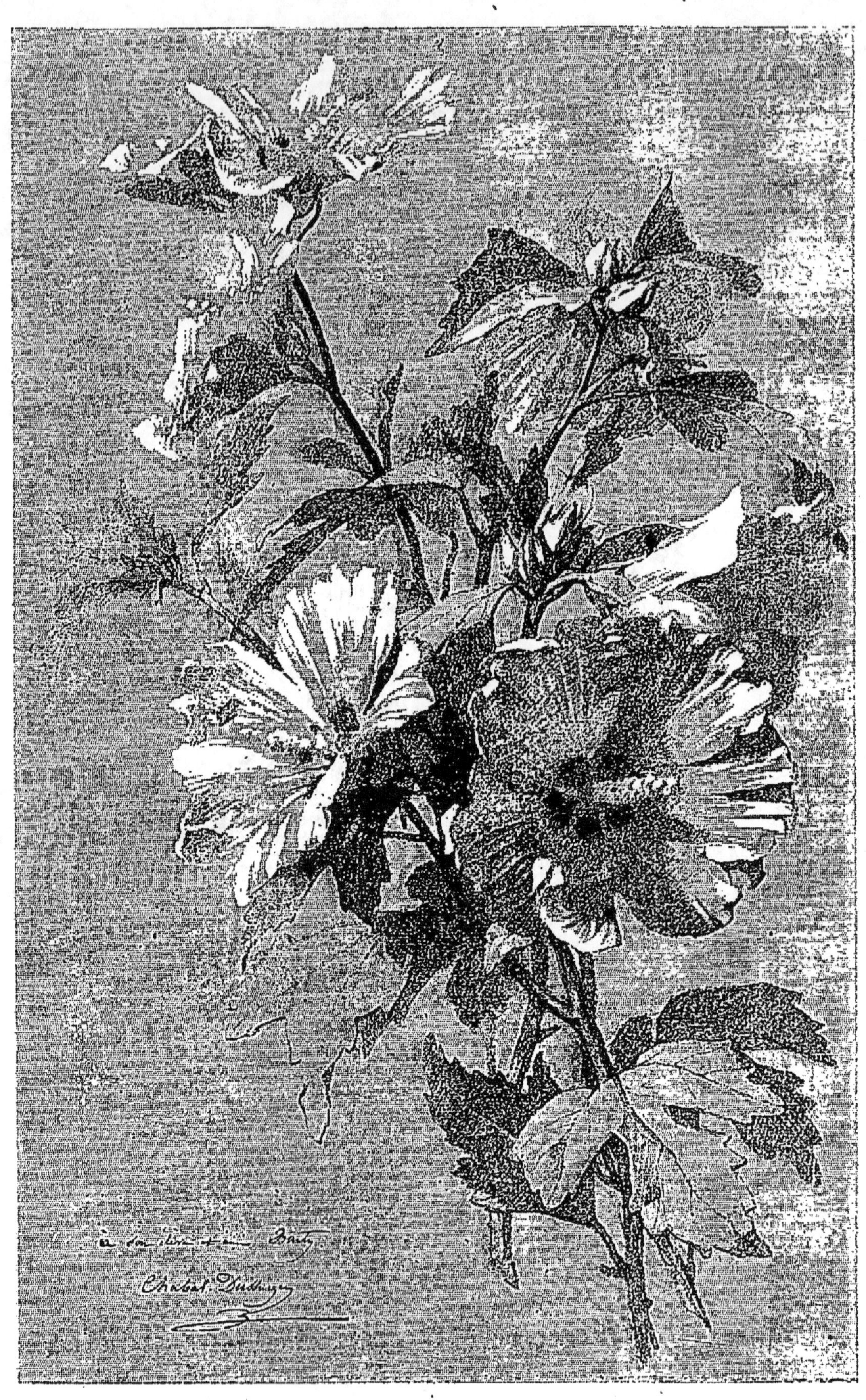

CHABAL-DUSSURGEY. *Étude de fleurs. — Study of flowers.*

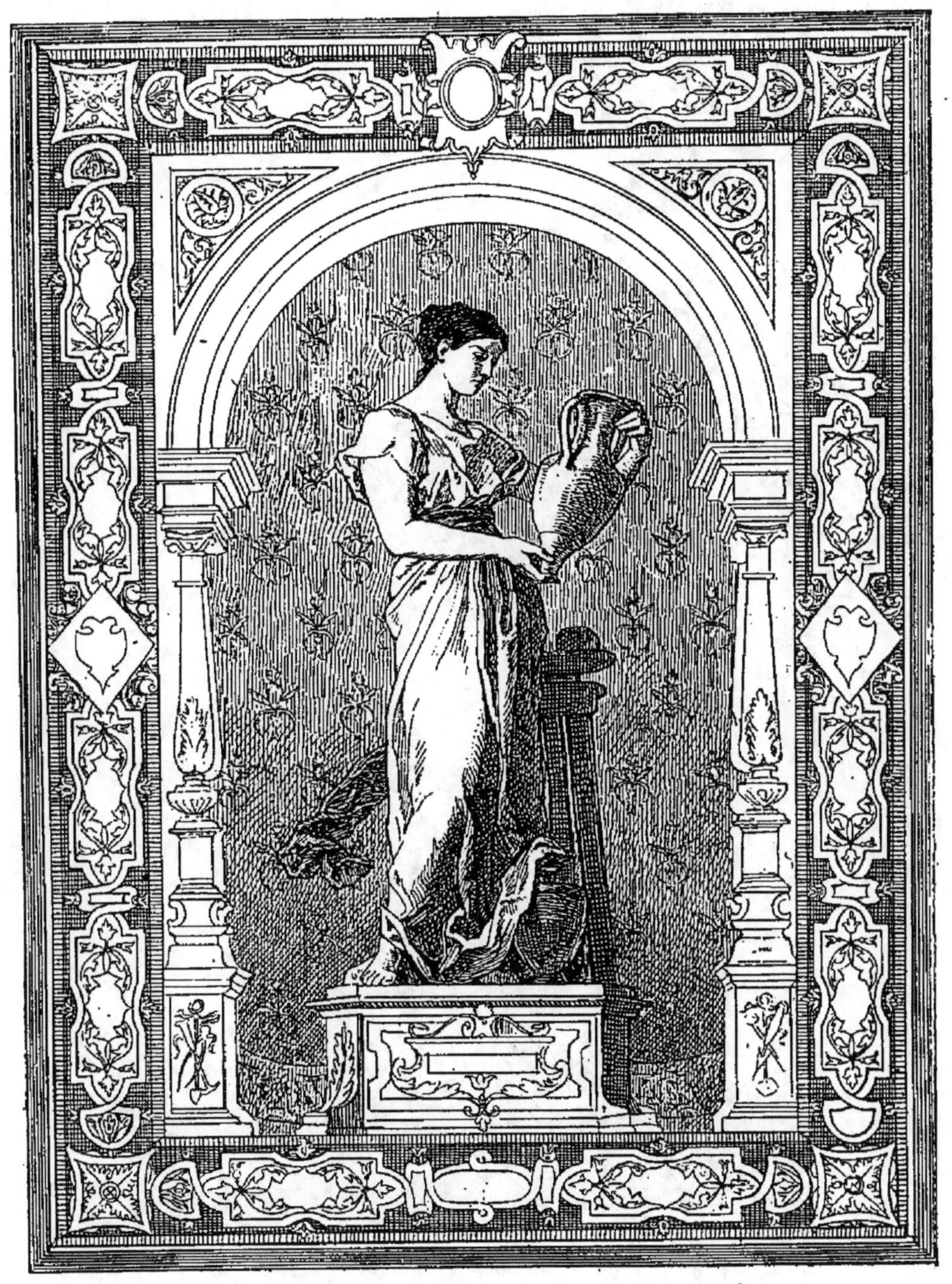

LECHEVALLIER-CHEVIGNARD. *Tornatura; modèle d'une tapisserie des Gobelins.*
Tornatura; model of a Gobelins' tapestry.

f

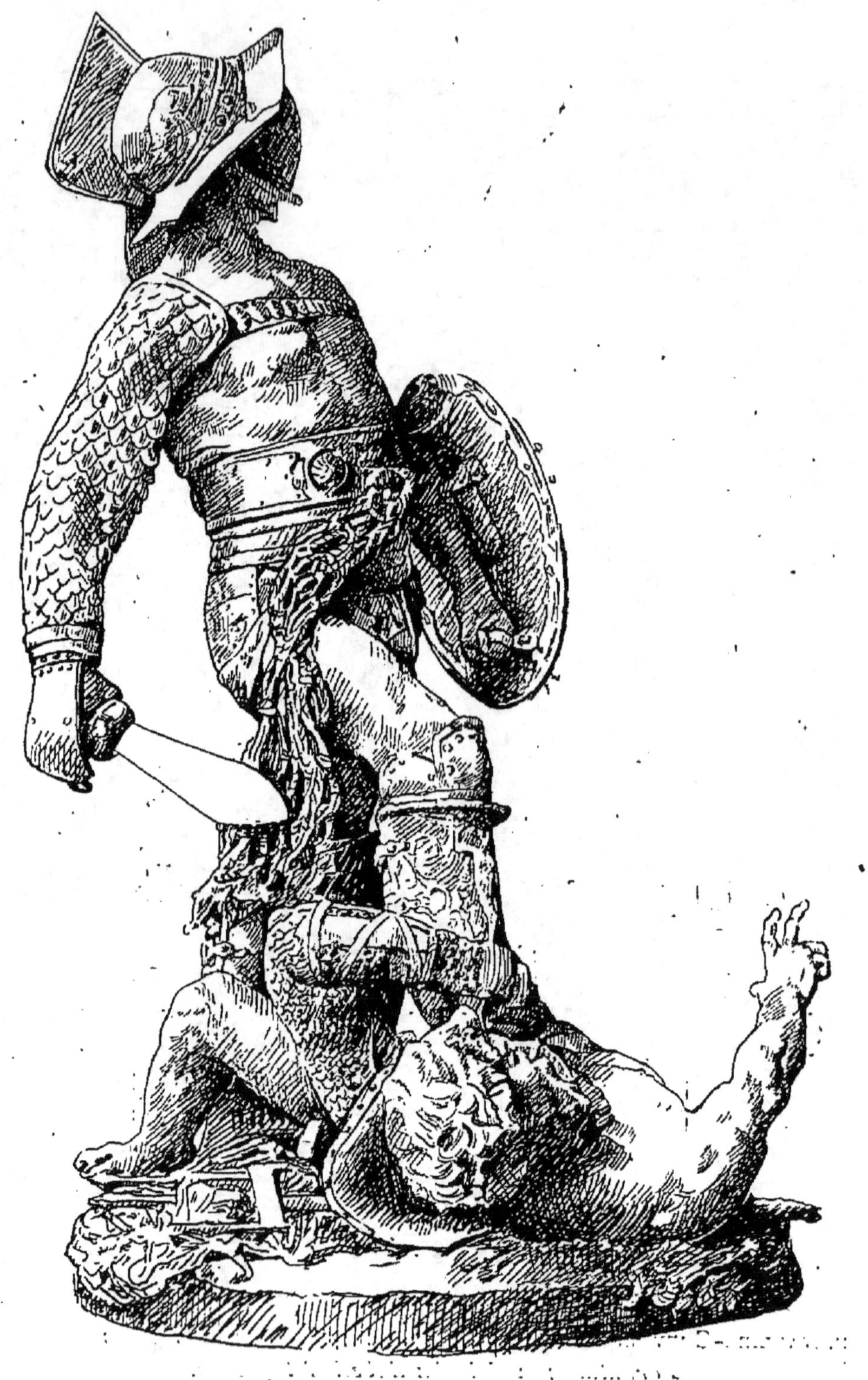

Gérome (L). **H. C.** *Gladiateur romain. — Roman Gladiator.*

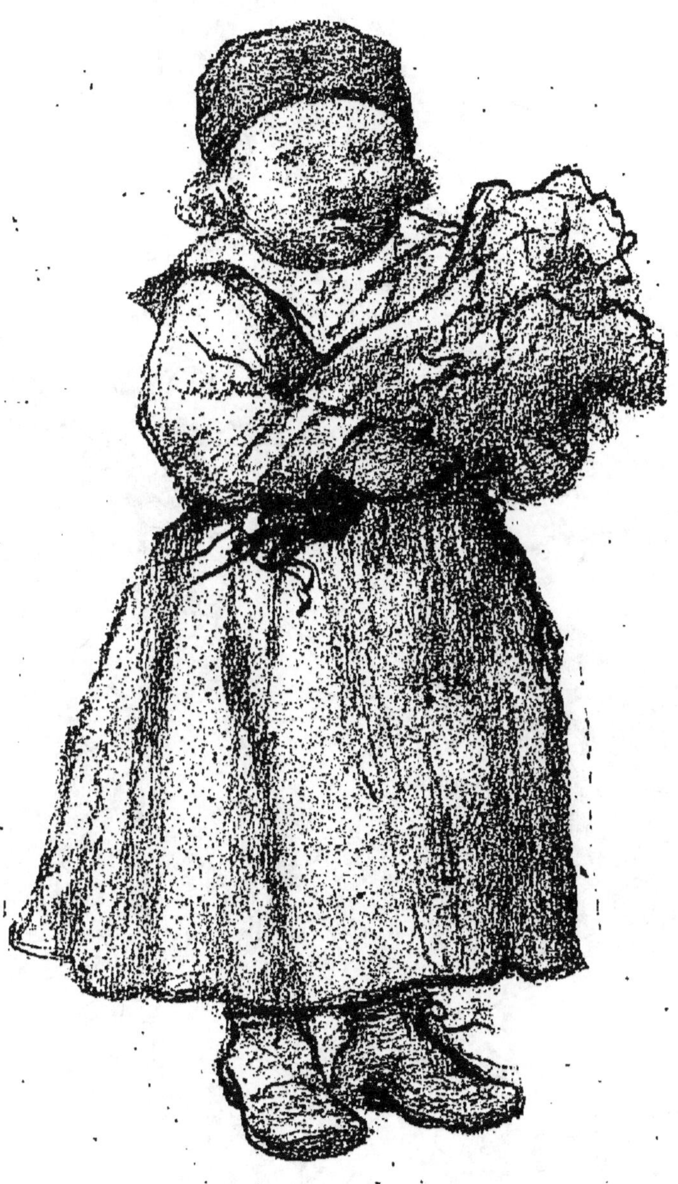

Truffaut (E. L.). *Le Potager (fragment).*
From the Kitchen garden.

83

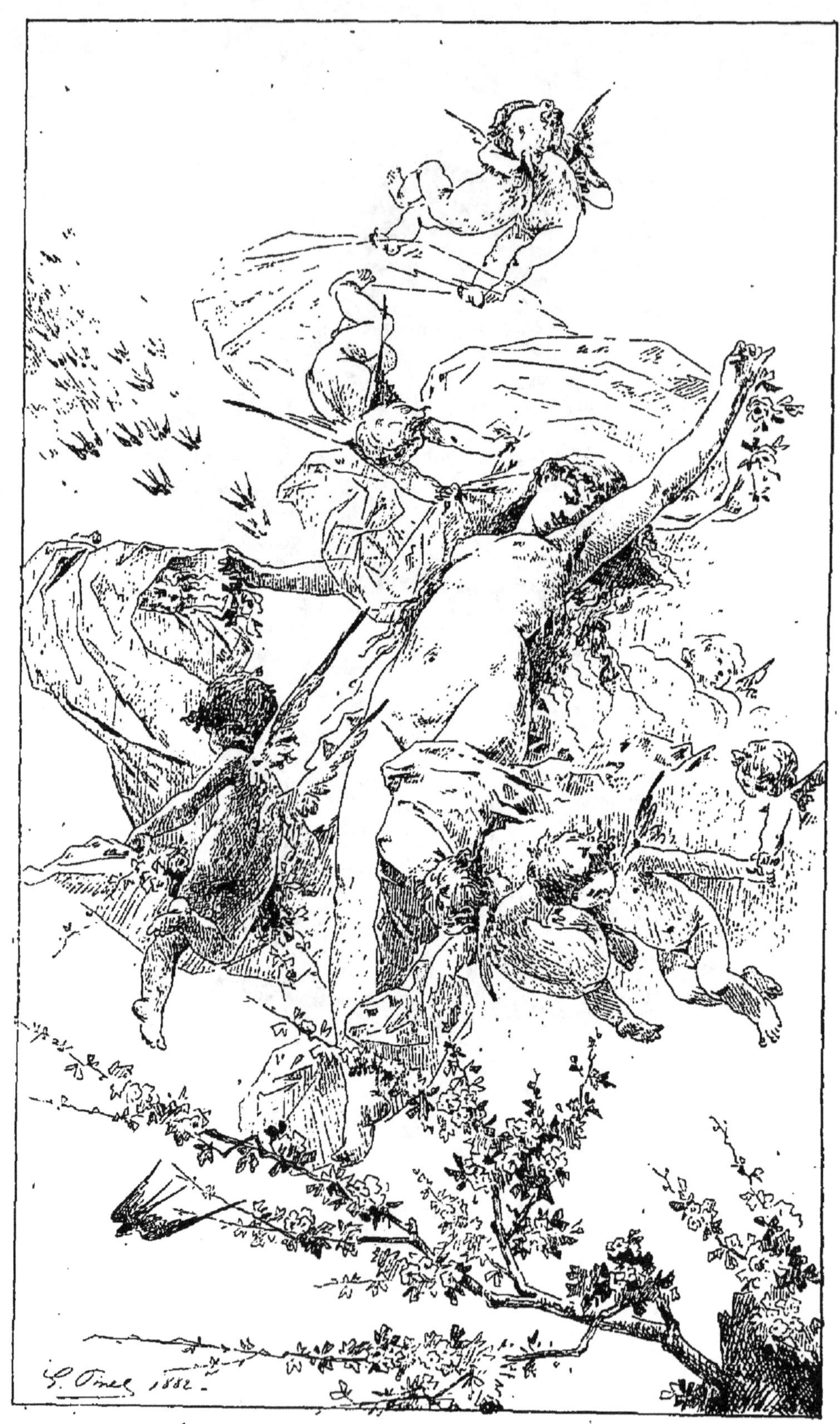

PINEL (G.). *Le Réveil de la Nature (plafond).*
The awakening of Nature.

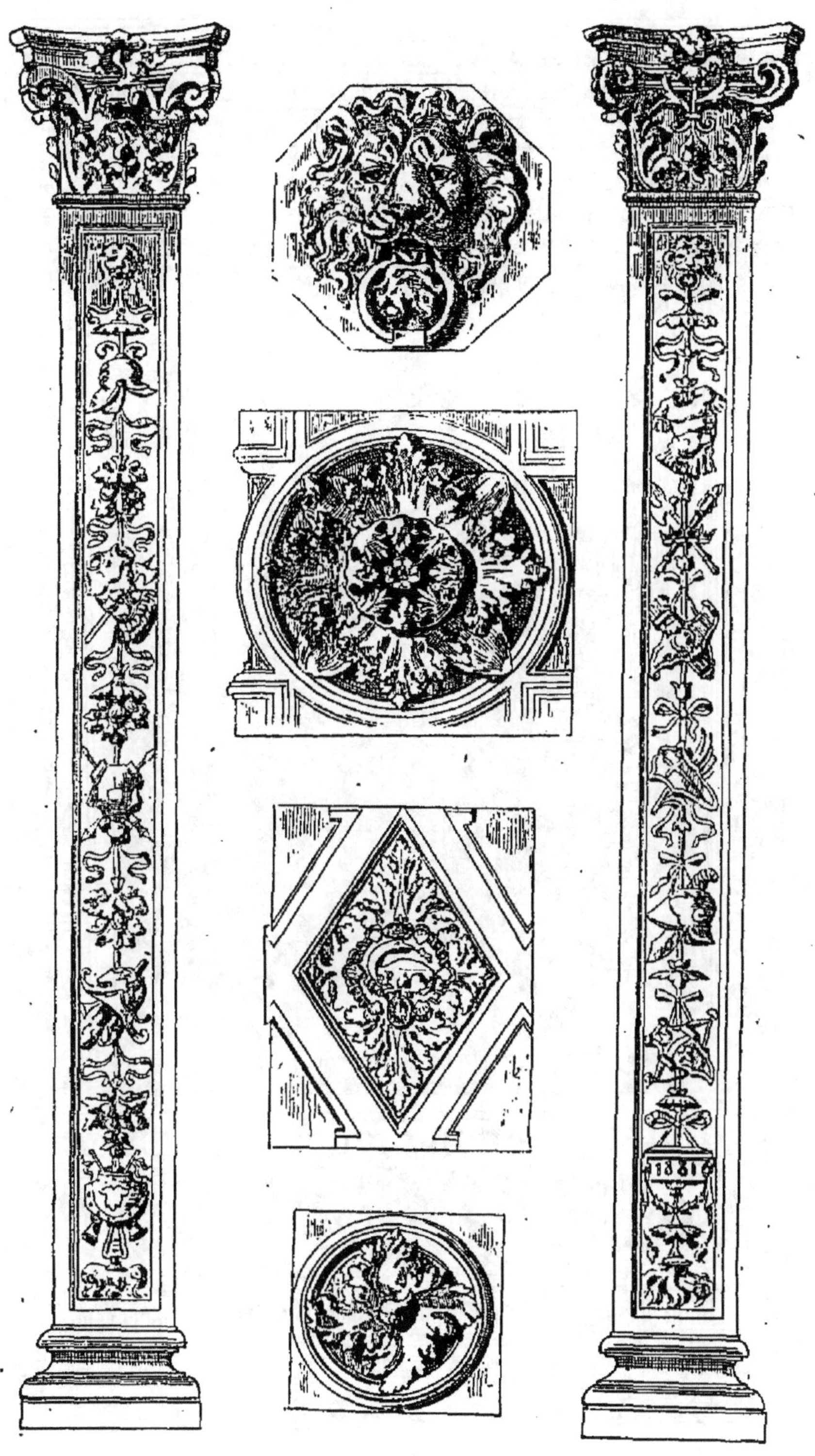

Legrain (E.). *Divers motifs pour la Cour Louis XIV à l'Hôtel de Ville.*
Different motives for the Louis XIV court, at the Paris Hotel de Ville.

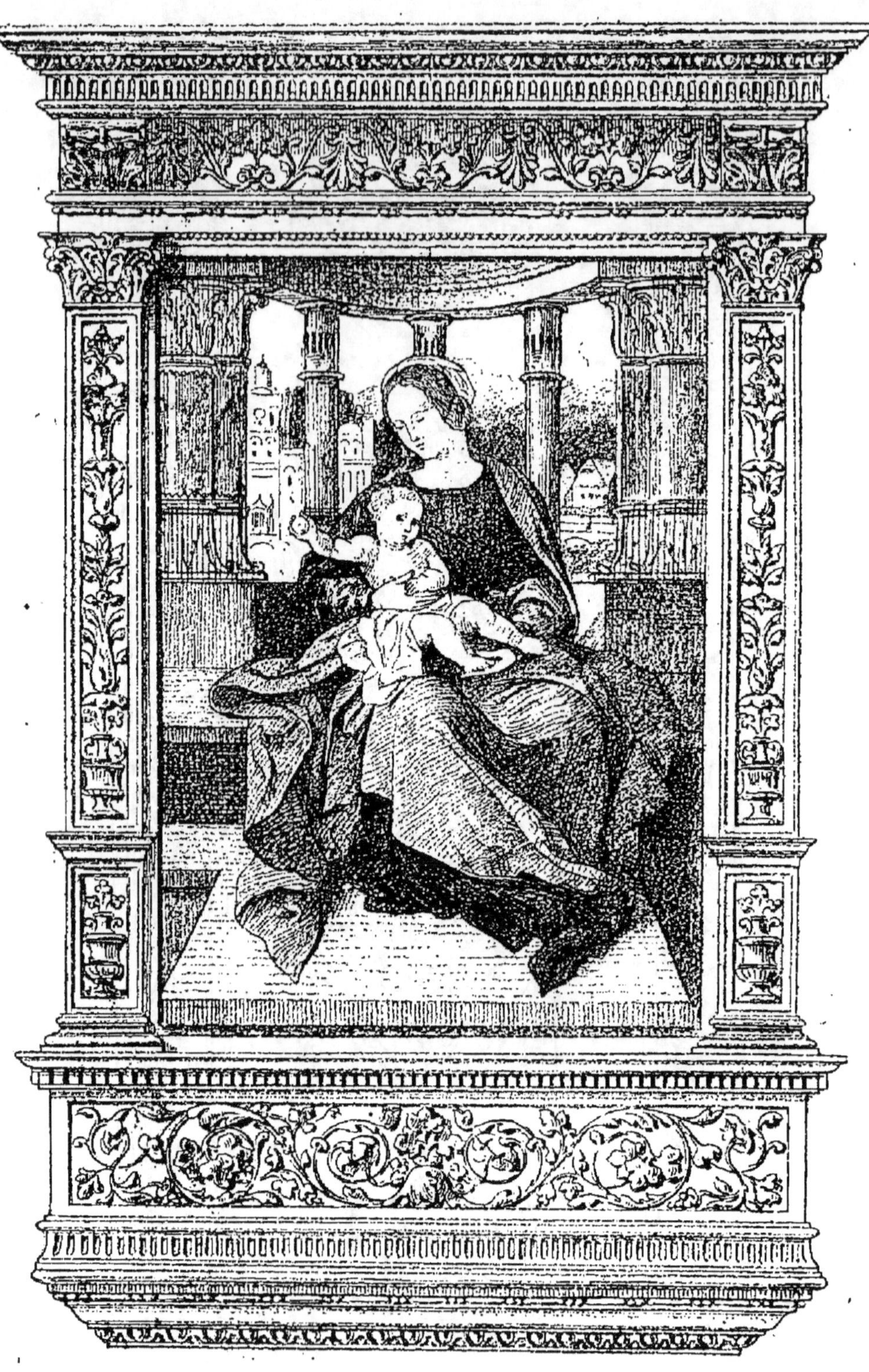

COLLECTION DELAHERCHE. *Cadre bois sculpté avec partie dorée (fin du xvᵉ siècle).*
Carved wood gilt Frame (end of xvth century).

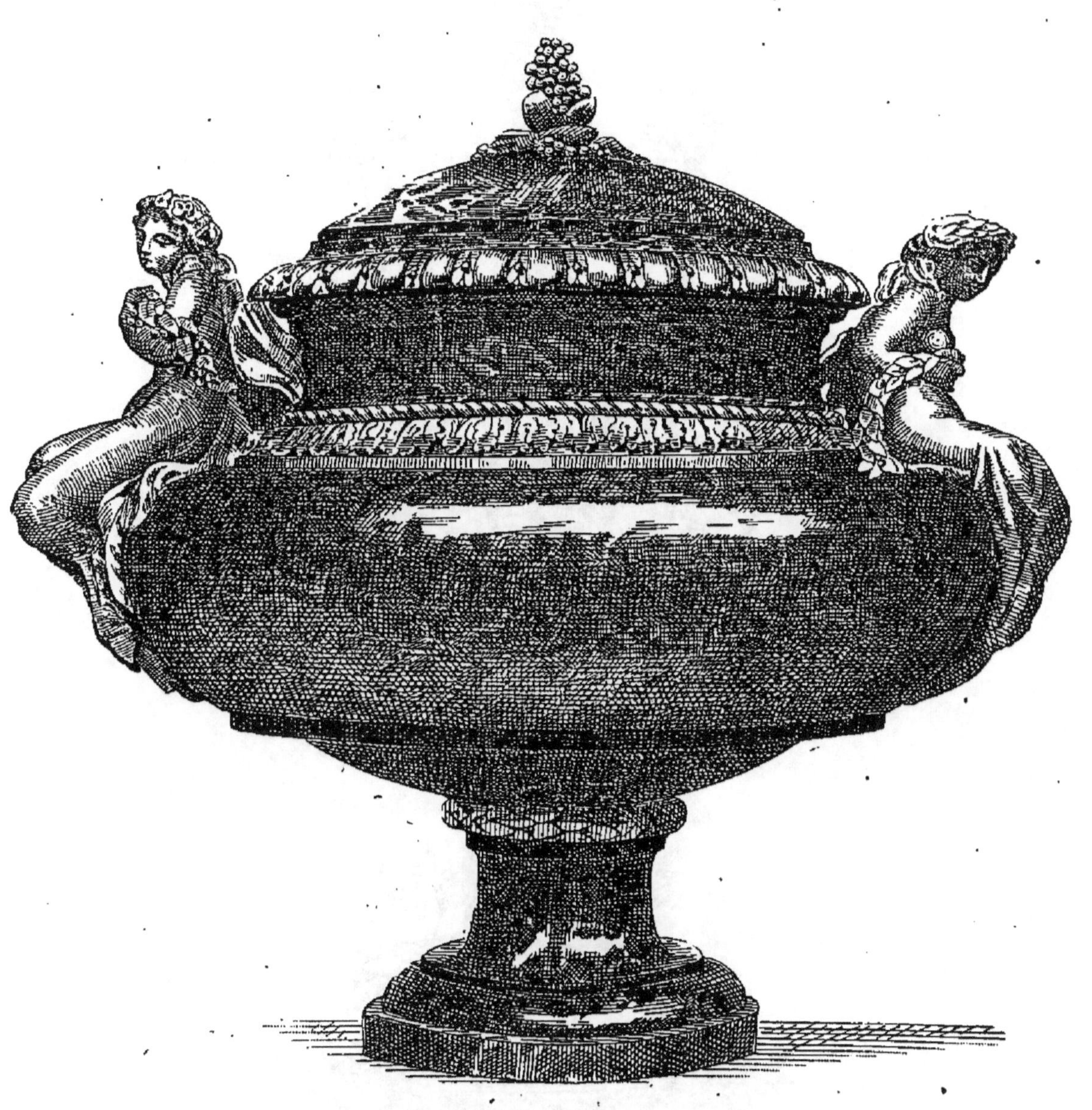

MOBILIER NATIONAL. *Vase forme coupe ronde en marbre orné de bronzes ciselés et dorés exécutés par Gouthière. — Round cup-shaped Vase in marble, ornamented with carved, gilt, bronze subjects by Gouthière.*

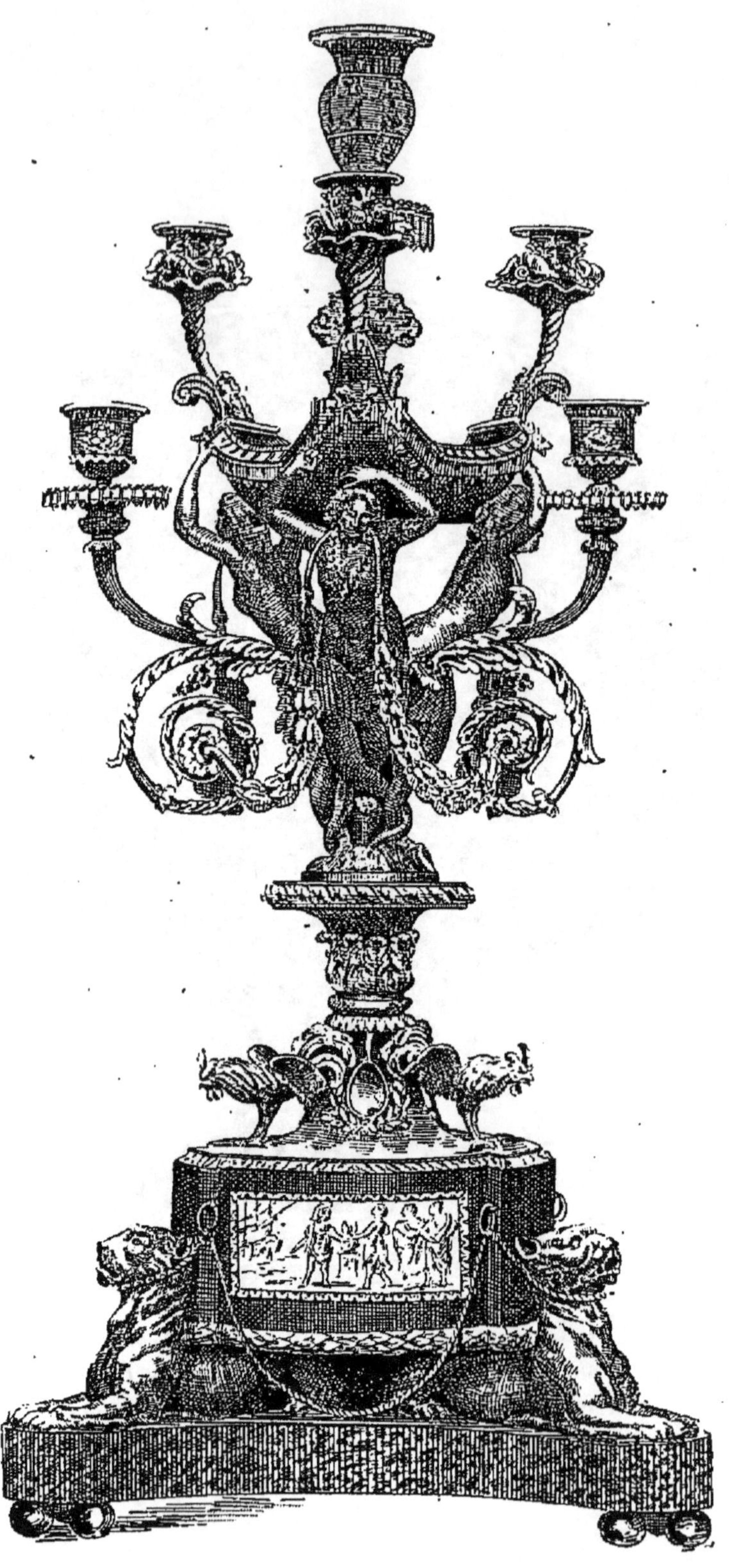

MOBILIER NATIONAL. *Candélabre en bronze ciselé et doré sur fond d'émail. bleu exécuté par Thomire (1785) pour être offert par la Ville de Paris à Lafayette. — Carved gilt bronze Candelabra with blue enamel, made by Thomire in 1785 for presentation to Lafayette by the town of Paris.*

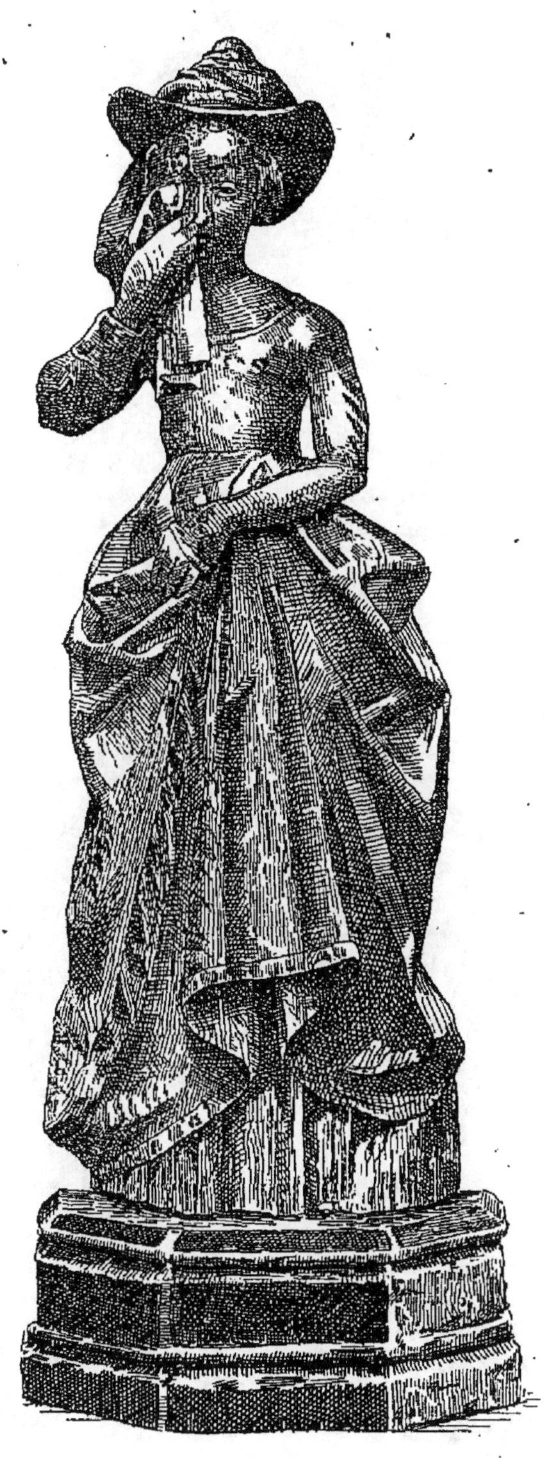

COLLECTION LE BRETON (G.). *Statuette bois sculpté. Pleureuse.*
(Fin du xive siècle.)
Carved wooden statuette. The weeper. (End xivth cent.)

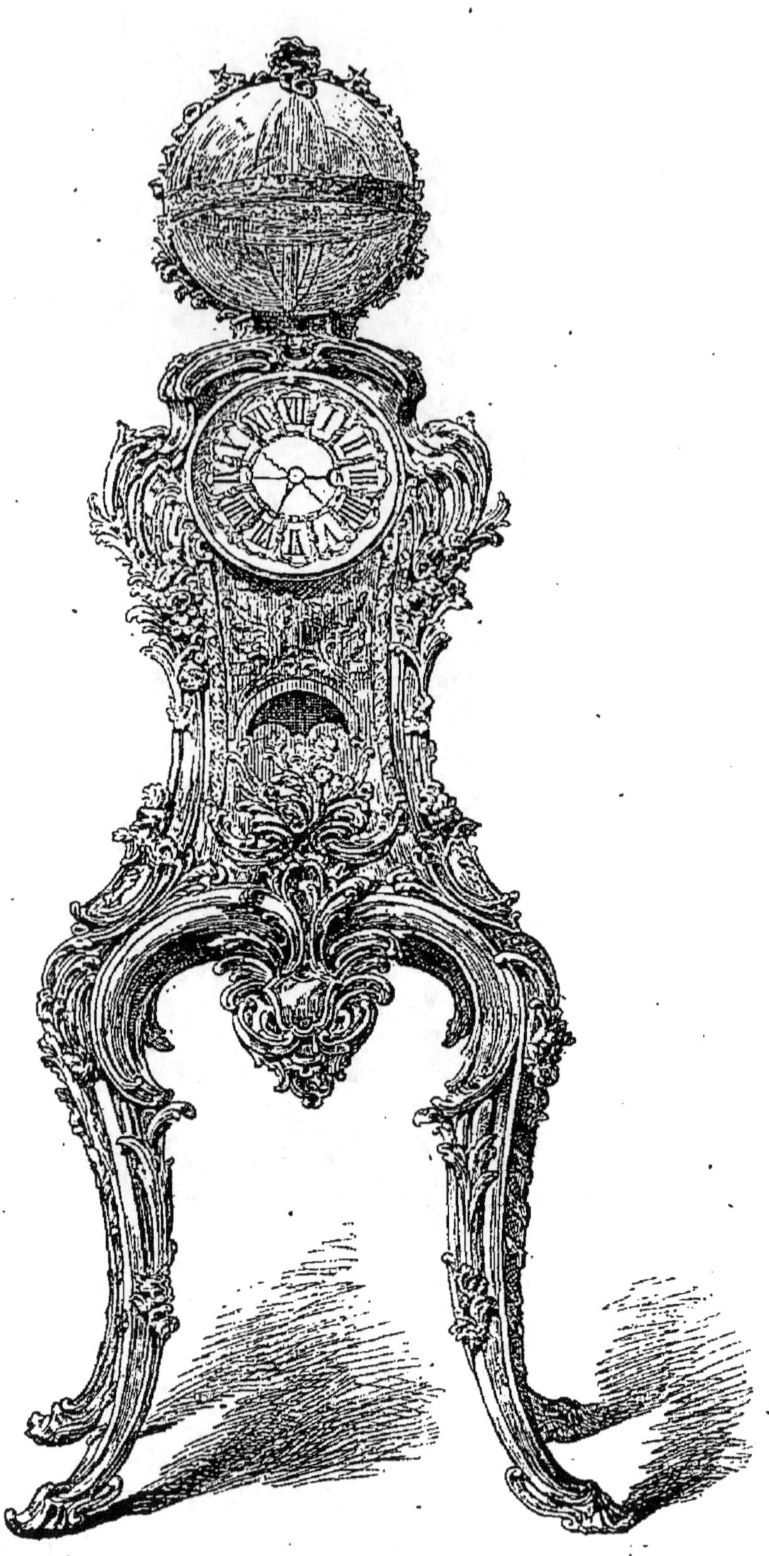

Mobilier National. *Horloge astronomique en bronze doré et ciselé, inventé par Passement, exécuté par Dauthiot, bronze de Caffieri. An astronomical clock carved in gilt bronze, invented by Passement, manufactured by Dauthiot; Bronze by Caffieri.*

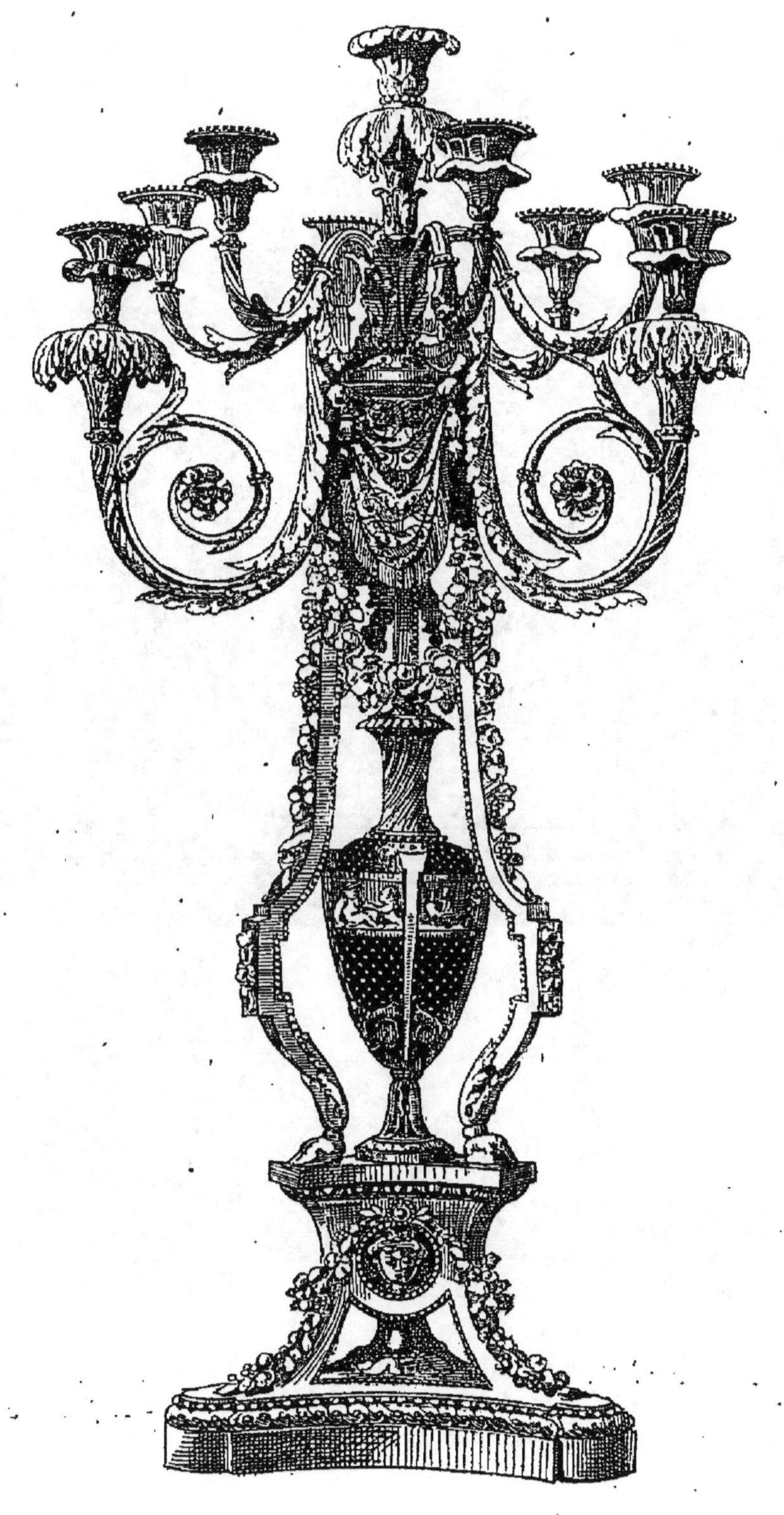

MOBILIER NATIONAL. *Candélabre Louis XVI, en bronze ciselé et doré.*
Carved and gilt bronze Candelabra Louis XVI.

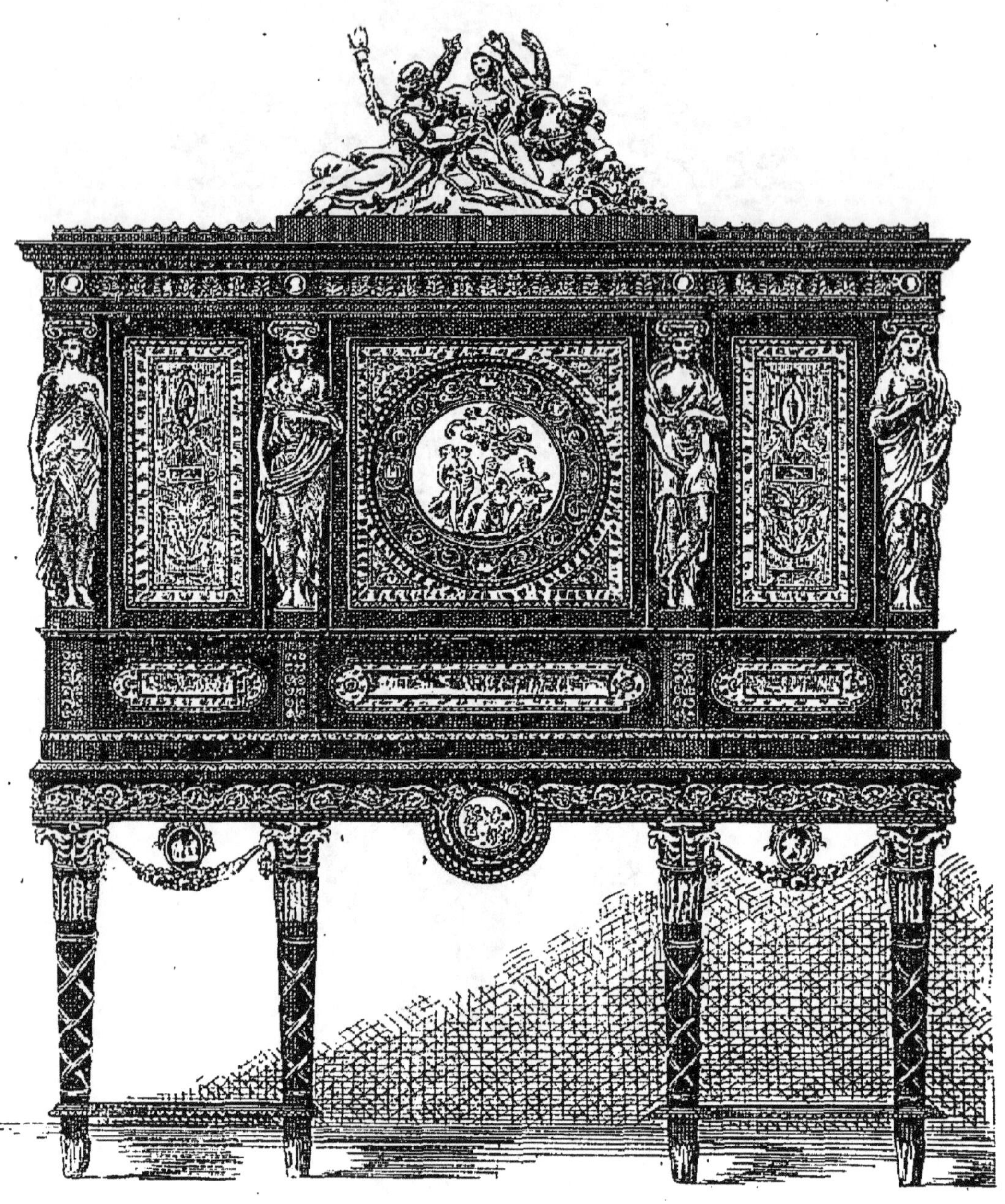

MOBILIER NATIONAL. *Cabinet serre-bijoux de Marie-Antoinette, bois d'acajou orné de bronzes ciselés et dorés par F. Schwertfeger. — A jewel cabinet of Marie-Antoinette in mahogany with carved gilt bronze ornaments by Schwertfeger.*

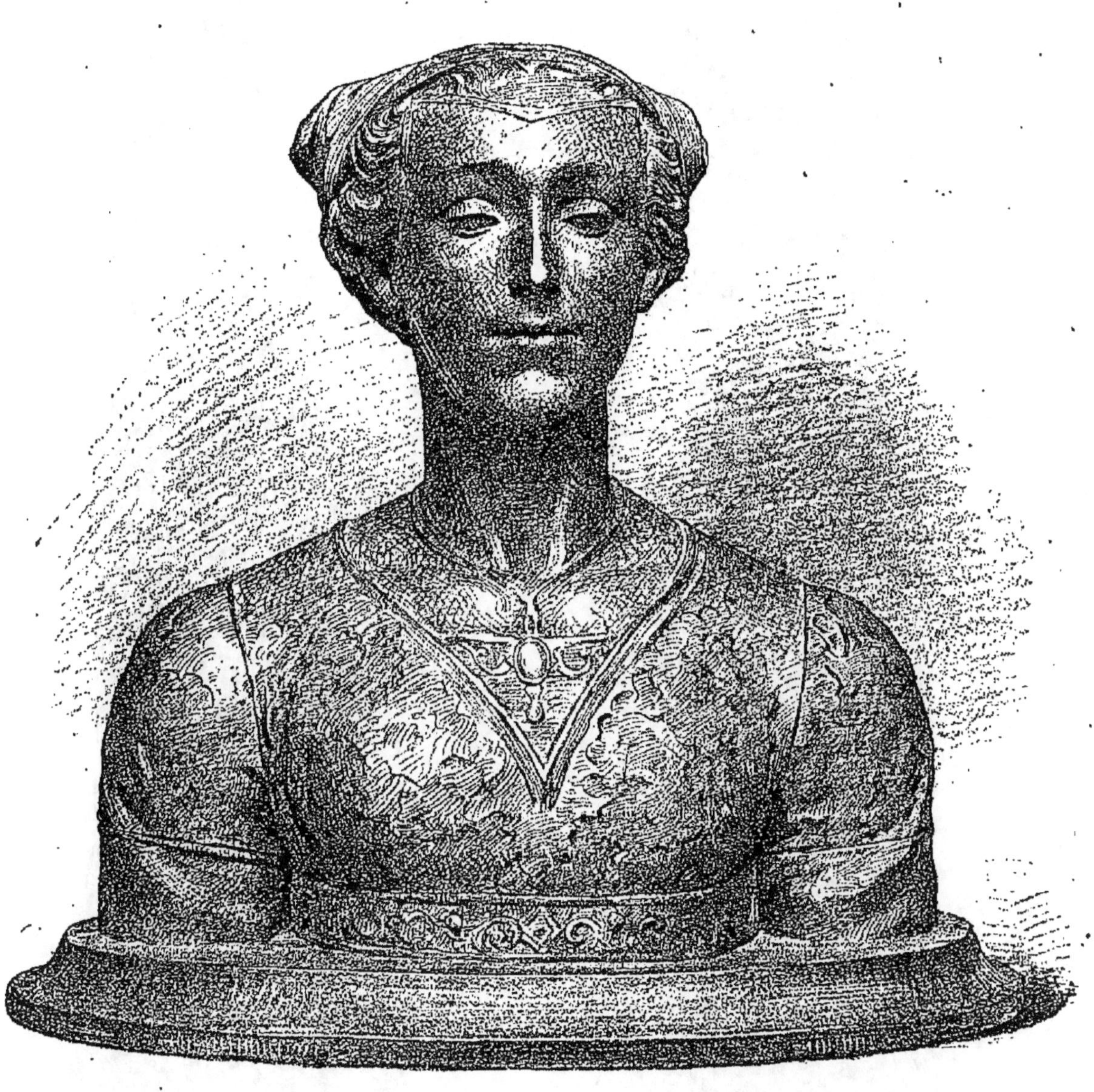

COLLECTION DREYFUS (G.). *Un buste de femme en bois sculpté (xvᵉ siècle).*
Woman's bust in carved wood (xvth century).

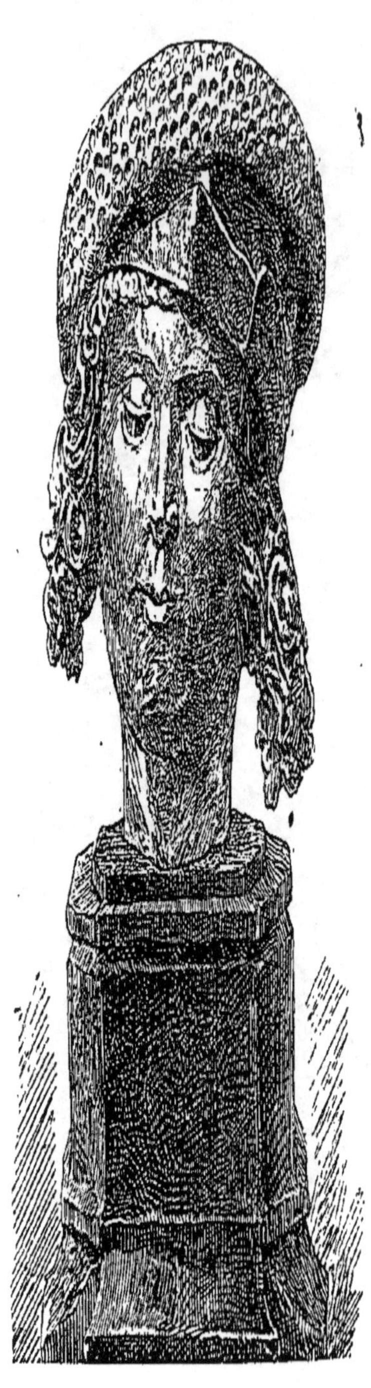

Collection Le Breton. *Tête en bois sculpté.*

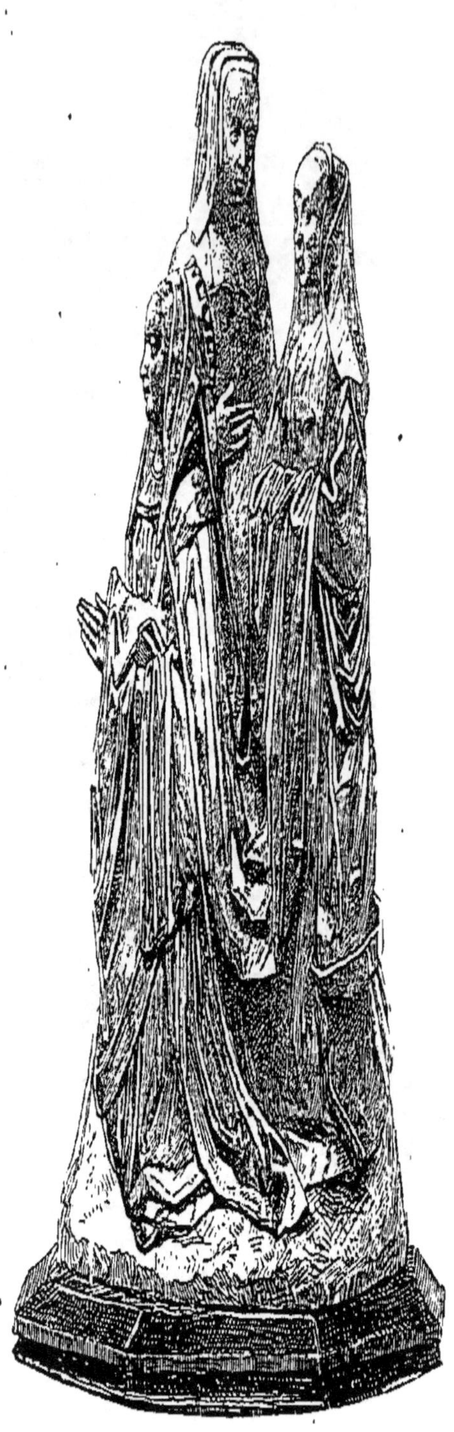

Collection Le Breton. *Groupe en bois sculpté.*
(commencement du xvie siècle).

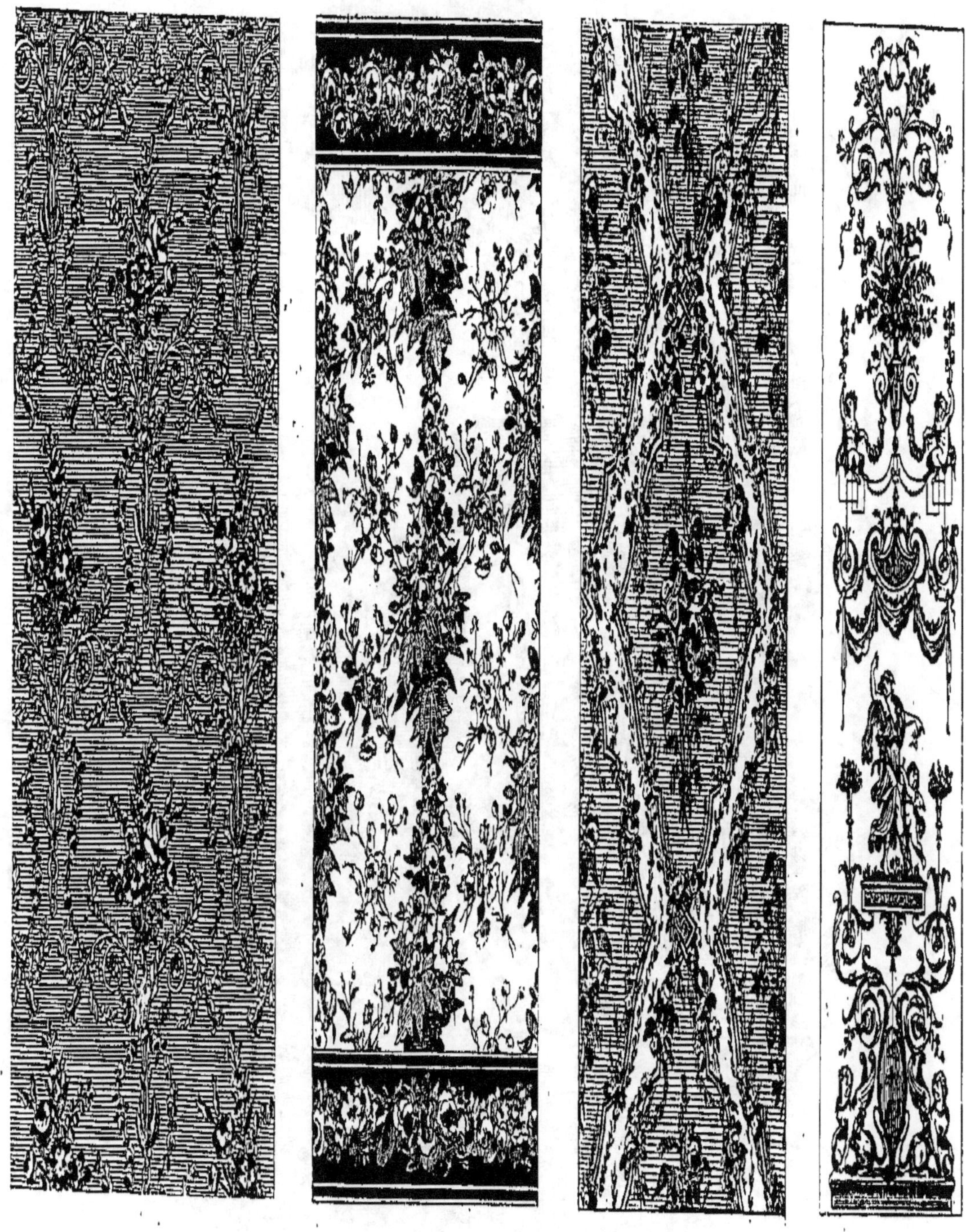

Arts Décoratifs. *Histoire du Papier peint.* — *Historical paper hangings.*

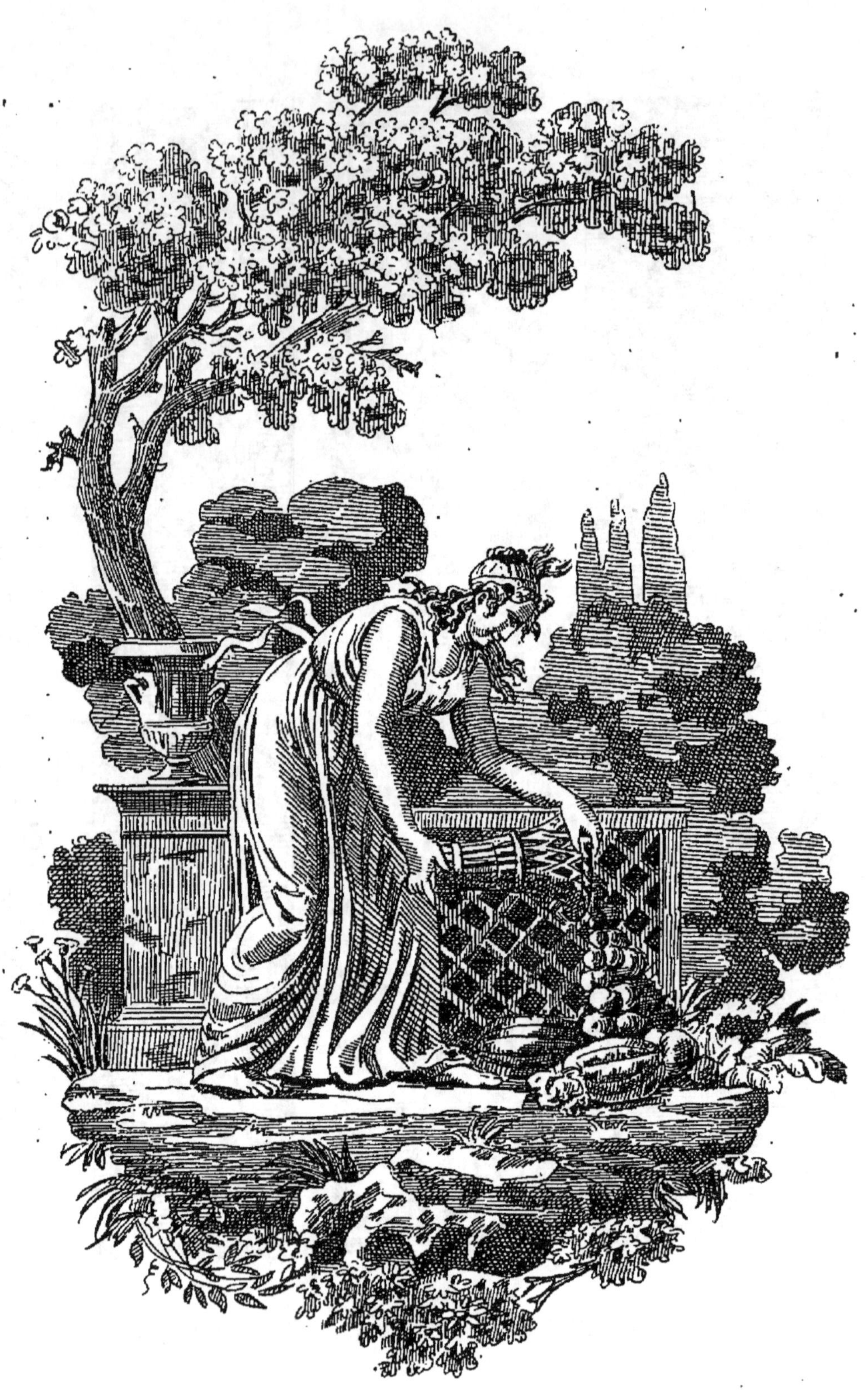

Arts Décoratifs. *Histoire du Papier peint. — Historical paper hangings.*

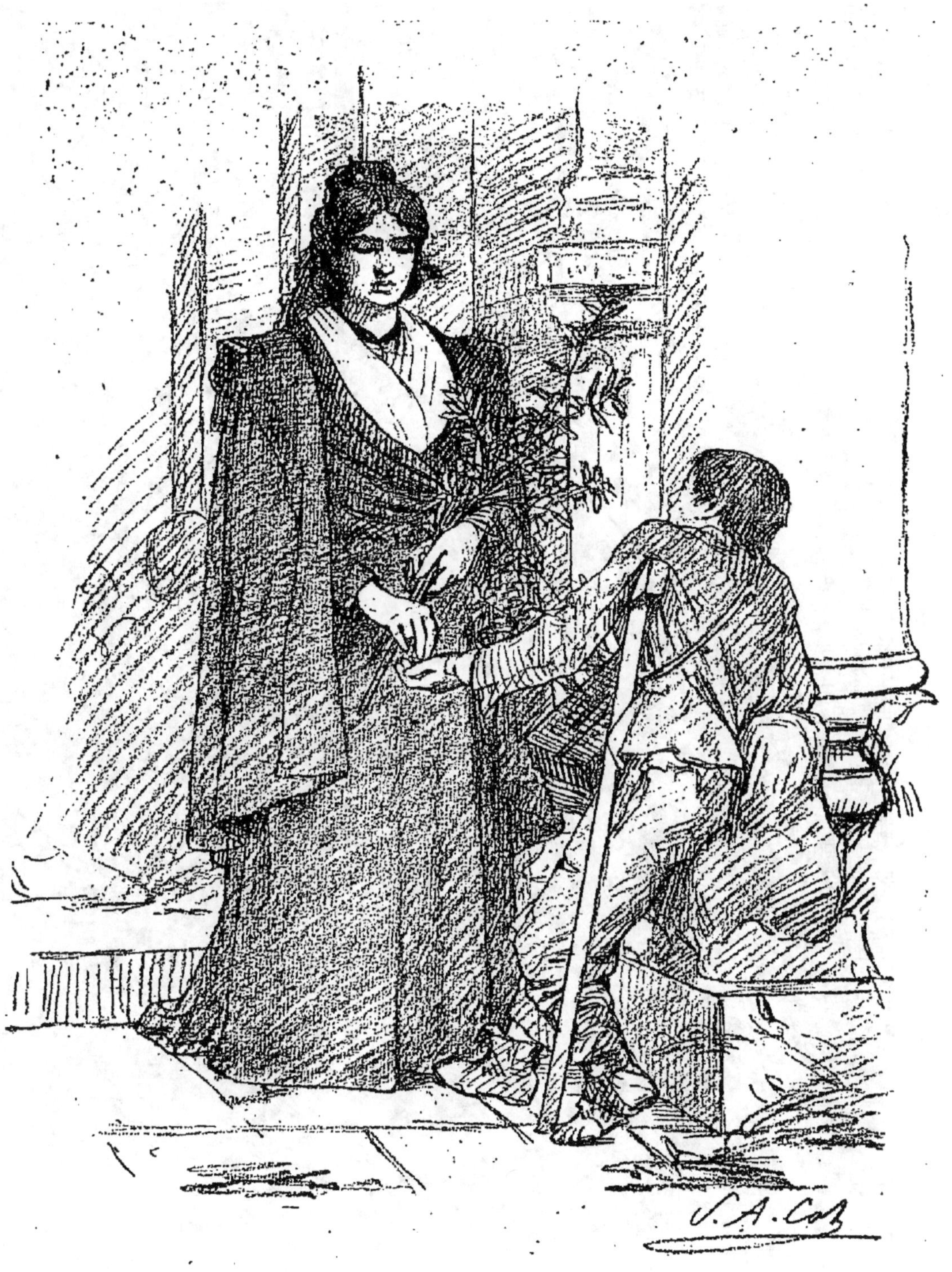

Cot (P. A.). **H. C.** *Mireille.*

97

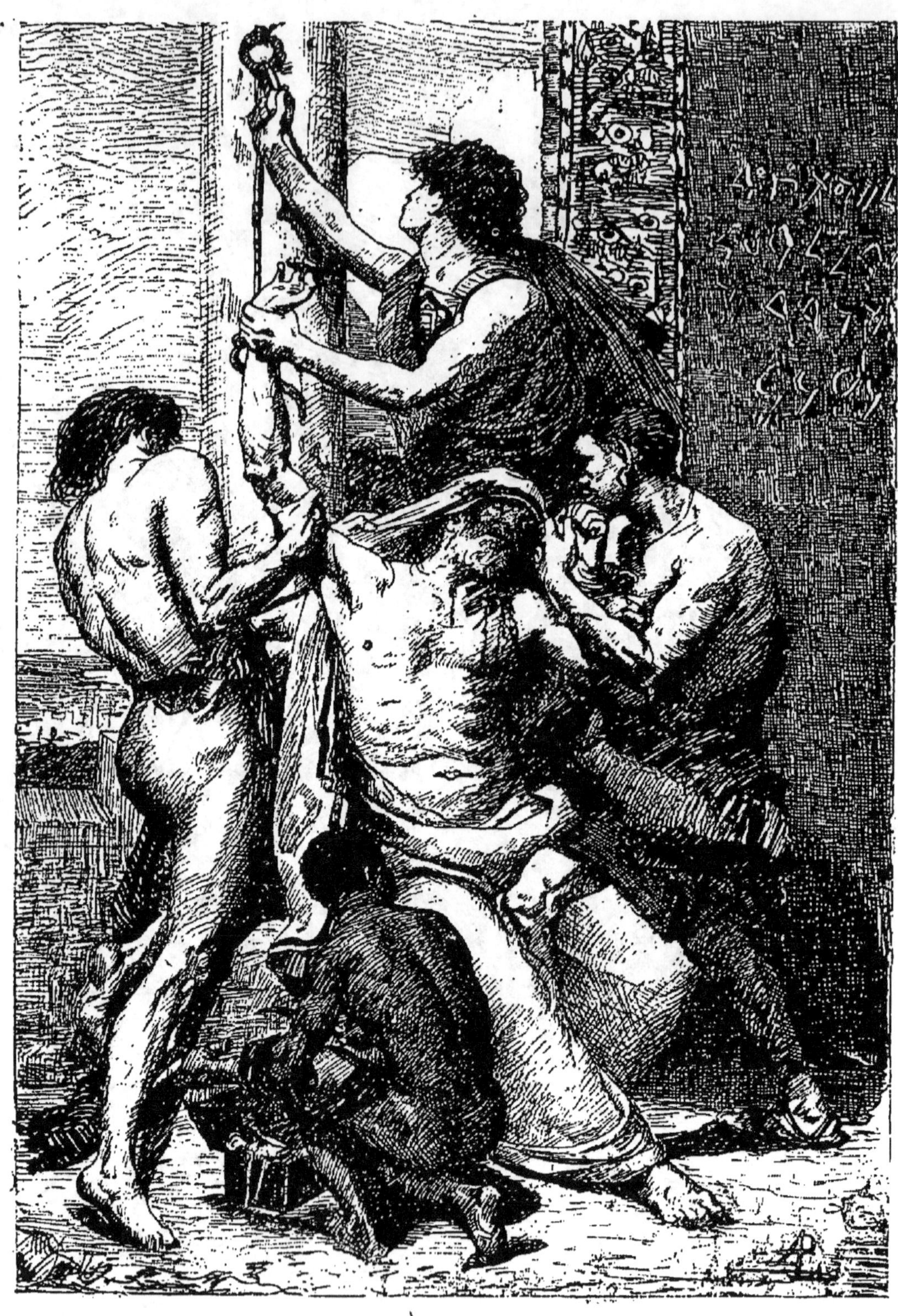

La Penne (P. P. A.). *Supplice de Regulus.* — *The execution of Regulus.*

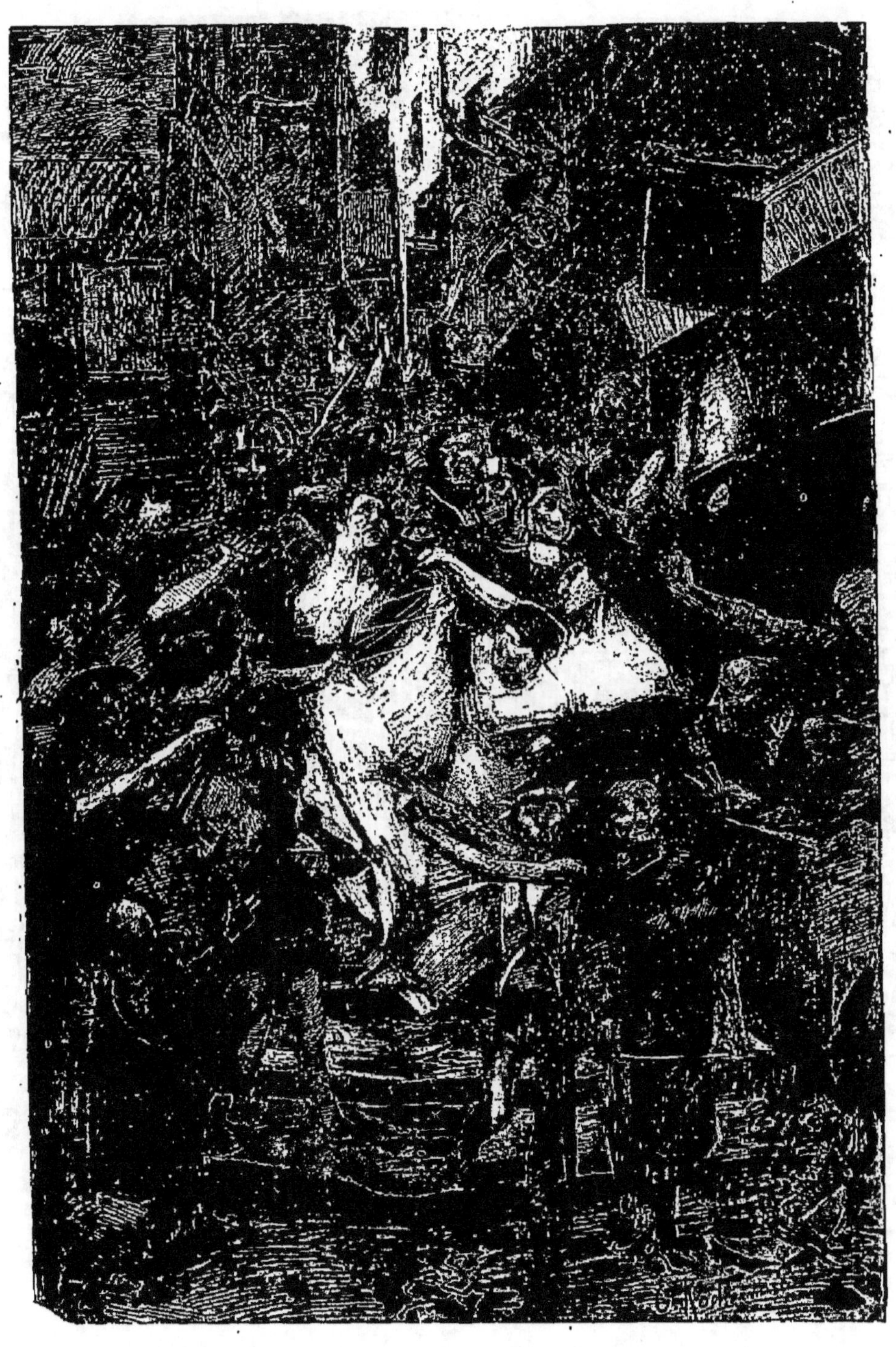

Rochegrosse (G.). *Vitellius traîné dans les rues de Rome par la populace.*
Vitellius dragged through Rome by the mob.

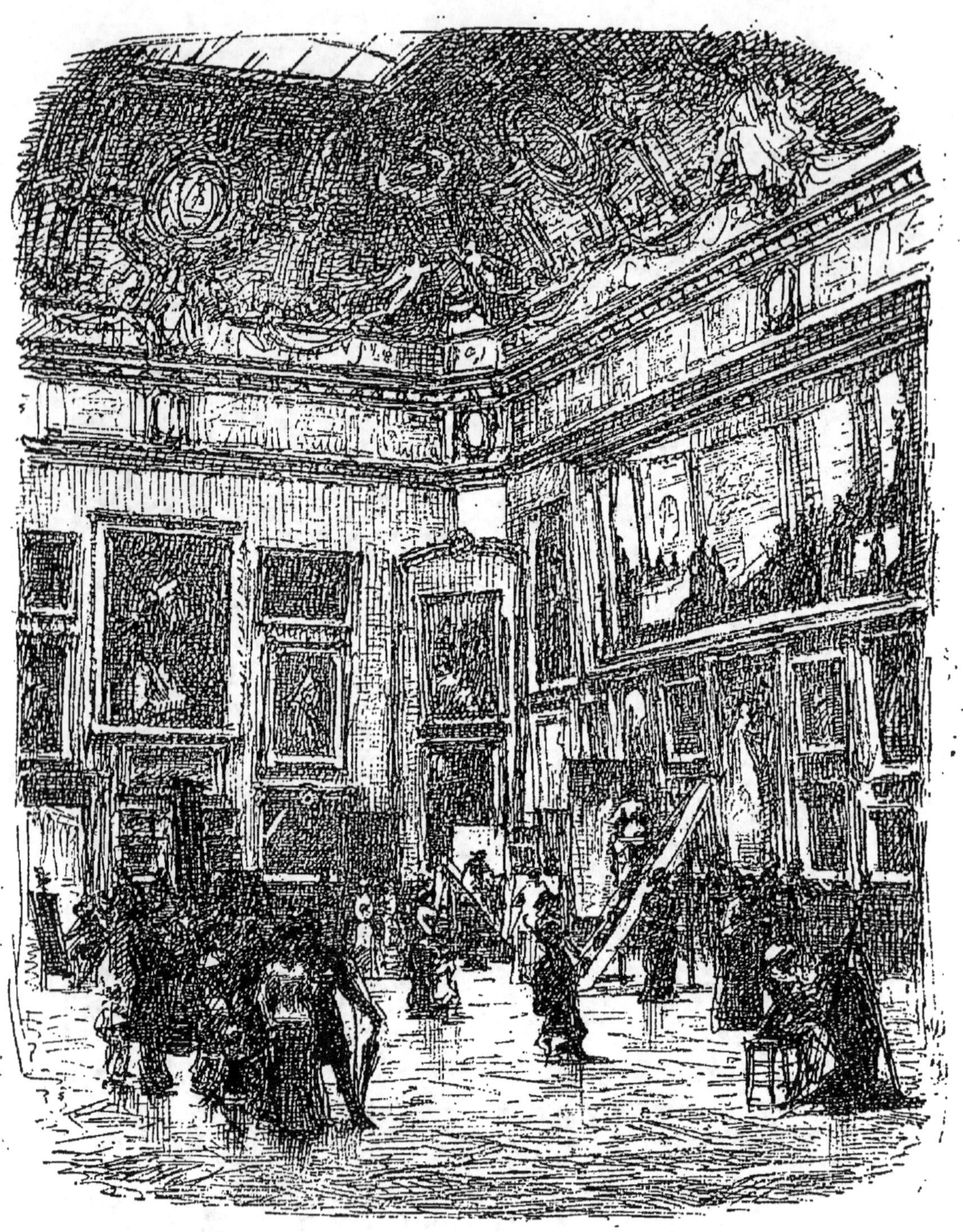

BÉROUD (L.). *Le Salon carré au Musée du Louvre.*
The « Salon carré » at the Louvre.

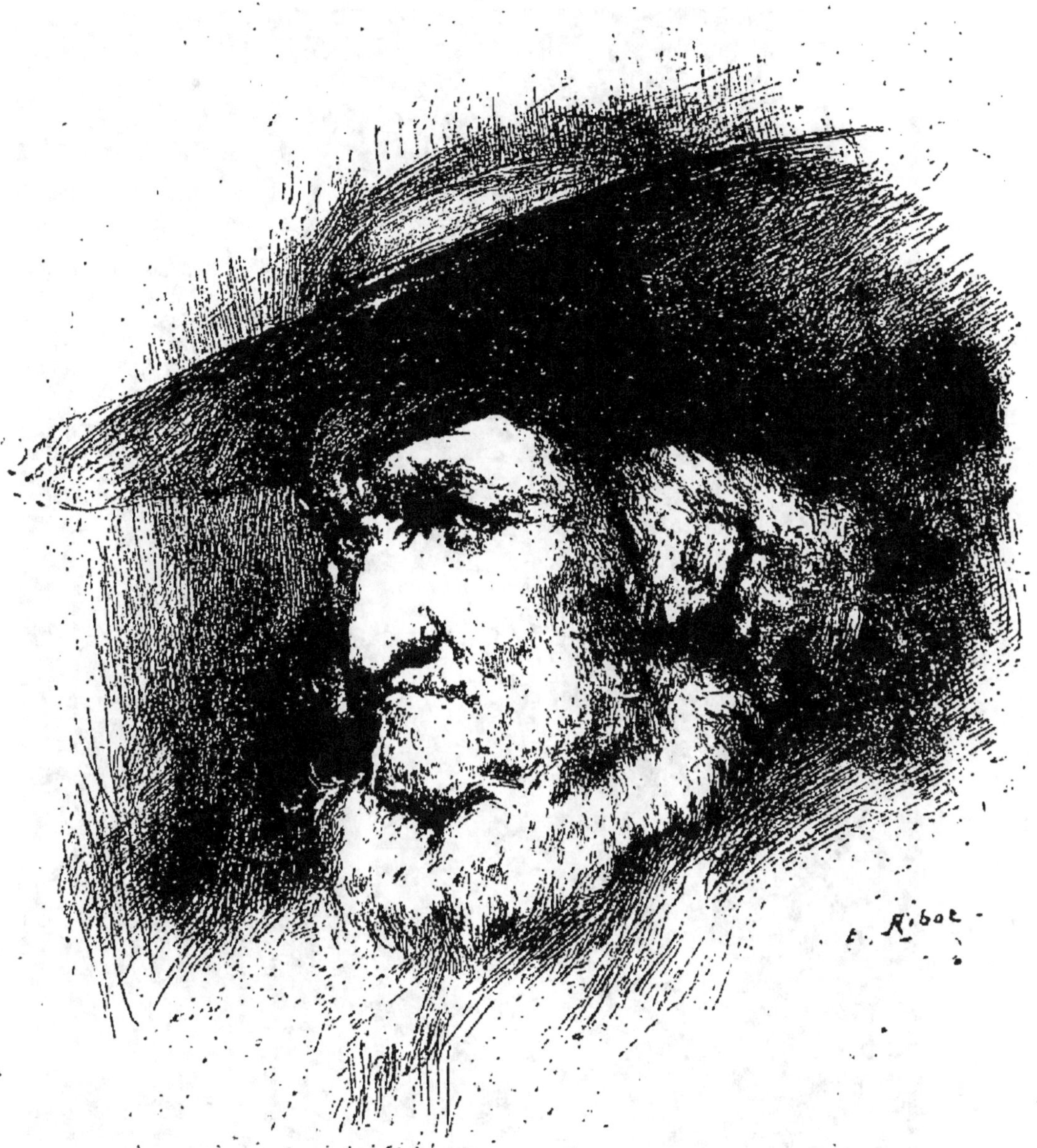

Ribot (T. A.). H. C. *Vieillard. — An old man.*

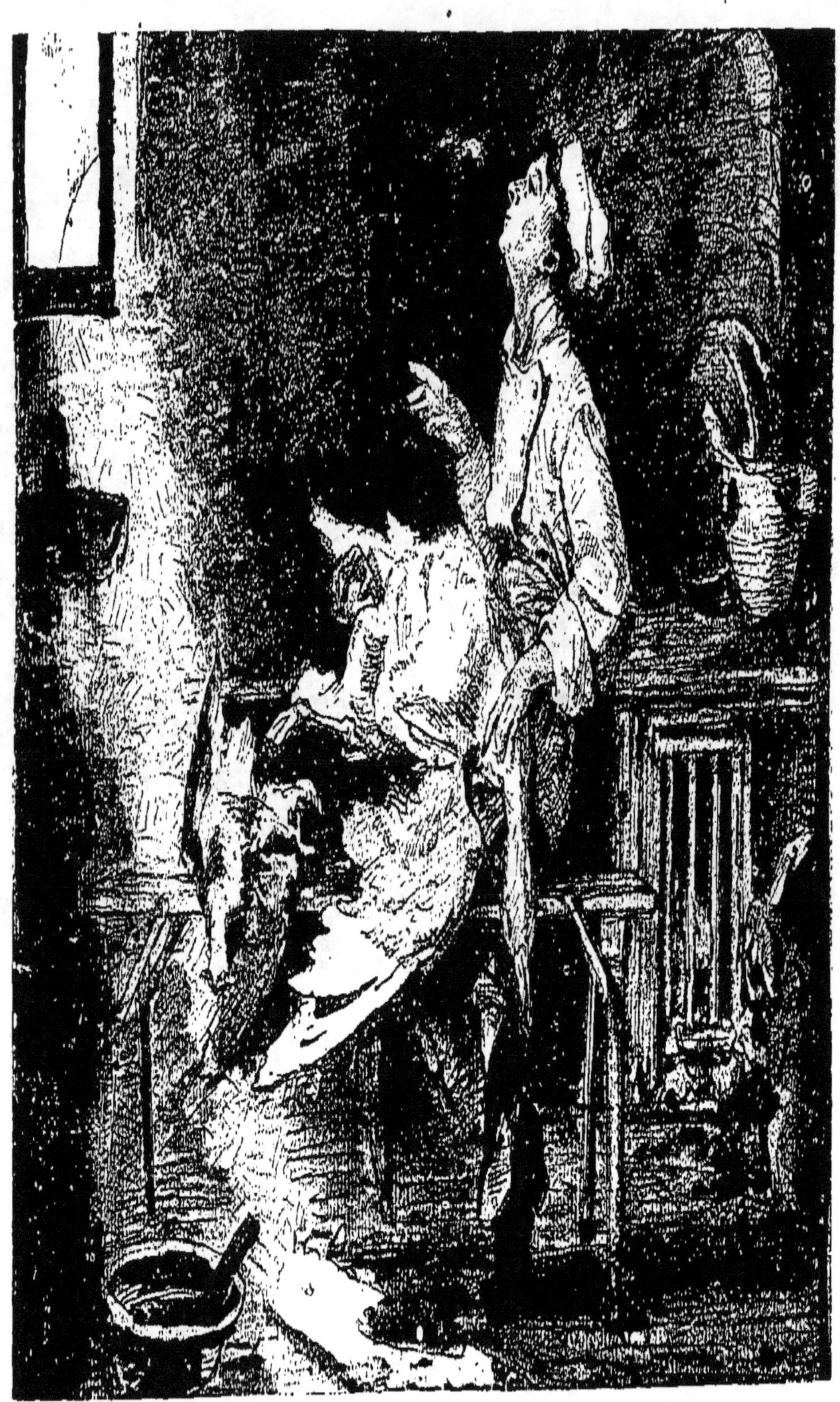

!Durand (Simon). Ex. *Un Apprenti*. – *An Apprentice.*

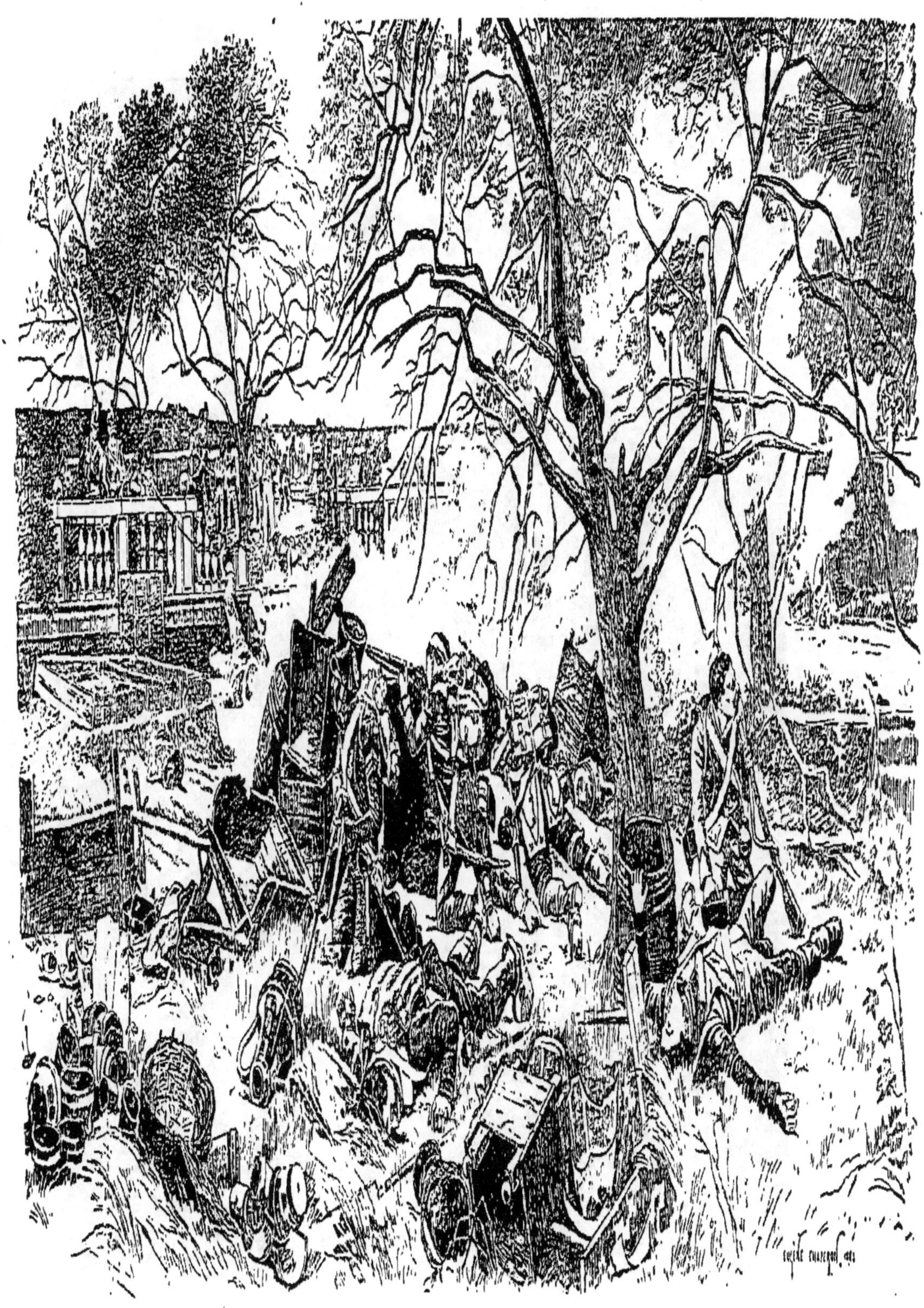

Chaperon (E.). *Waterloo, épisode de la ferme de Hougoumont.* — *Waterloo, the farm of Hougoumont.*

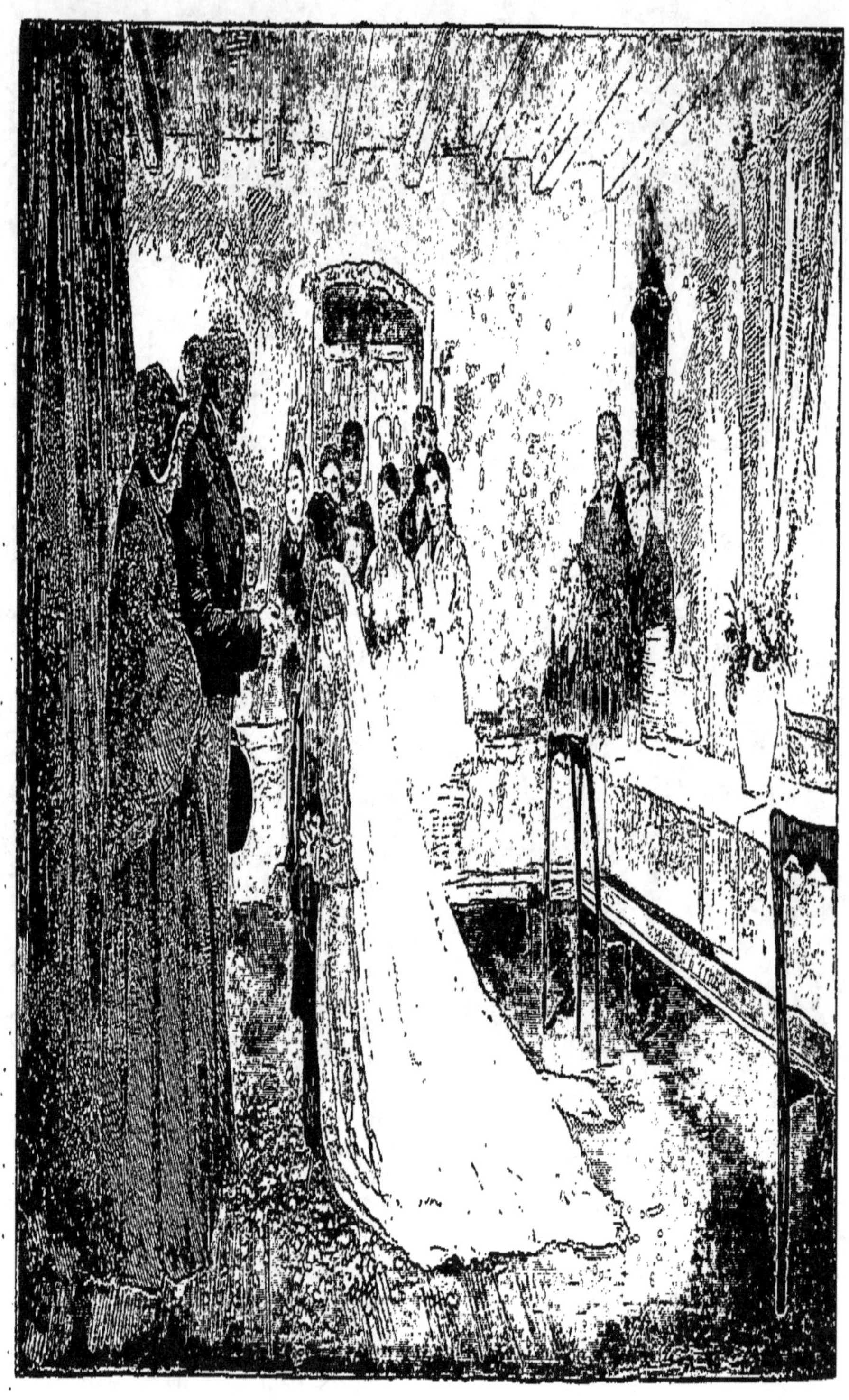

Dagnan-Bouverèt (P. A. J.). *Bénédiction des jeunes Epoux avant le mariage; coutume de Franche-Comté.*
Blessing of the betrothed before mariage.

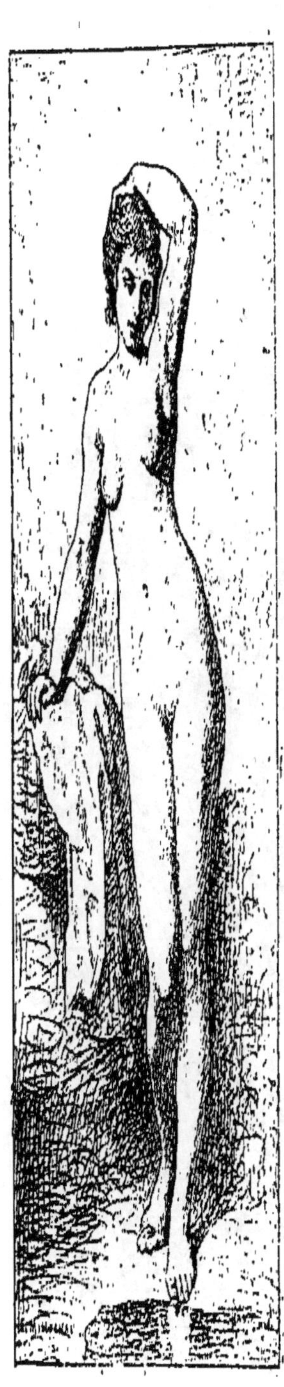

Millochau (E. J.). *Baigneuse.*
The Bather.

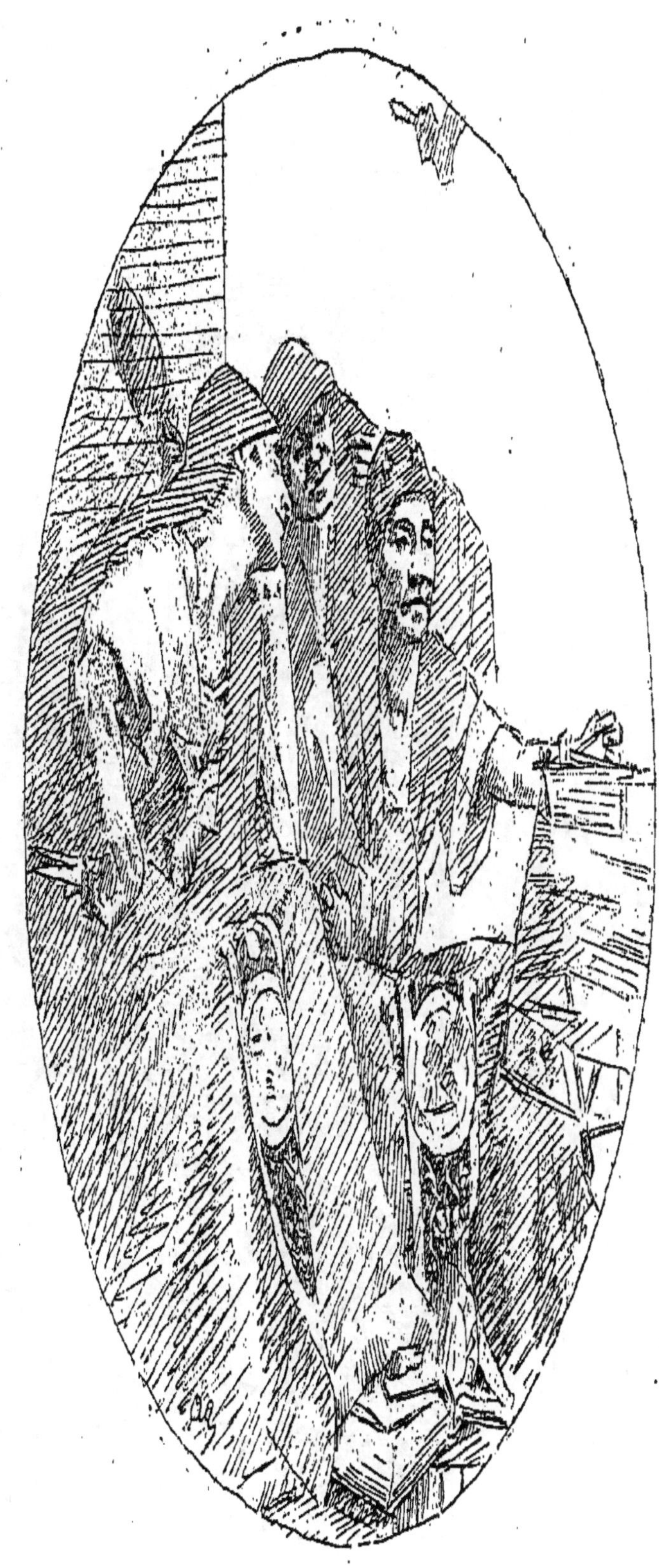

Agache (A.). *Les Parques. — The Fates.*

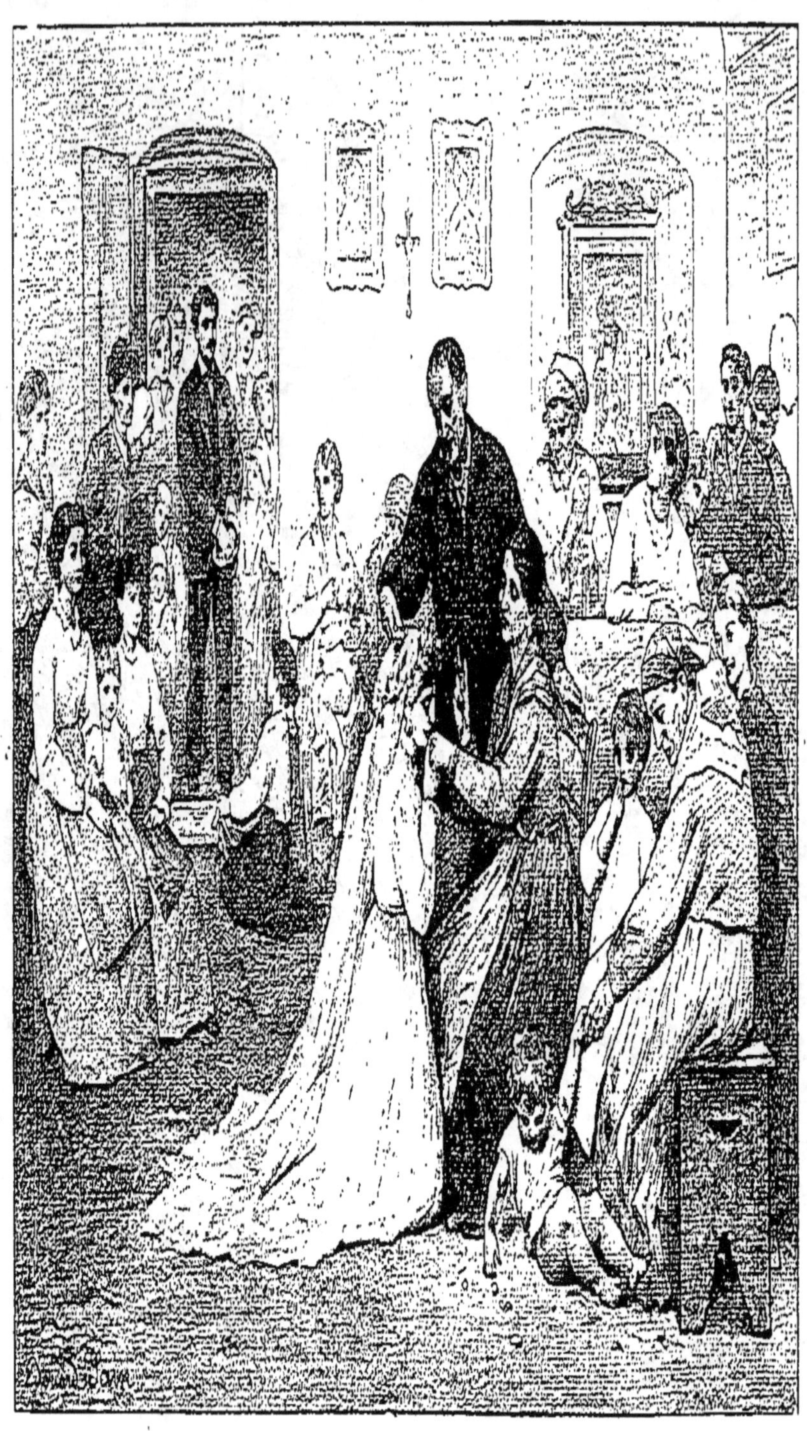

Sᴀɪɴ (E. A.). **H. C.** *La Bénédiction paternelle avant le mariage.*
The paternal blessing before the wedding.

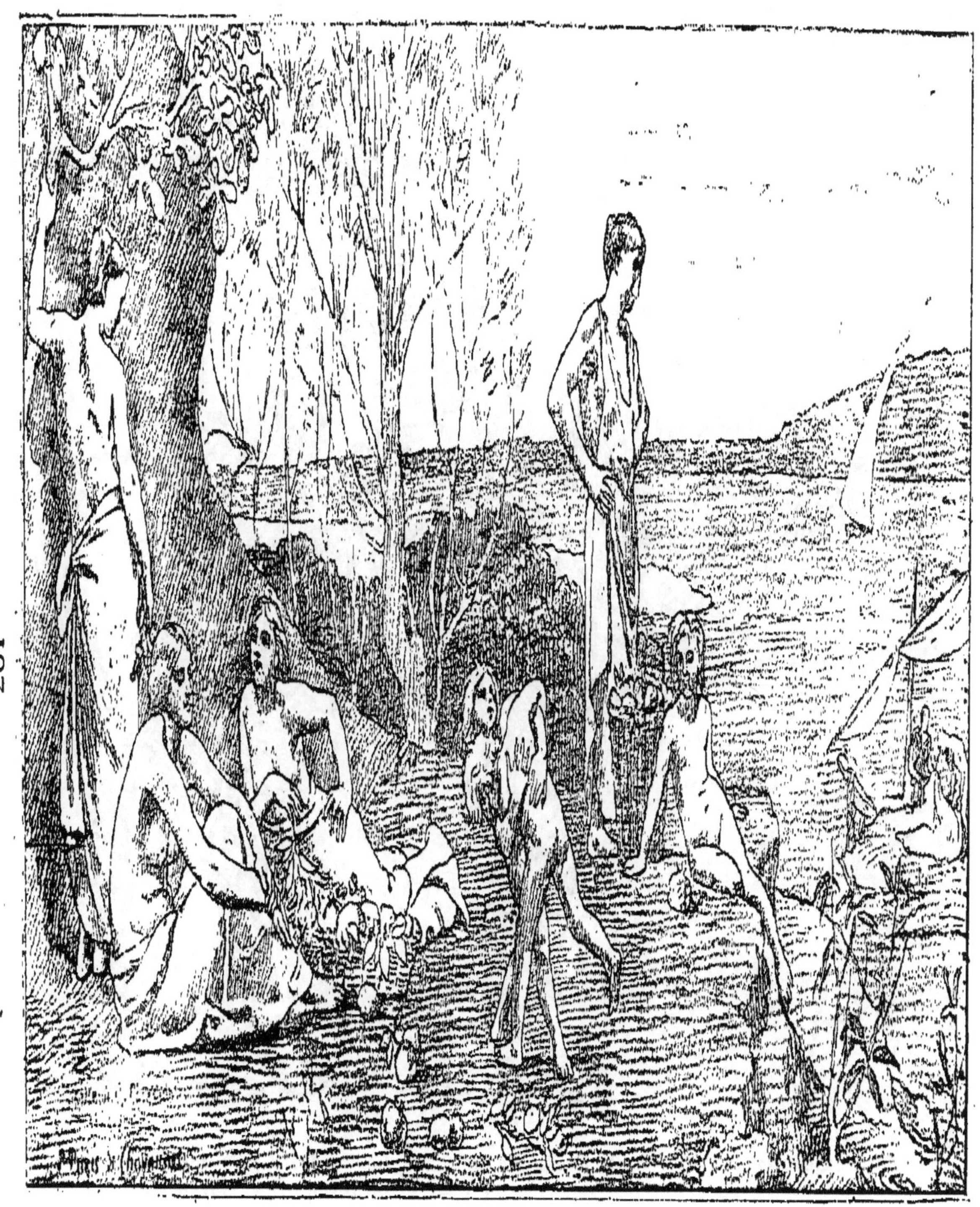

Puvis de Chavannes (P.). H. C. *Doux Pays*. — *The Happy Land.*

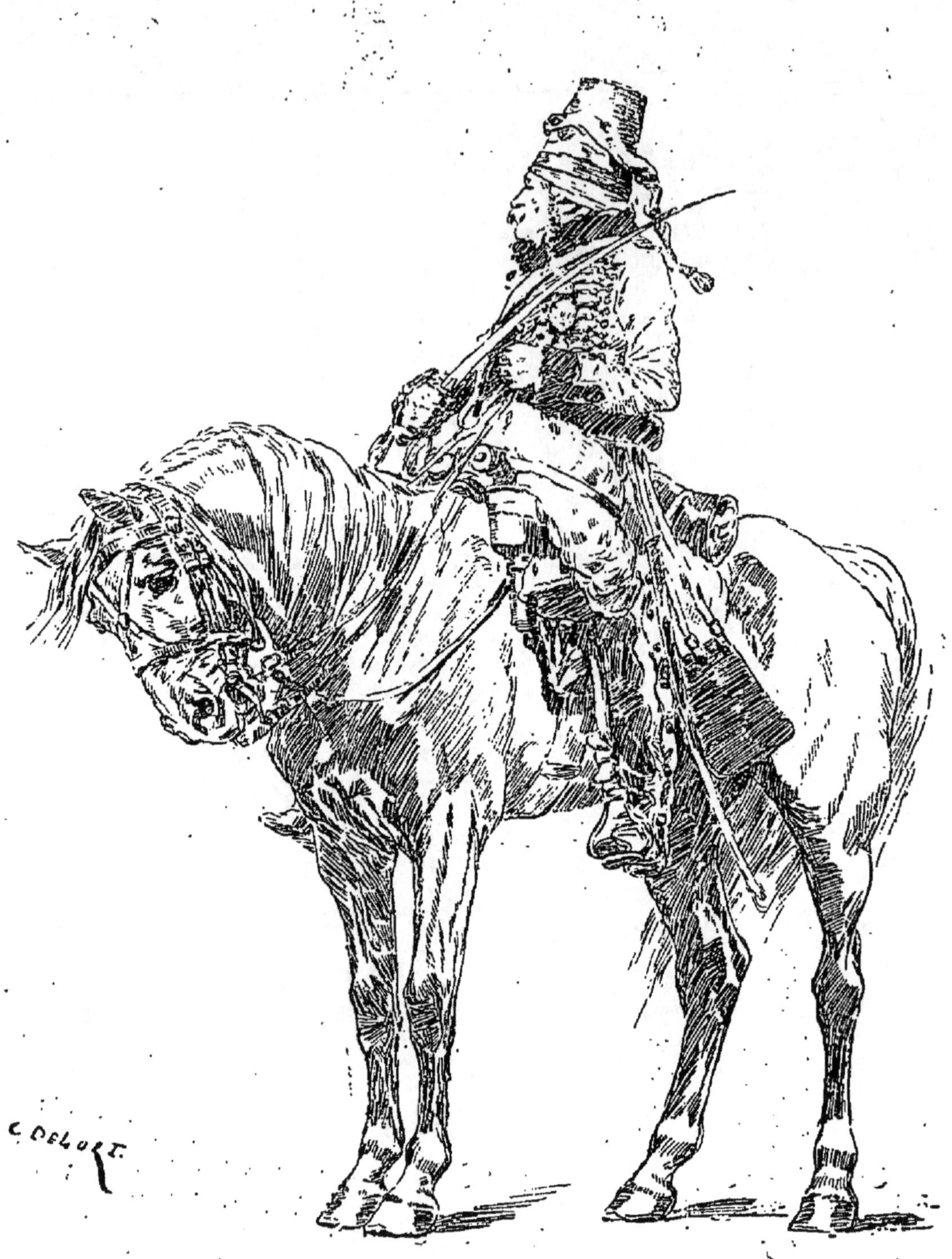

.Delort (C. E.). **H.C.** *Prise de la flotte hollandaise par les hussards de la République. (Fragment.) — Capture of the Dutch fleet by the hussars of the Republic. (Fragment.)*

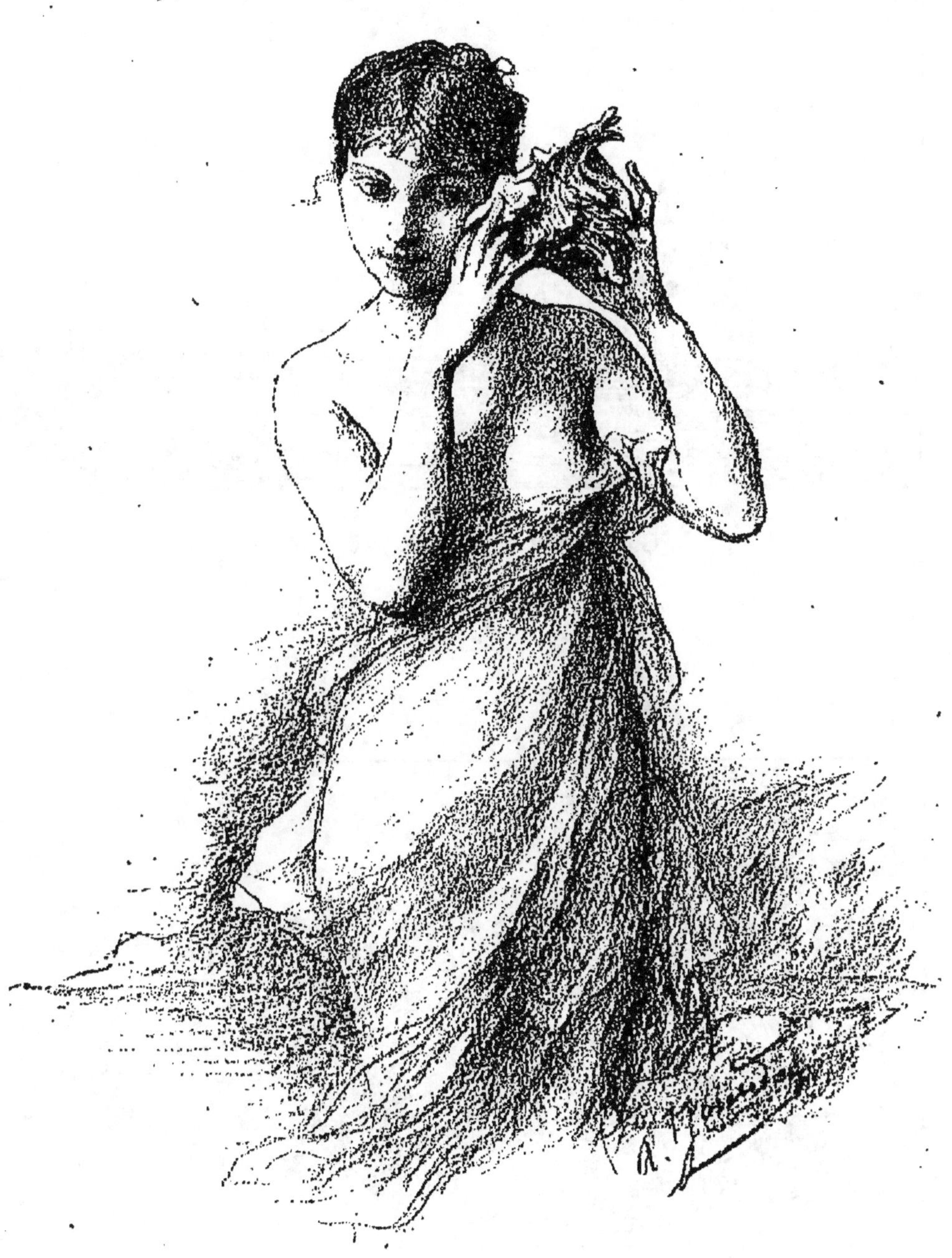

JOURDAN (A.). *Jeune Fille à la coquille. — Young girl with the shell.*

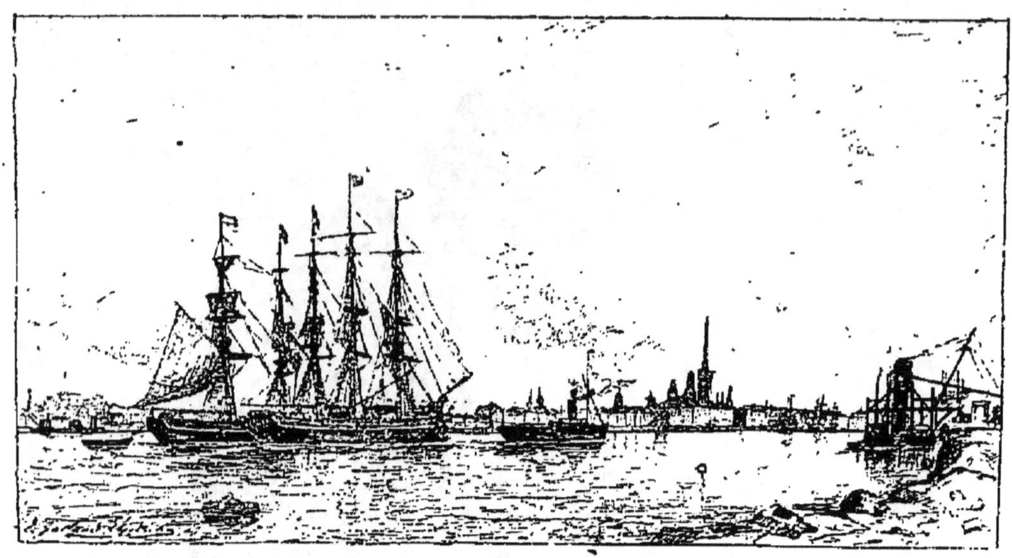

GALLARD-LÉPINAY (E.). **Ex.** *Rouen.*

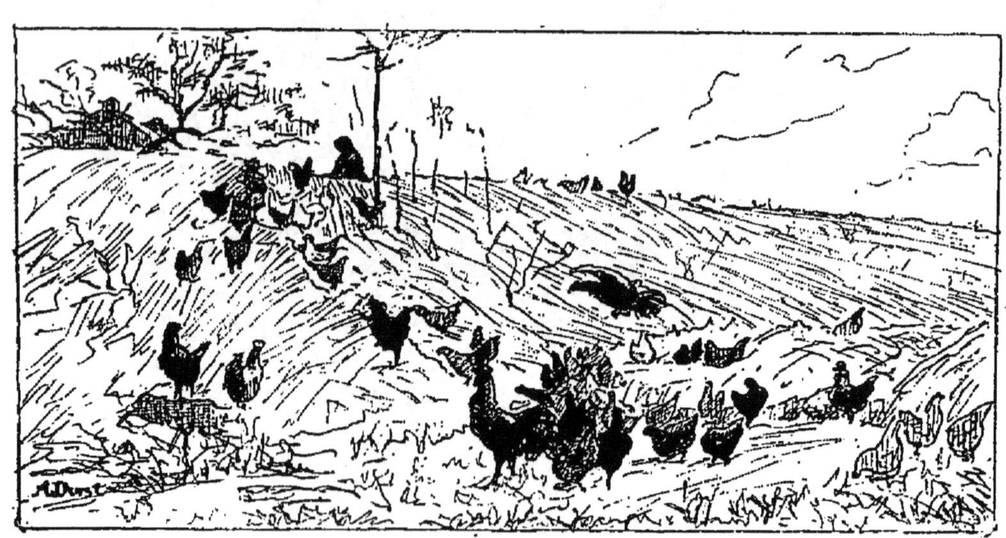

DURST (A.). *Poules. — Fowls.*

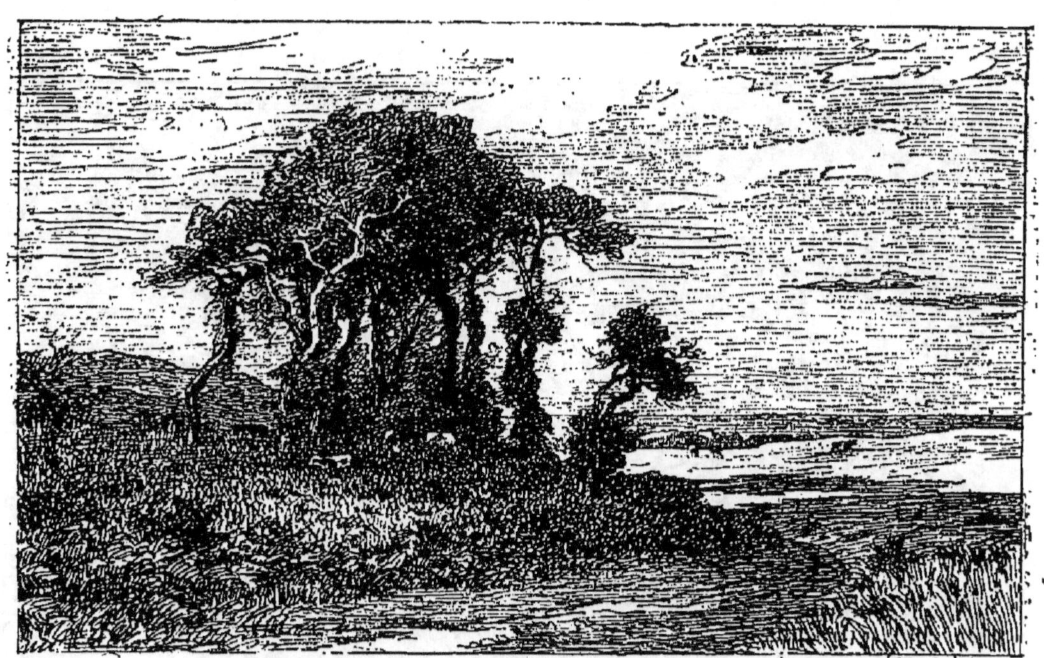

LEMAIRE (L.). **Ex.** *Le Petit Val; environs d'Etretat. — The little Val.*

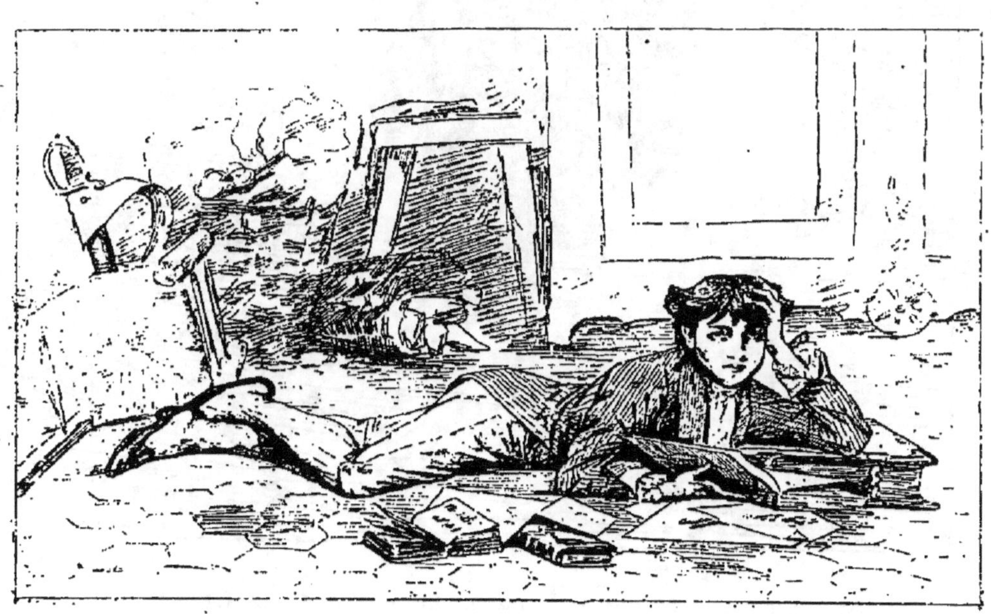

JAMIN (P. J.). *Le neveu de la fruitière; enfance du général Hoche.*
The fruiterer's nephew; the childhood of General Hoche.

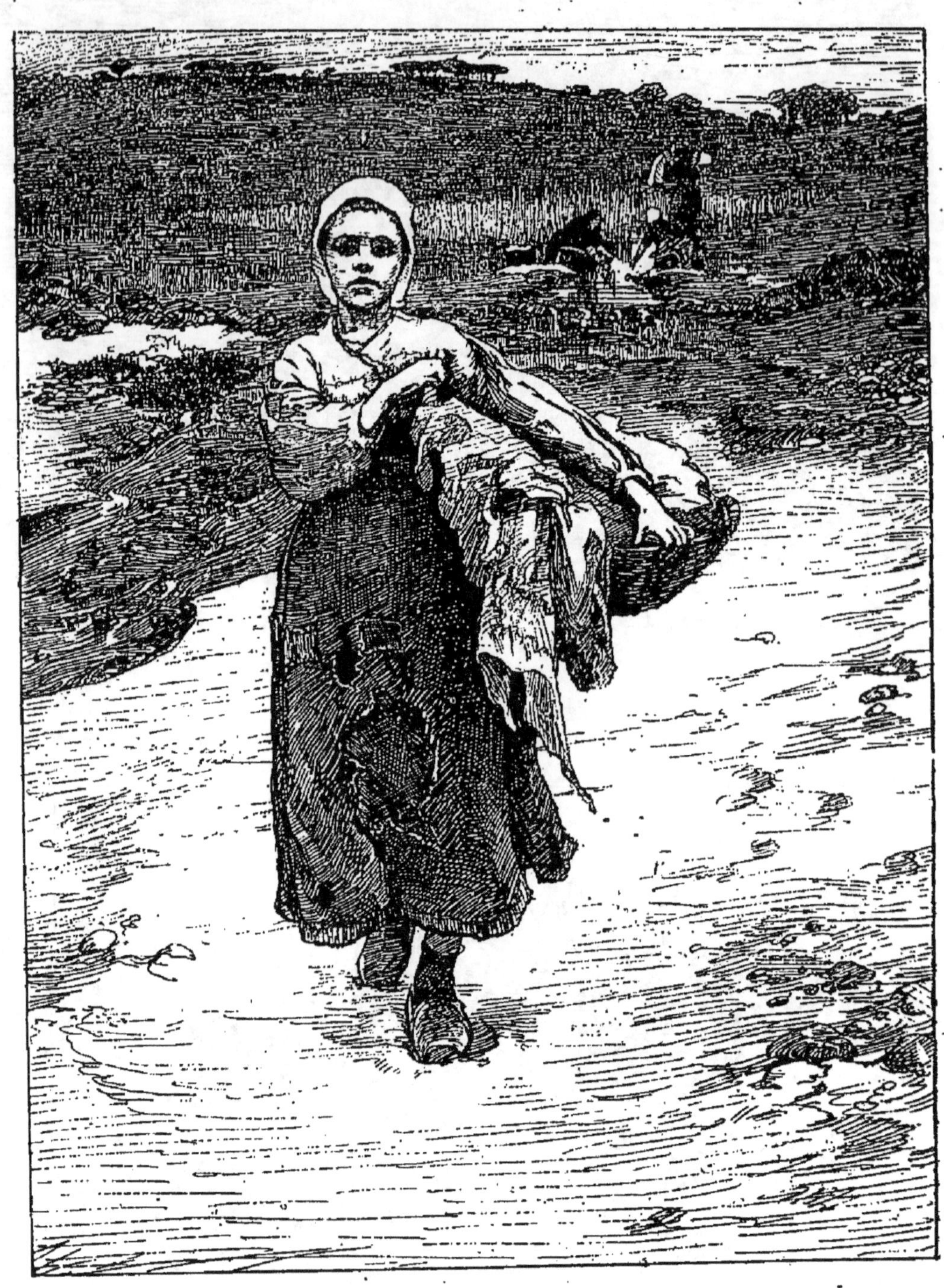

SIMMONS (E.): *Etude à Concarneau.* — *Study at Concarneau.*

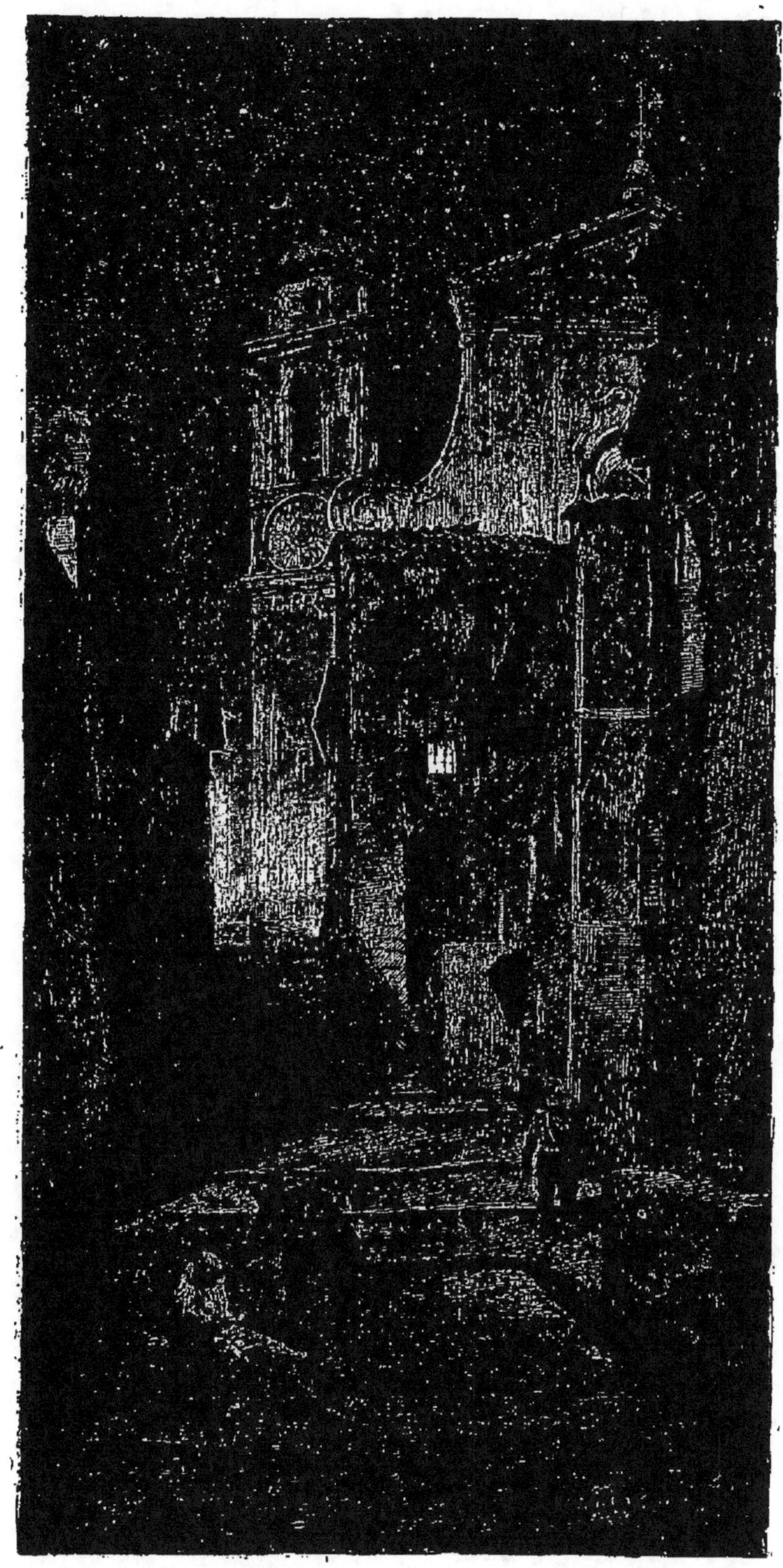

113

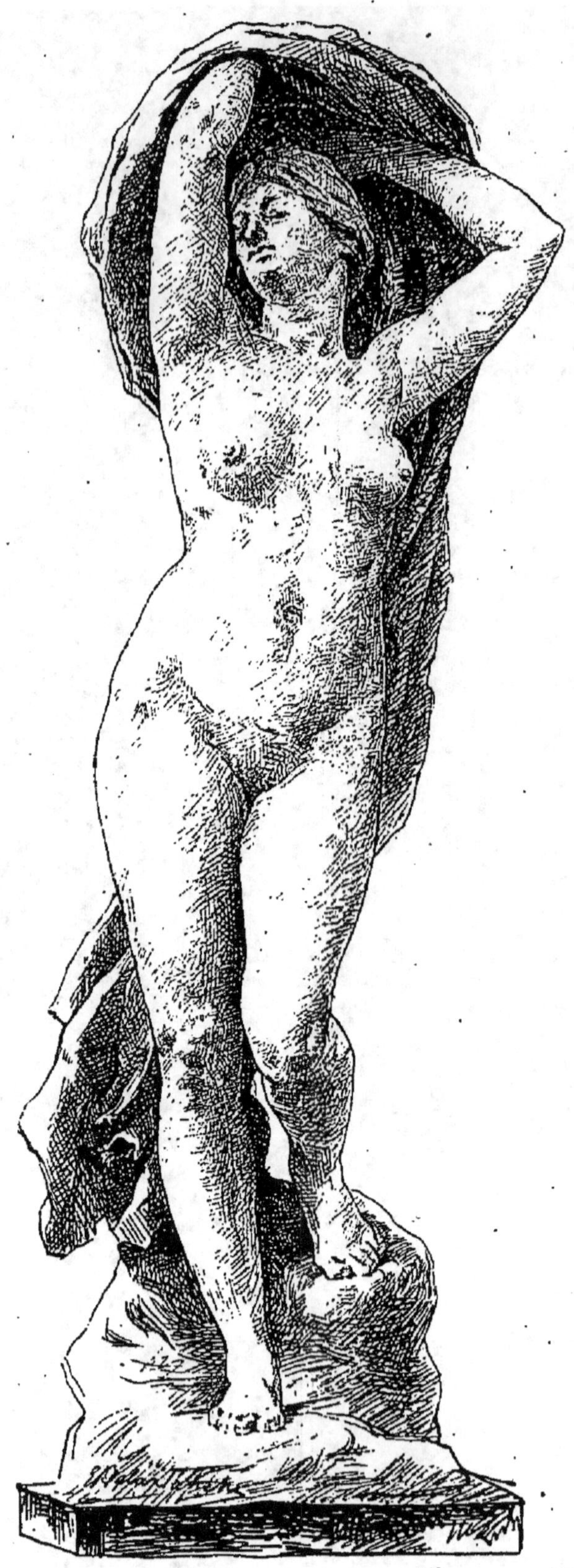

Delaplanche (E.). H. C. *L'Aurore. — Dawn.*

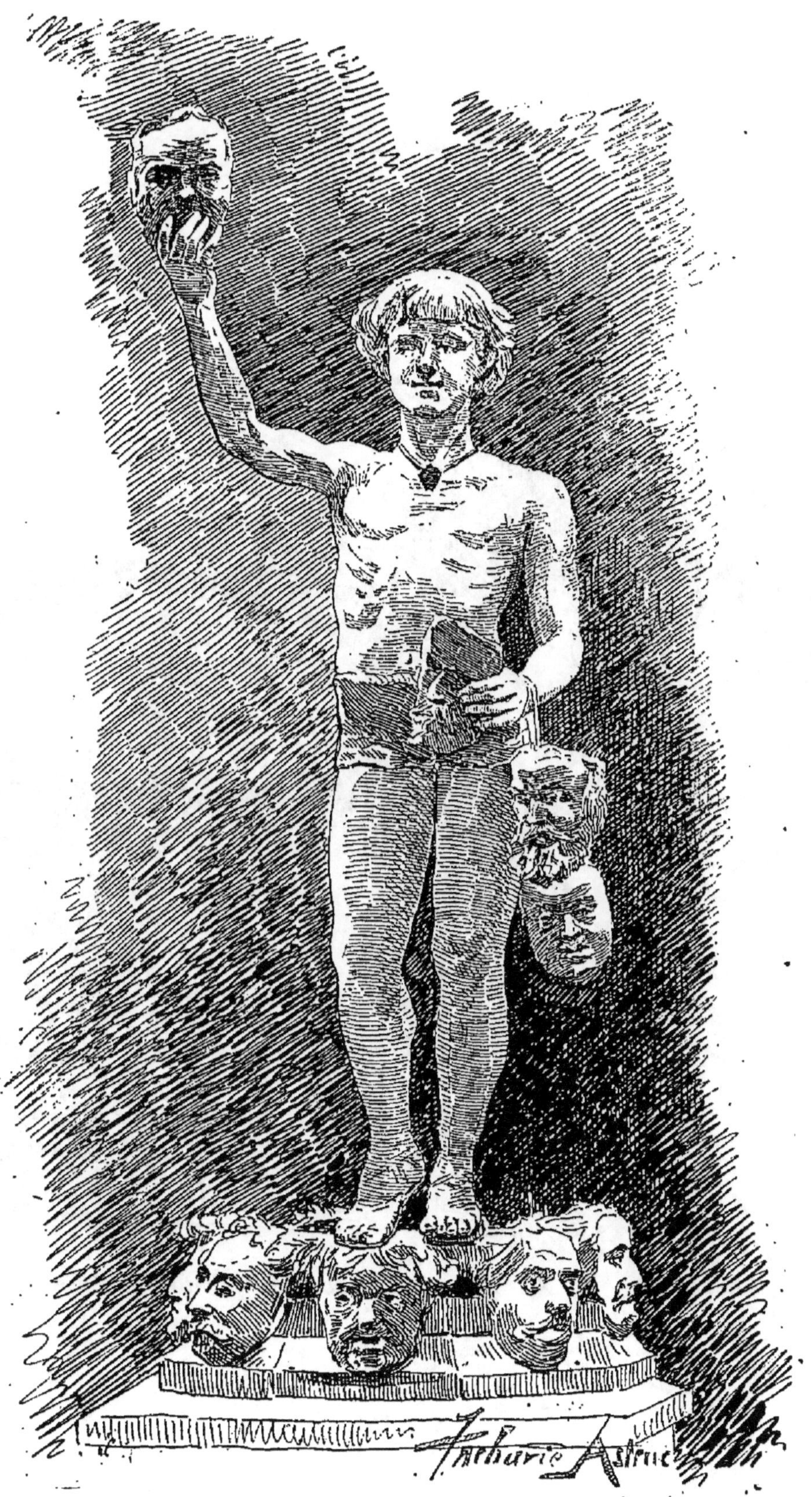

Astruc (Z.). **Ex.** *Le Marchand de Masques. — The Mask Dealer.*

115

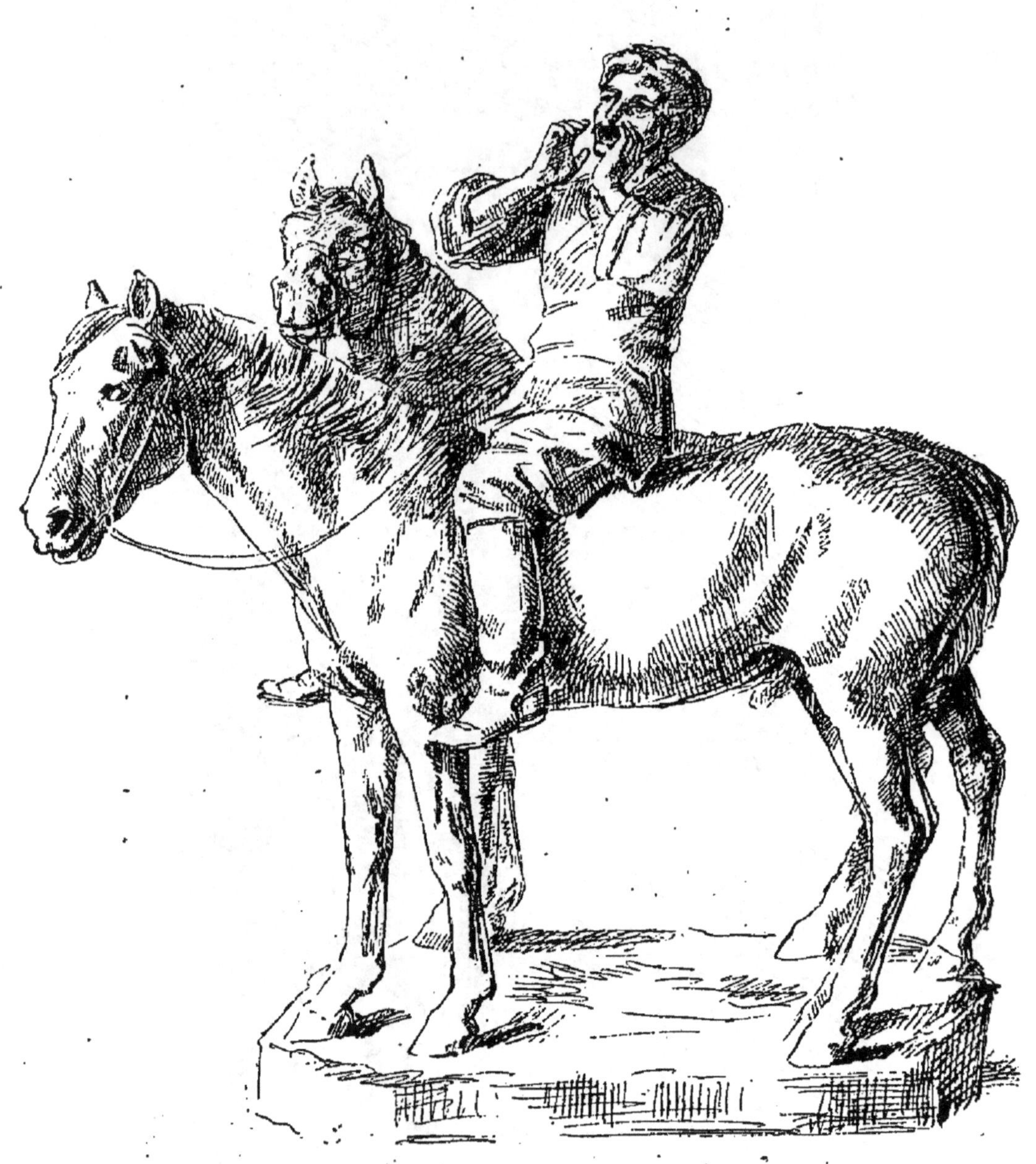

Tourgueneff (P. N.). *L'Appel au bac. The call to the Ferryman.*

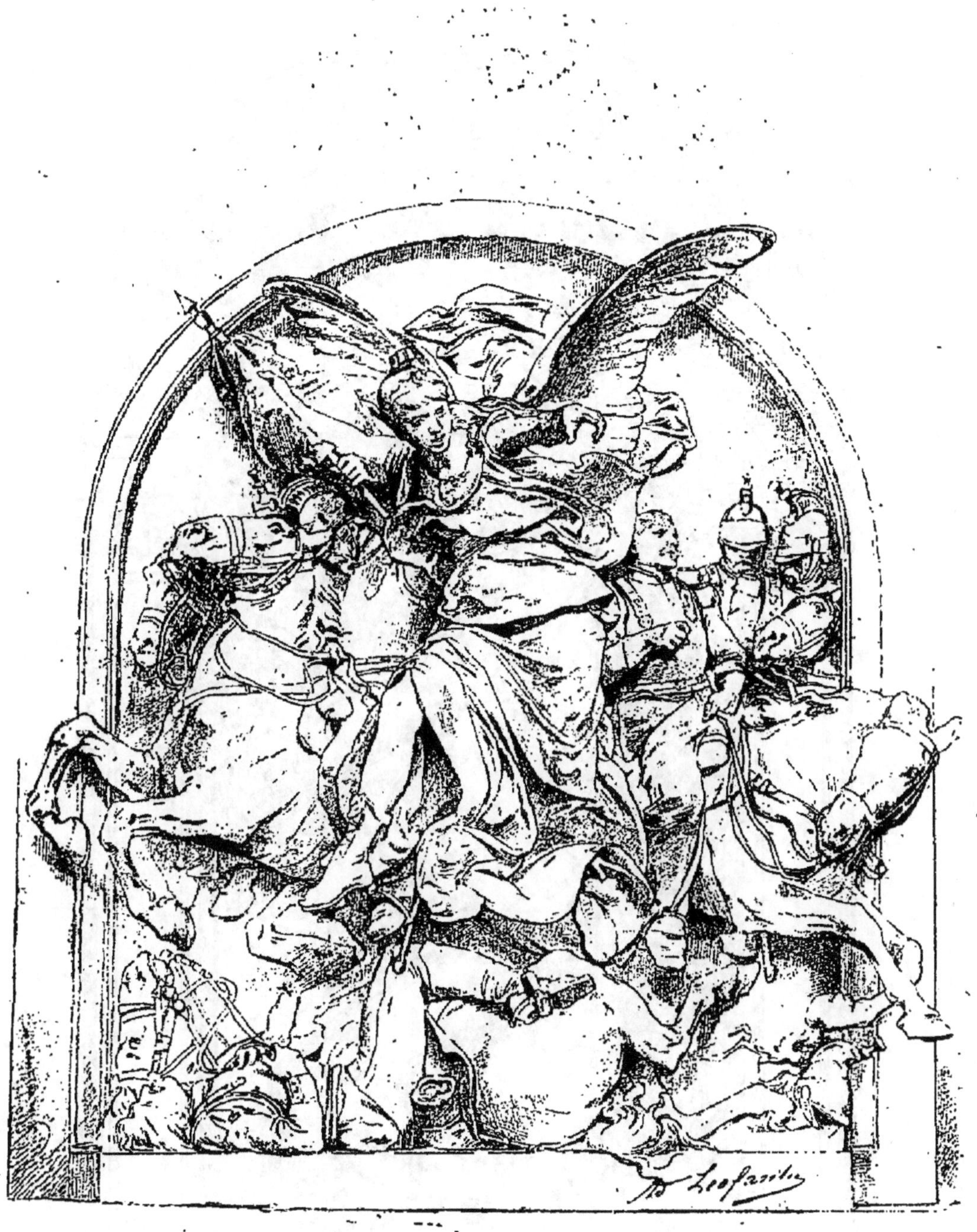

Leofanti (A.). *Pro Patria mori.*

117

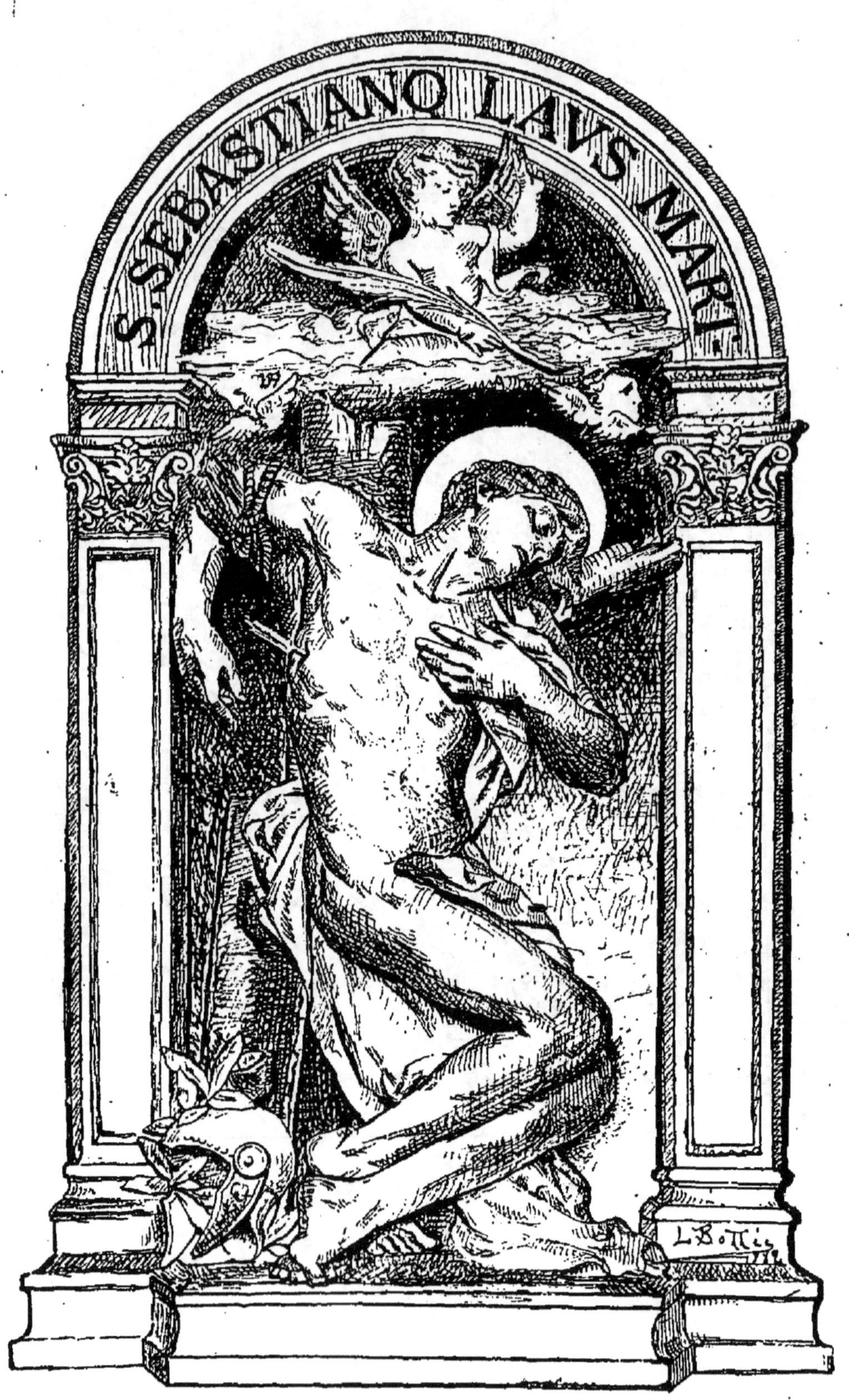

BOTTÉE (L. A.). *Saint-Sébastien.* — *Saint Sebastian.*

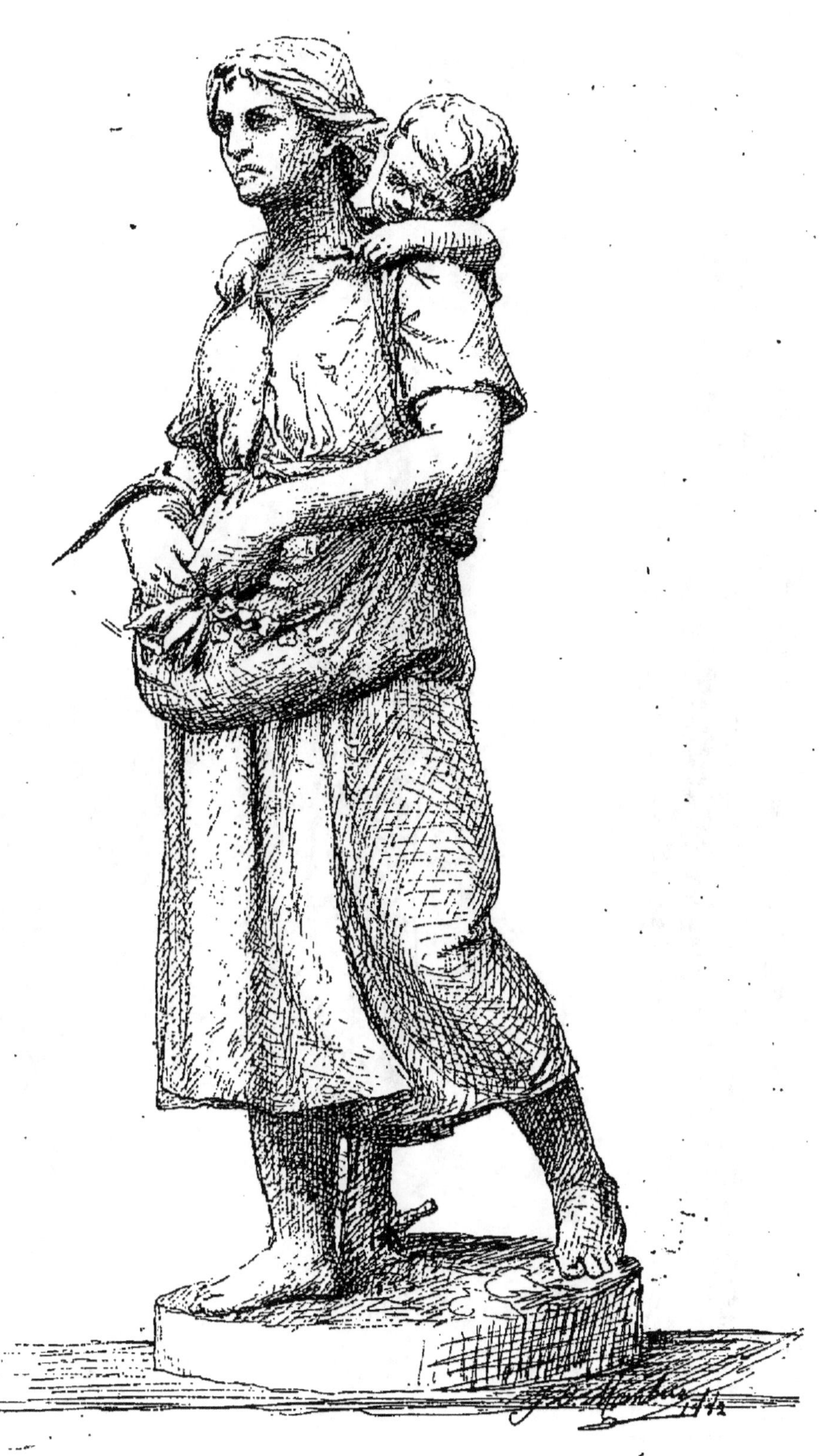

Mombur (J. O.). *Paysanne d'Auvergne.*
A peasant of Auvergne.

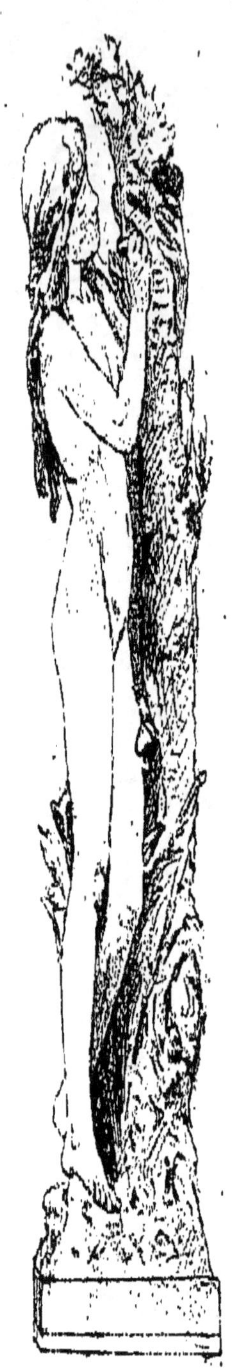

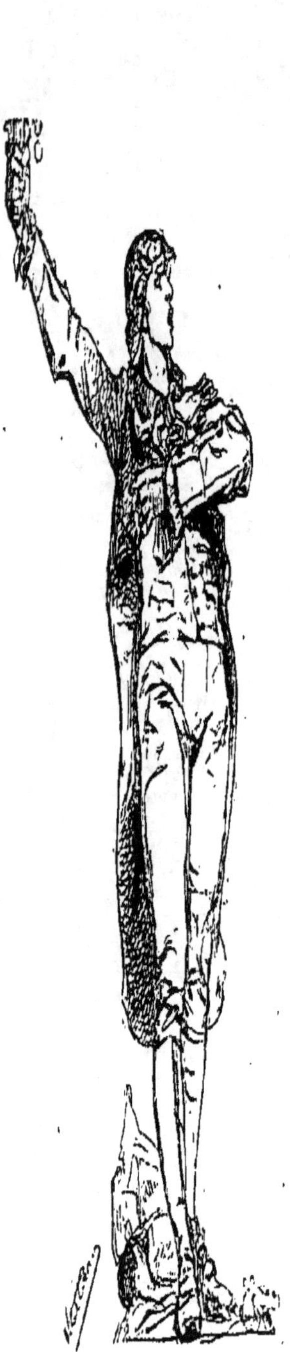

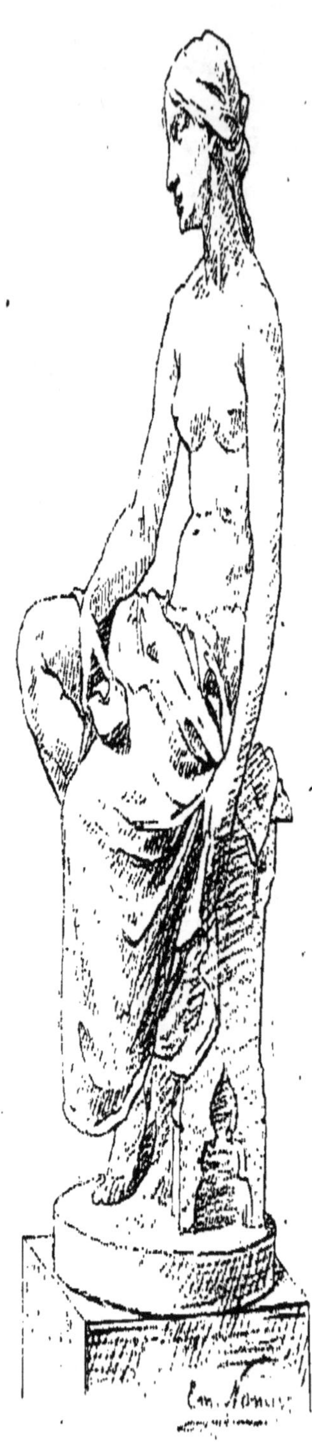

GOSSIN (L.). *Amo (Idylle)*.   CORNU (V.). *Rouget de Lisle*.   NAMUR (E.). *Cendrillon. — Cinderella*.

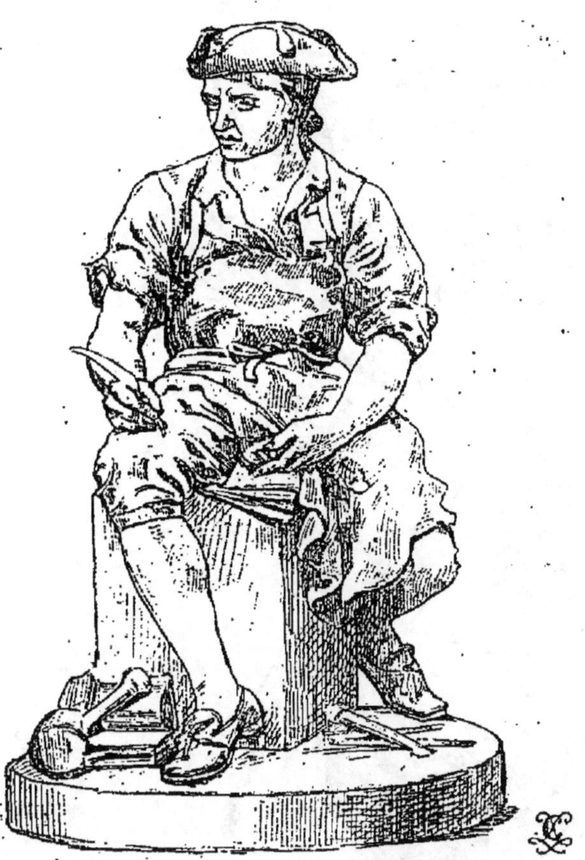

LECOINTE (A. J. L.). *Sedaine.*

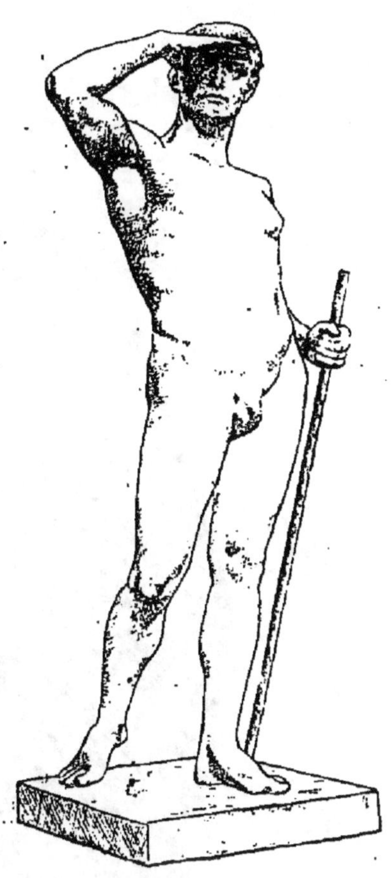

PEYROL (F. A. H.). *Étude.*

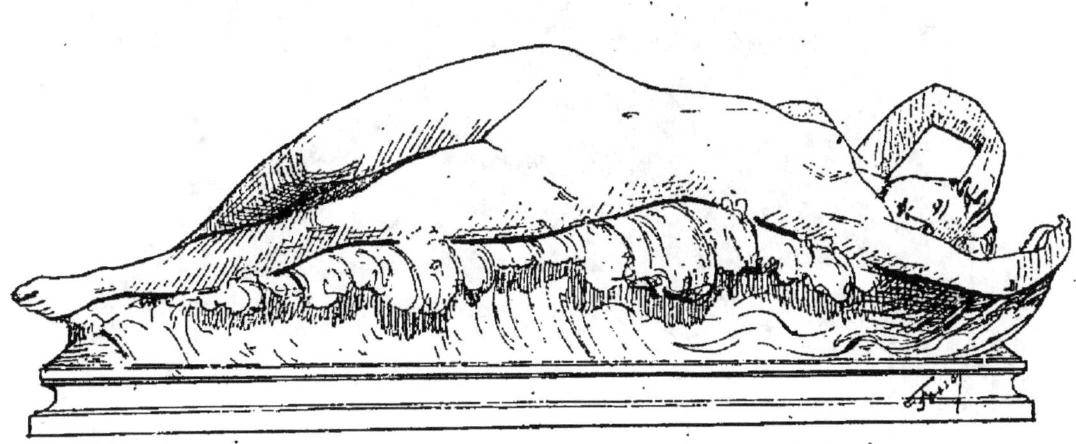

FOSSÉ (A.). *La Vague. — The Wave.*

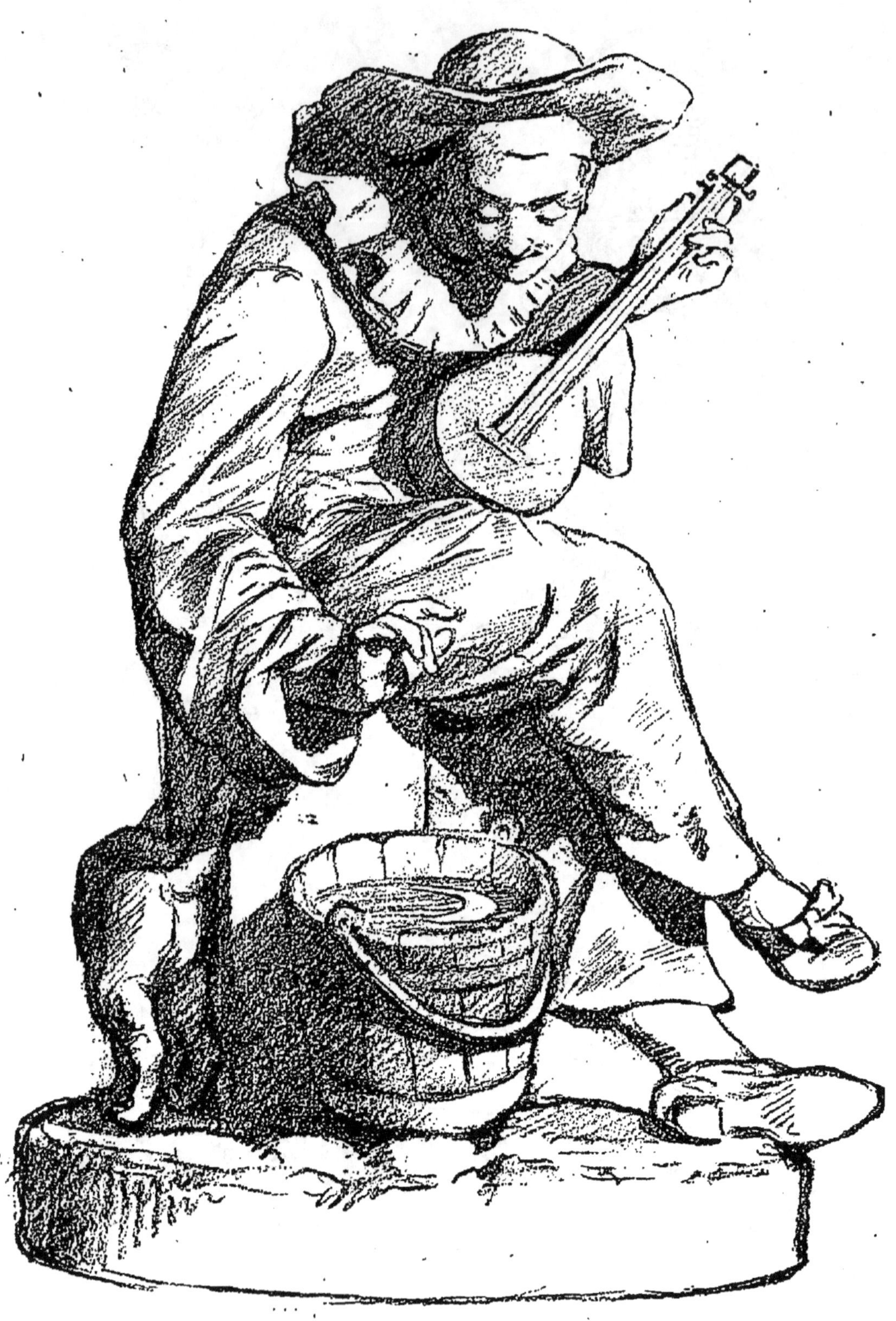

Steuer (B. A.). *Ballade à la Lune.* — *A Song to the Moon.*

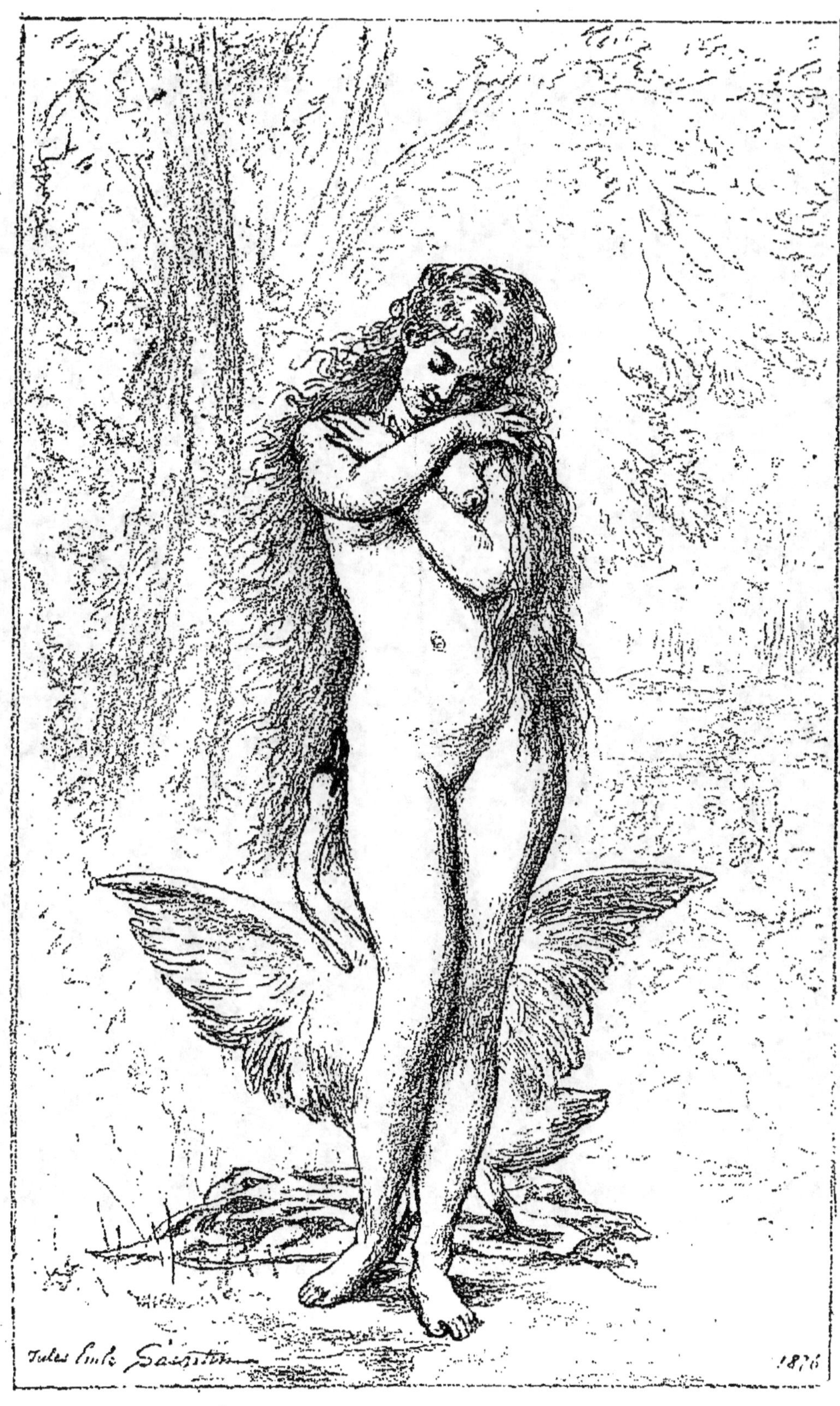

Saintin (J. E.). H.C. — *Leda.*

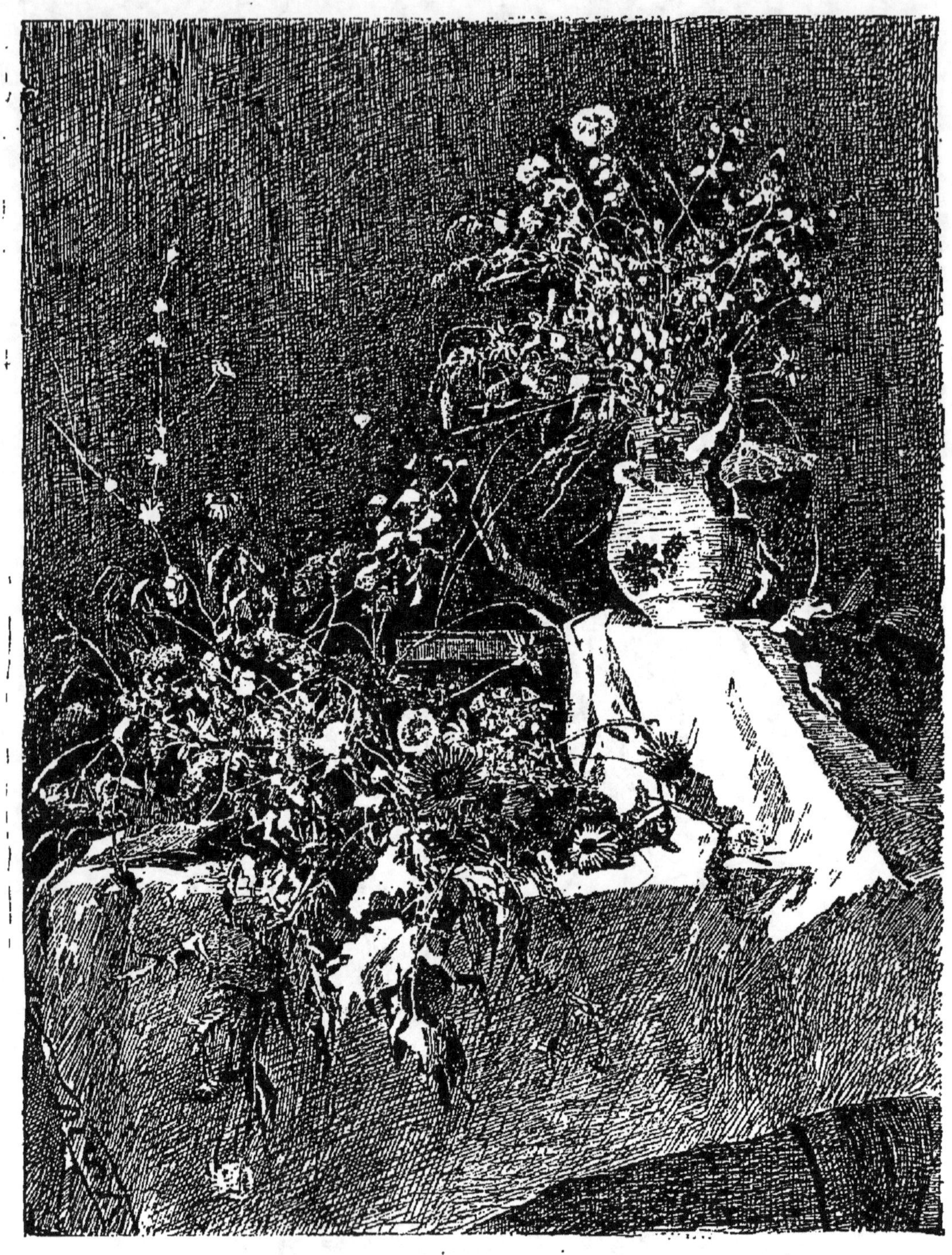

[Blau (T.). *Fleurs des champs. — Flowers of the fields.*

124

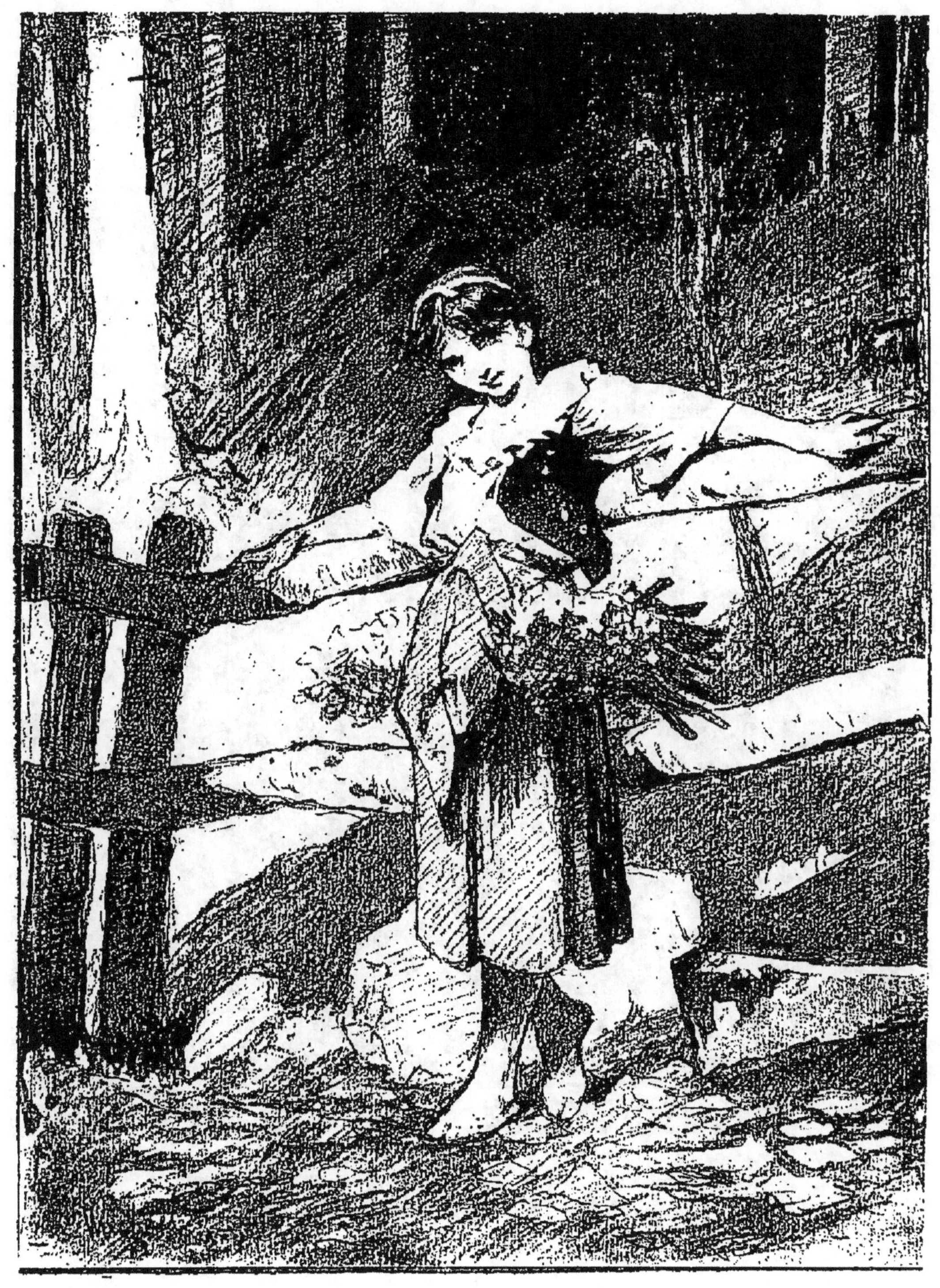

Michael (M.). *Idylle. — Idyl.*

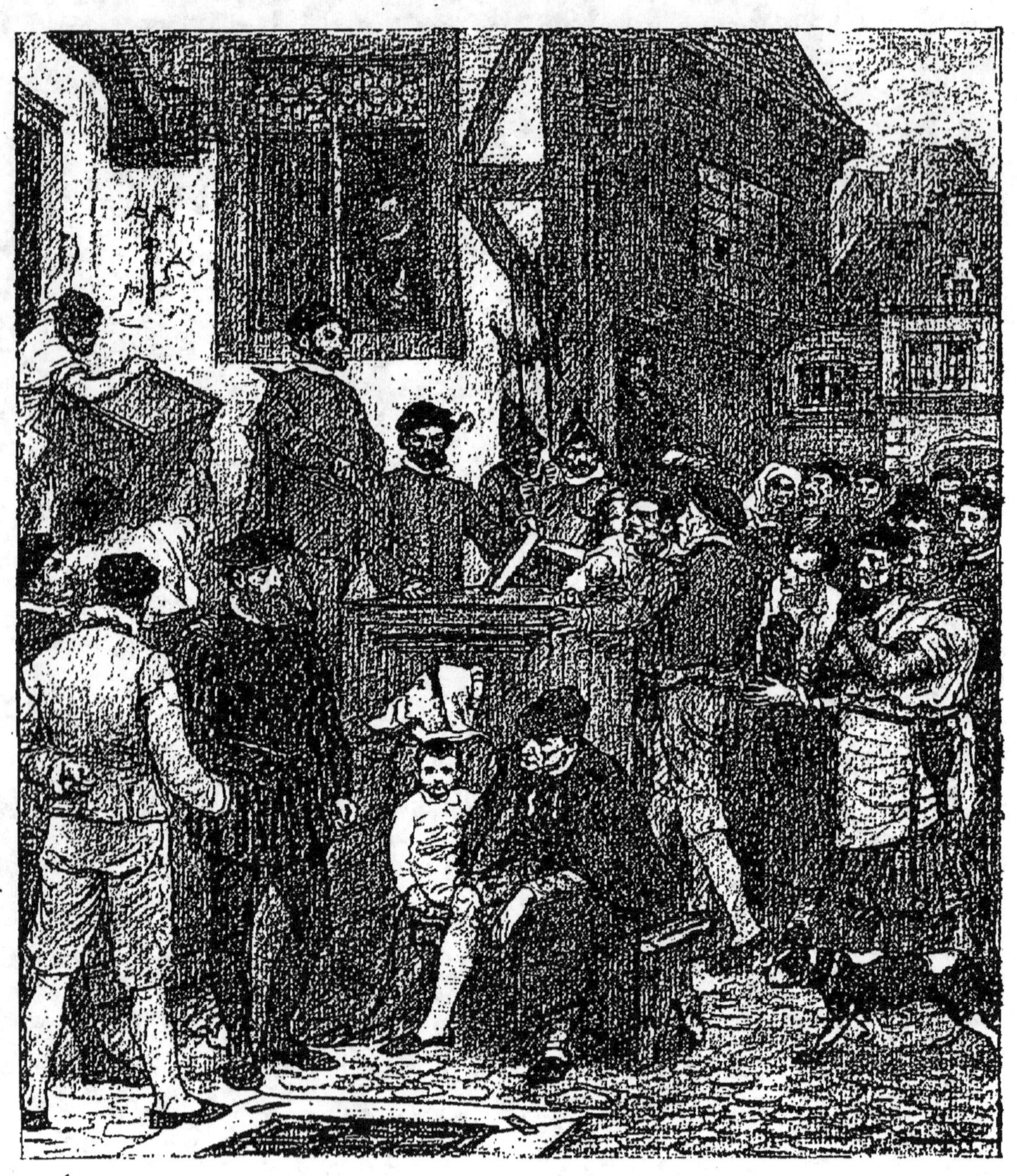

MELLERY (X.). *Une Vente publique au ·XVIe siècle.*
A public Sale during ·the xvɪth. century.

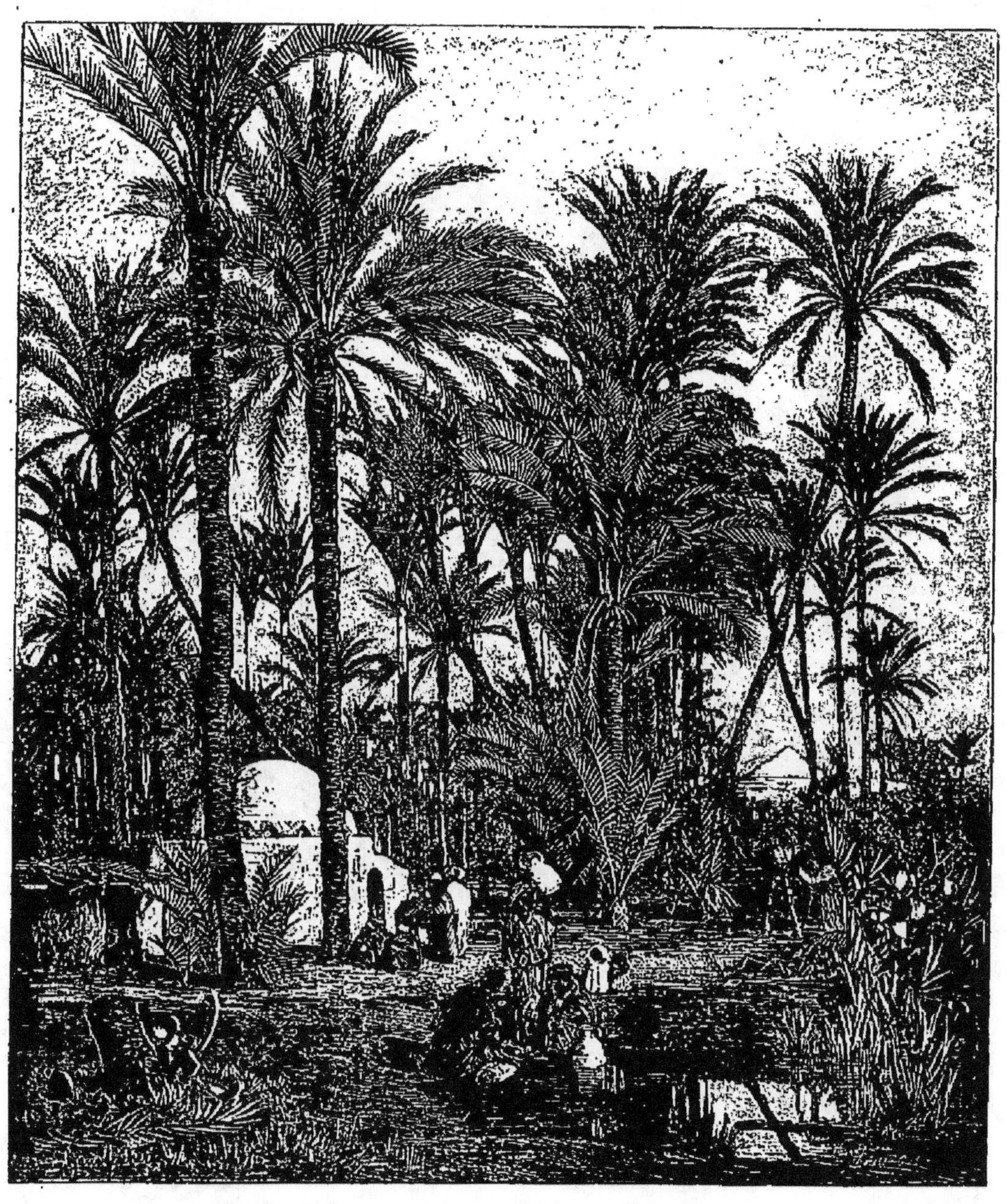

FISCHER (L. H.). *Forêt de palmiers près Memphis.*
Forest of palm trees near Memphis.

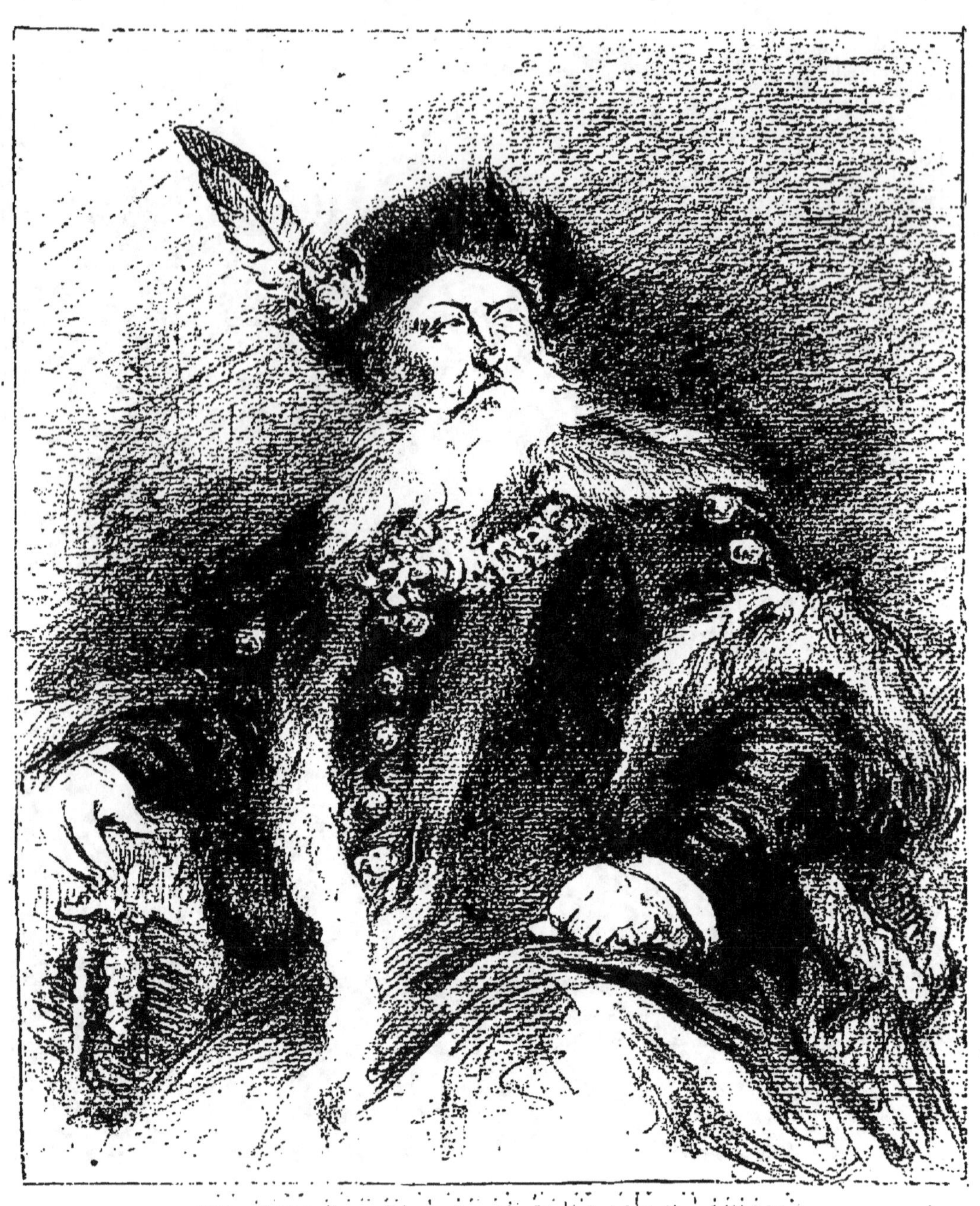

Makart (H.). *Portrait du comte E. Zichy. — Portrait of Count Zichy.*

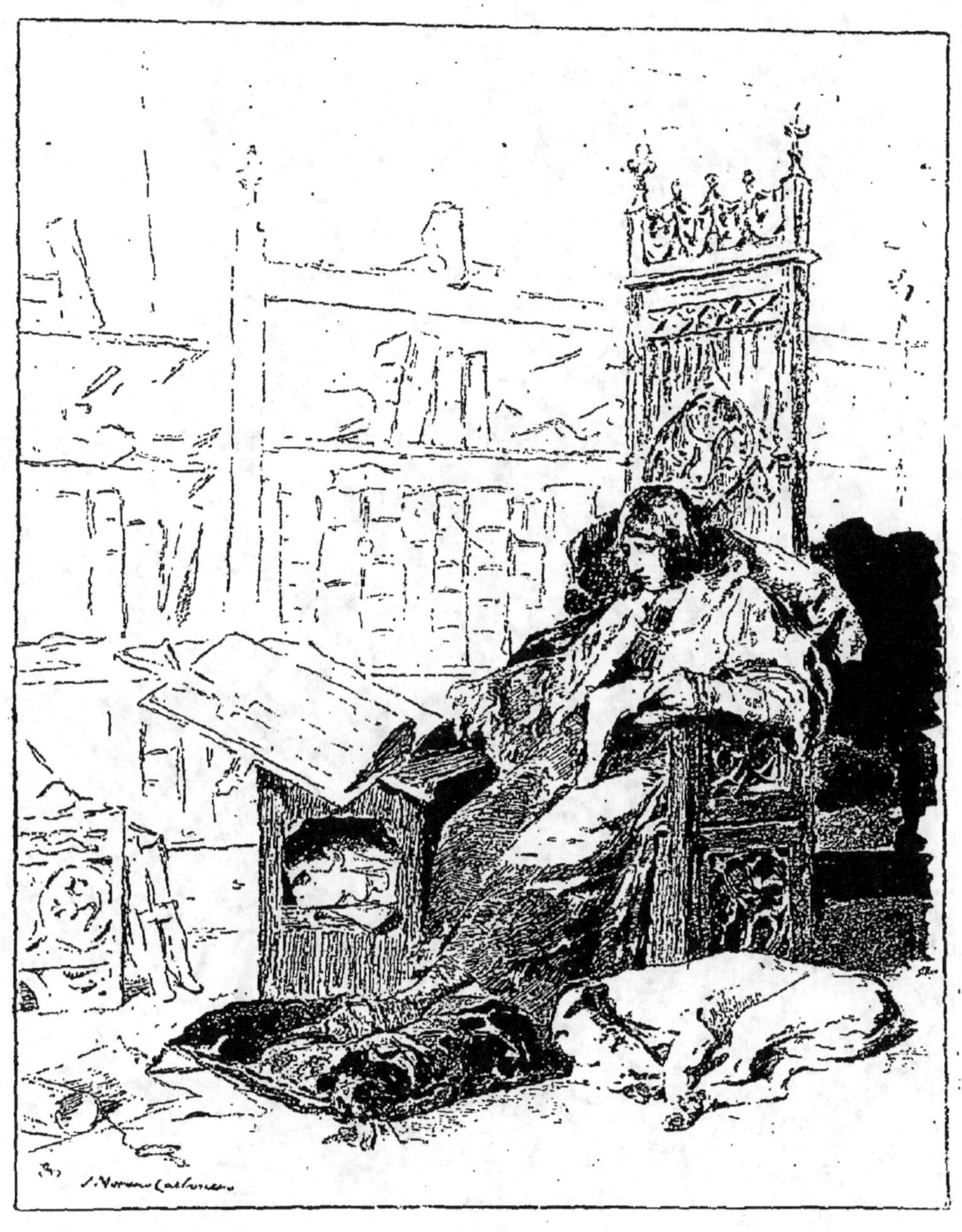

MORENO (C. J.). *Le Prince Charles de Viane (Navarre) à l'étude.*
Prince Charles of Viana studying.

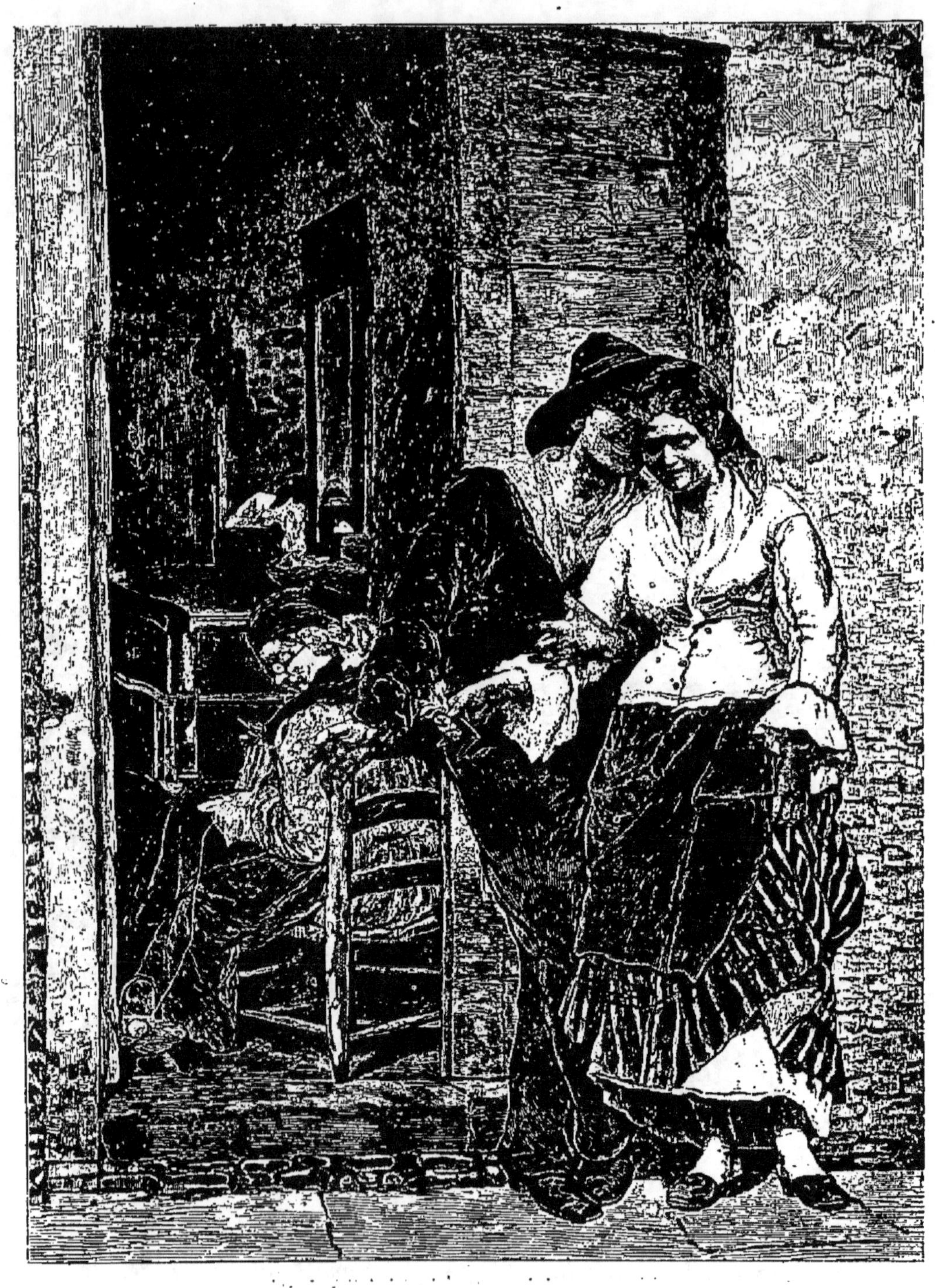

LANCERETTO. *Bourgeons de la Saint-Marc.* — *The buts of Saint Mark.*

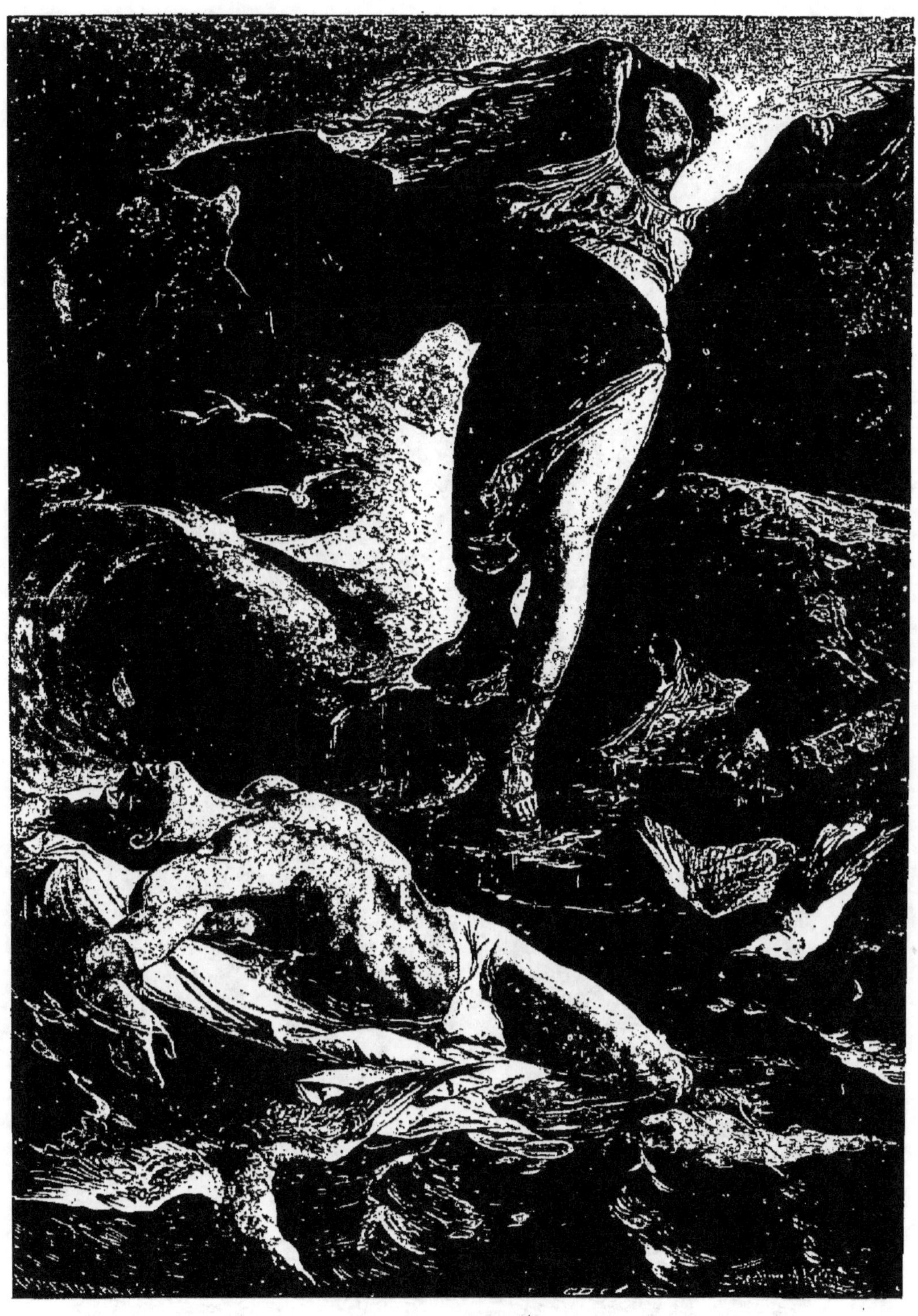

KELLER (F.). *Héro et Léandre.*

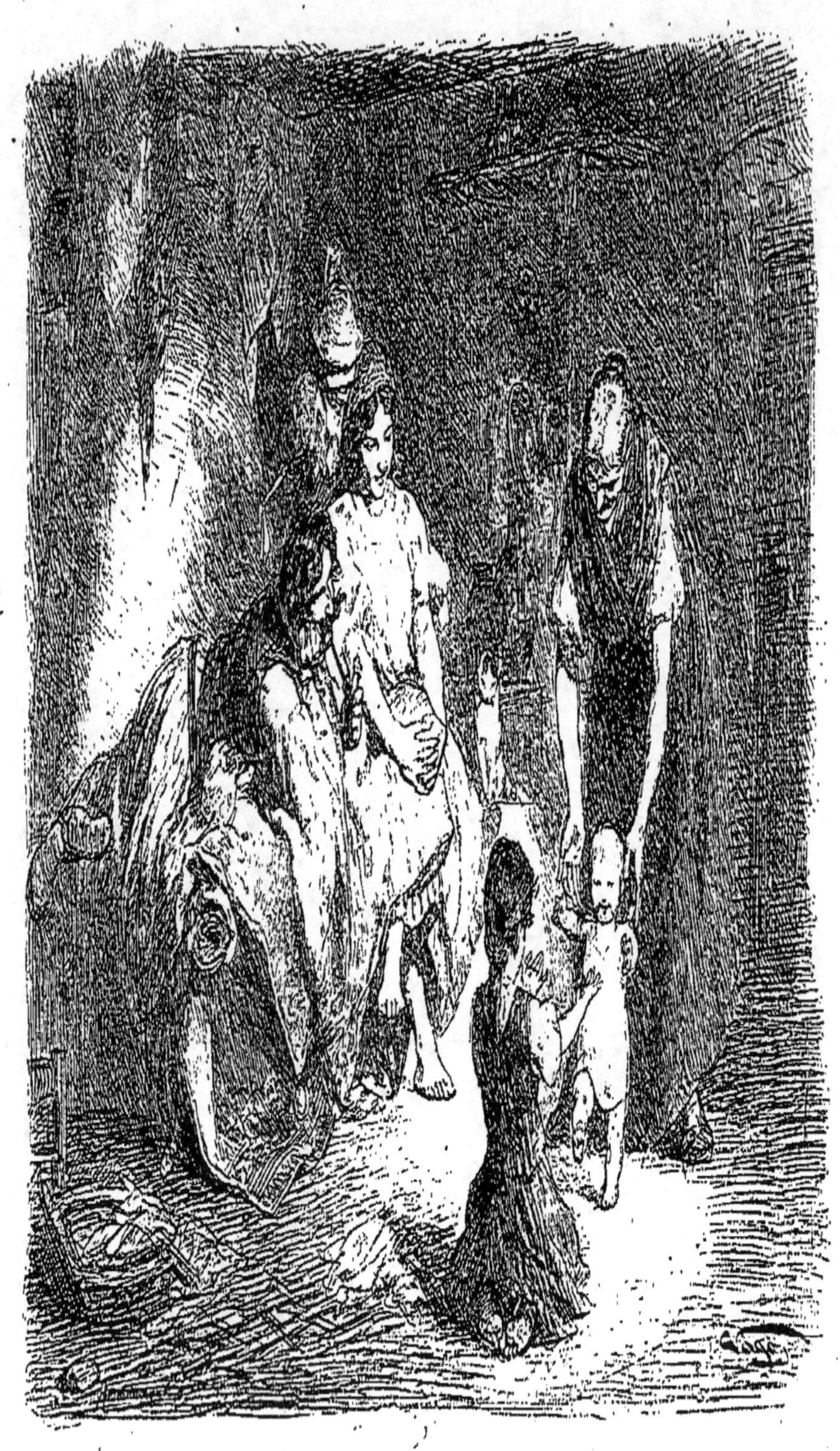

VágÓ (P.). *Le premier Pas. — The first Step.*

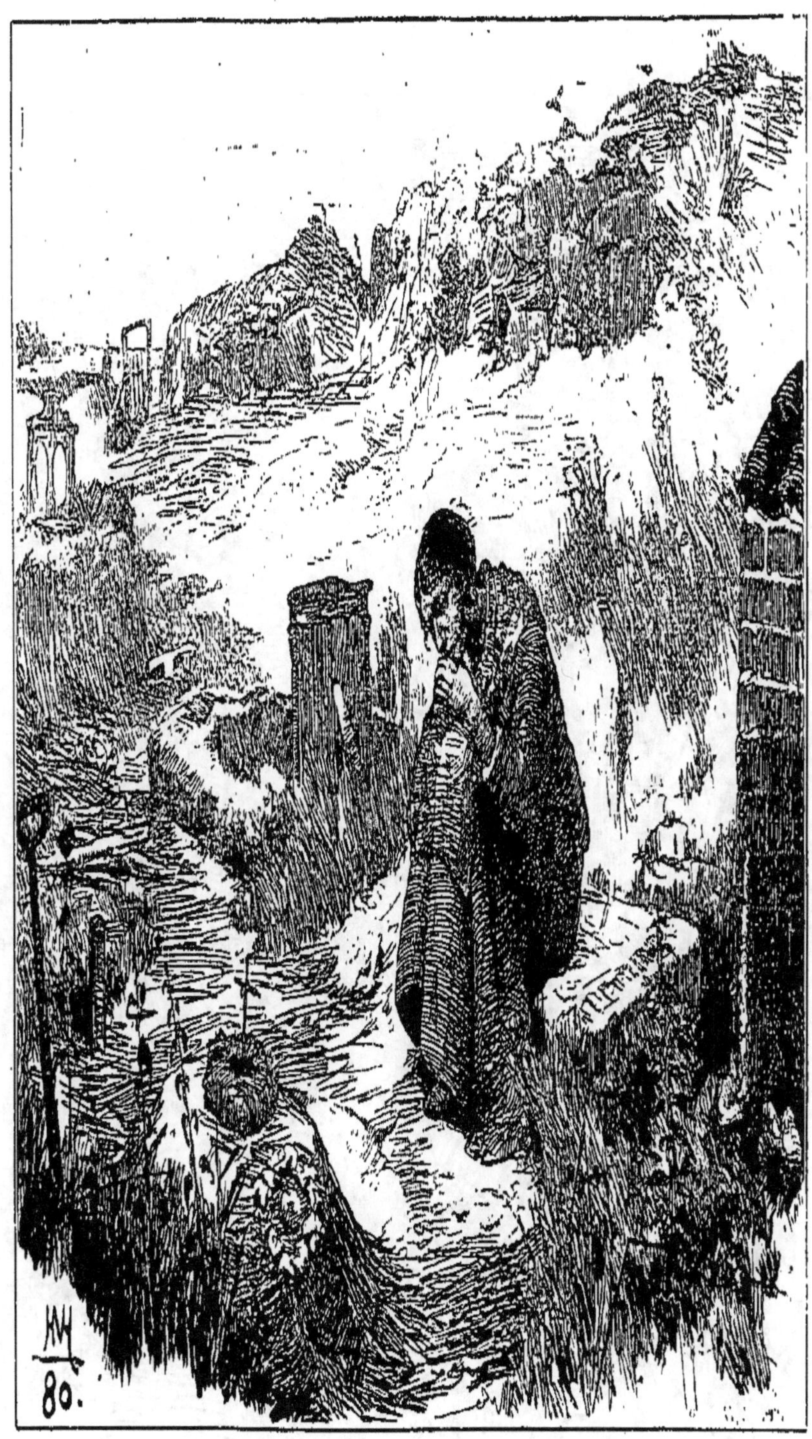

Hansen (H. N.). *Au Cimetière. — At the Cemetery.*

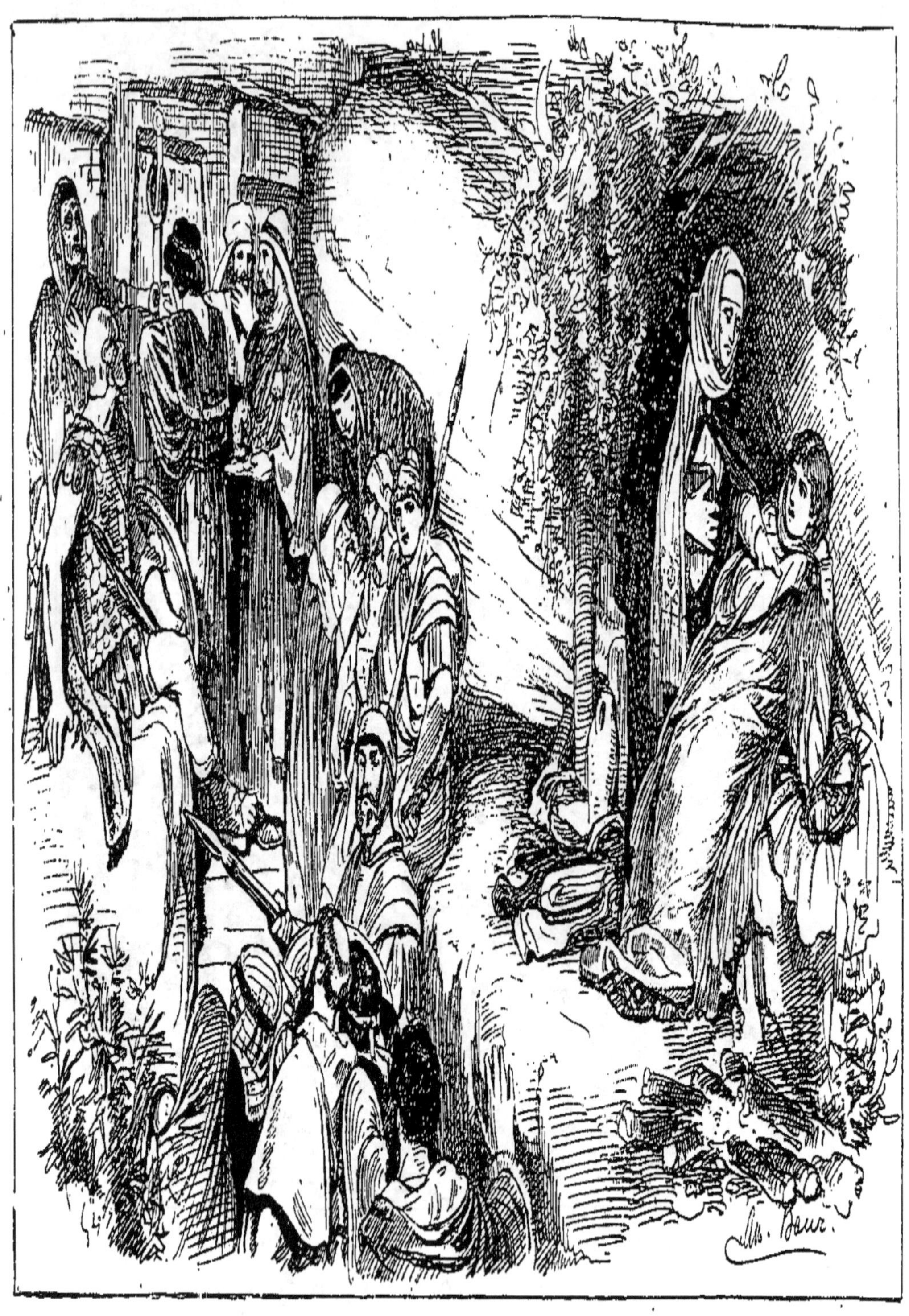

Baur (A.). *La Mise au Sépulcre.* — *The Entombment.*

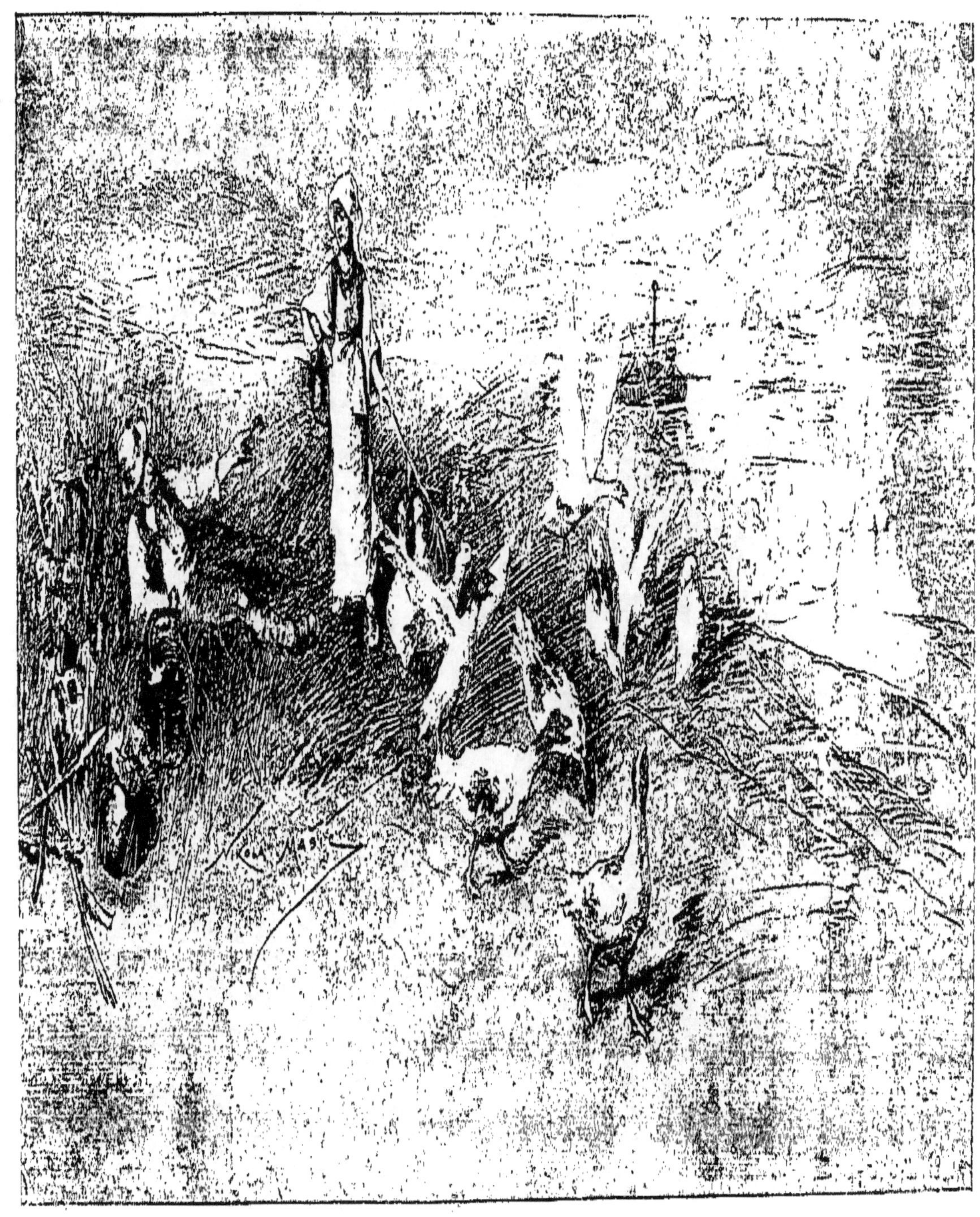

Mašić (N.). *Gardeurs d'oies en Esclavonie. — Geese-tending in Esclavonia.*

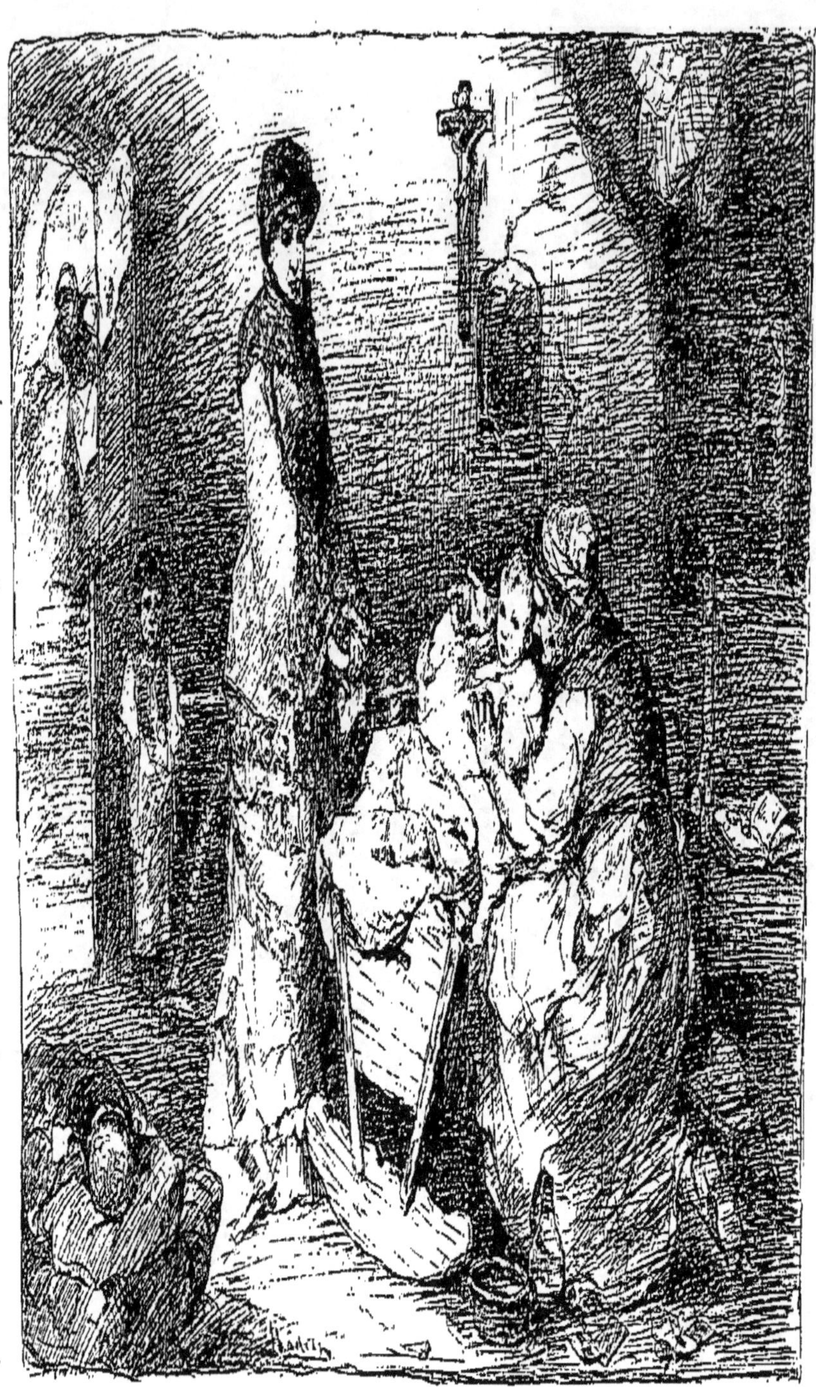

Bapitz (O.). *Le Nourrisson. — The Baby.*

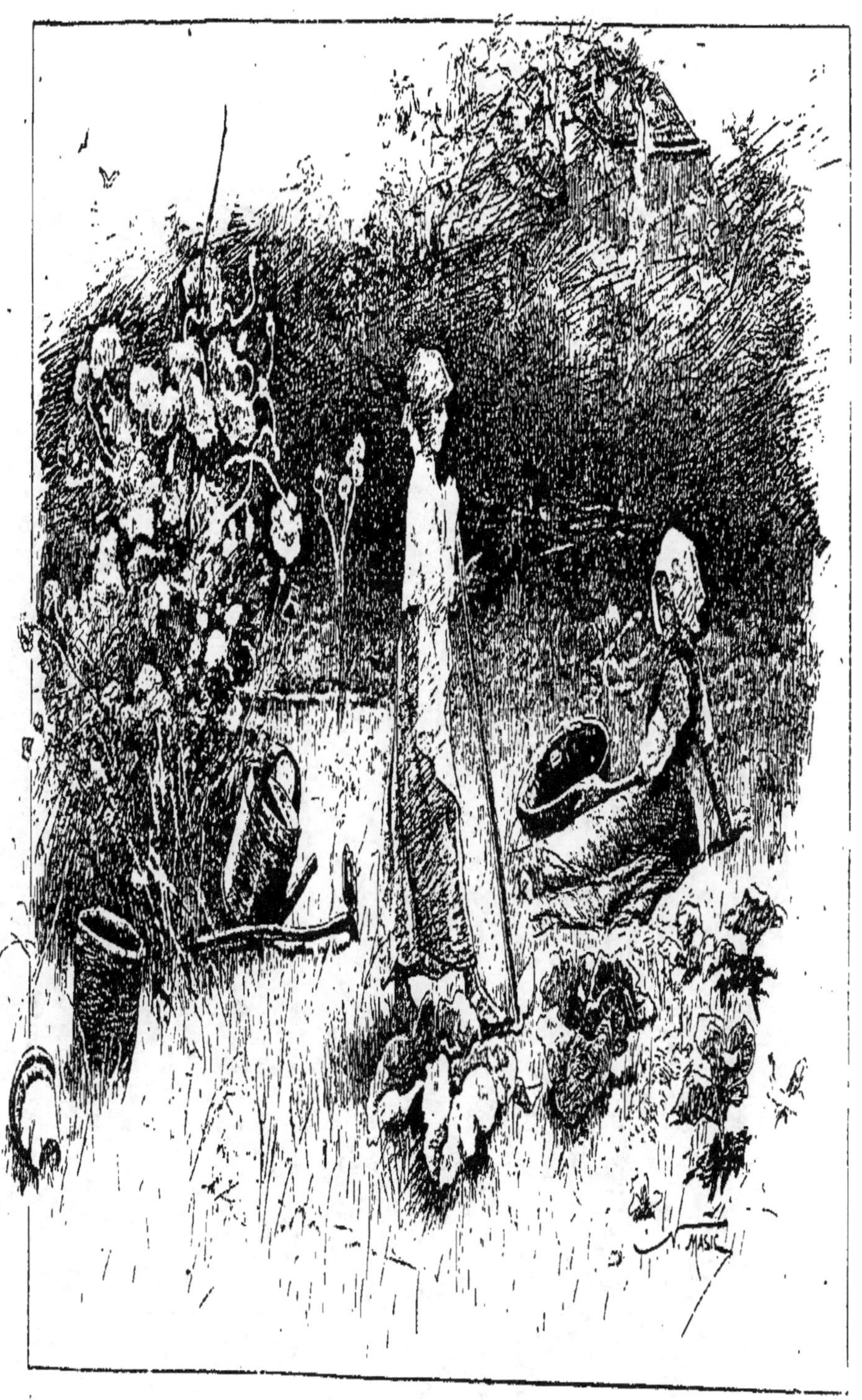

Masić (N.). *Travaillant au Jardin.* — *Working in the Garden.*

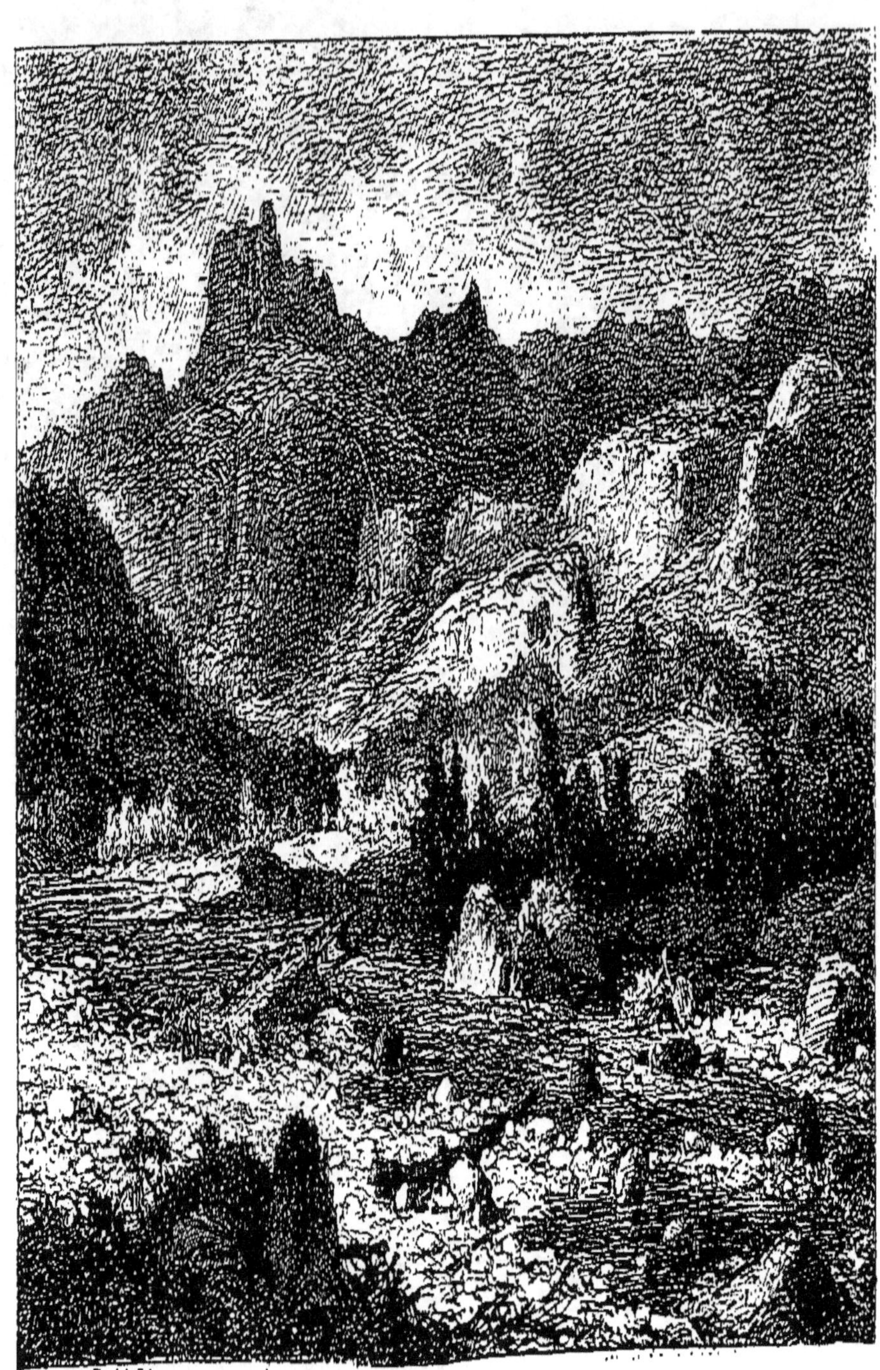

Brunner (J.). *Après le Débordement. — After the Inundation.*

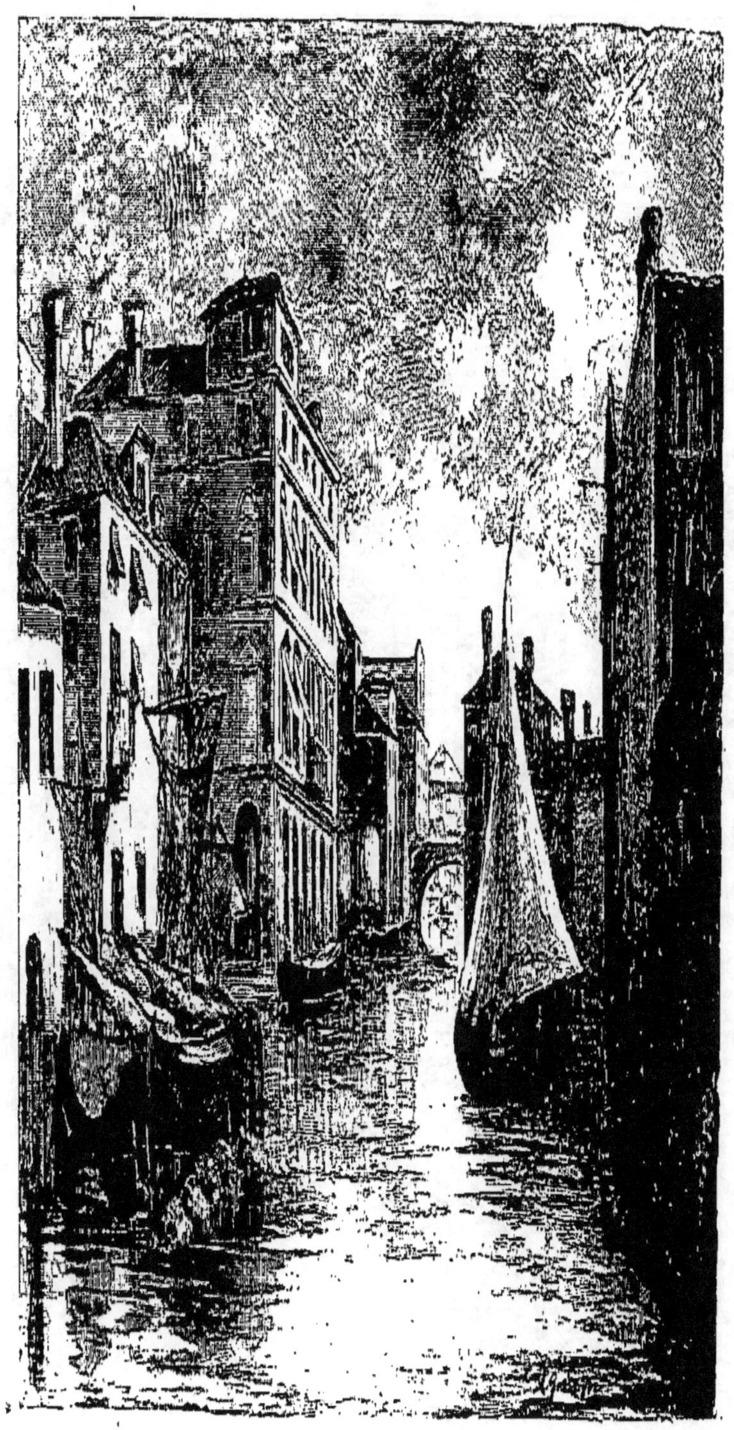

Grósz (A. J.), *Chioggia près Venise.* — *Chioggia near Venice.*

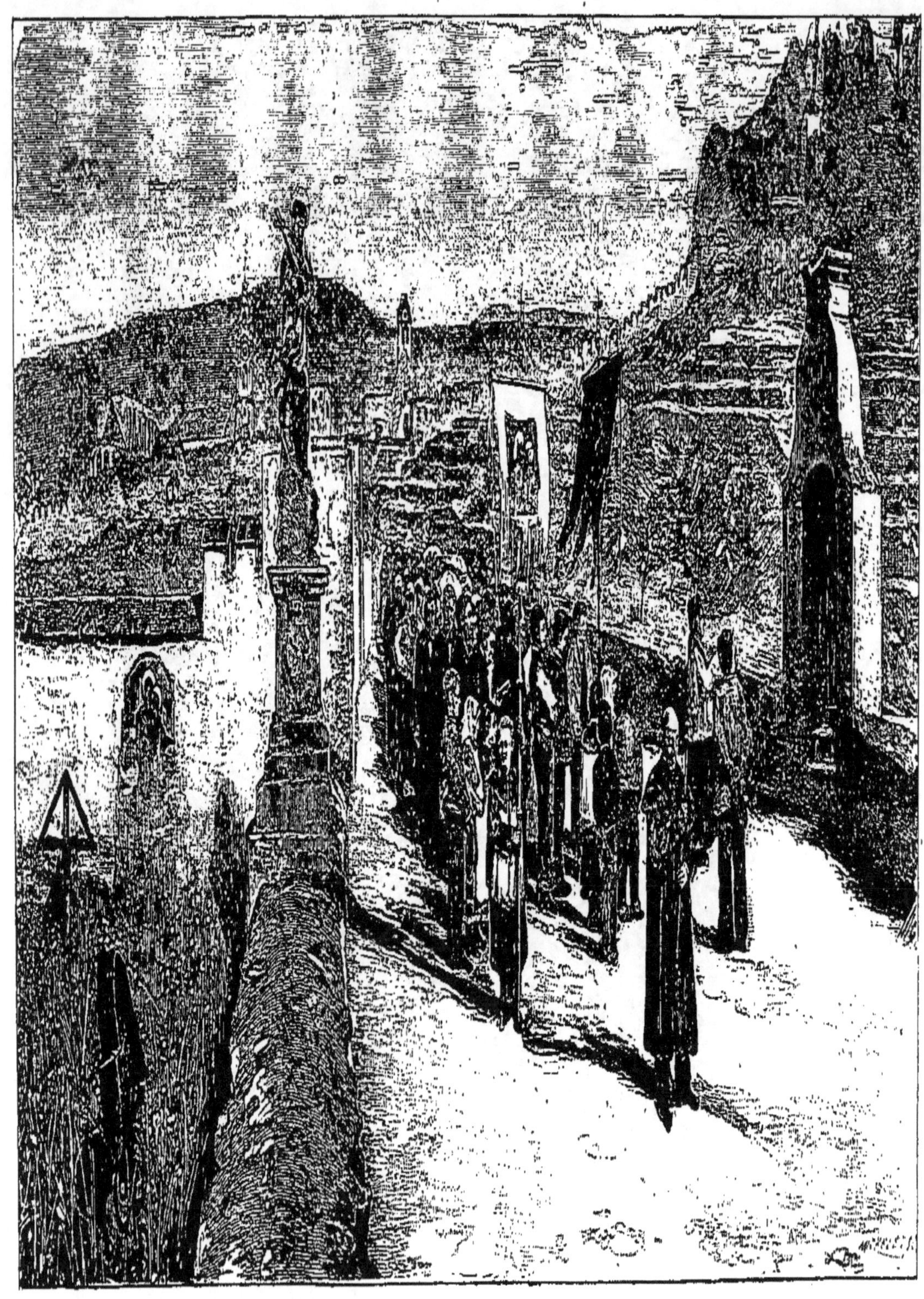

BERNATZIK (W.). *Procession à Durenstein sur le Danube. — Procession at Durenstein on the Danube.*

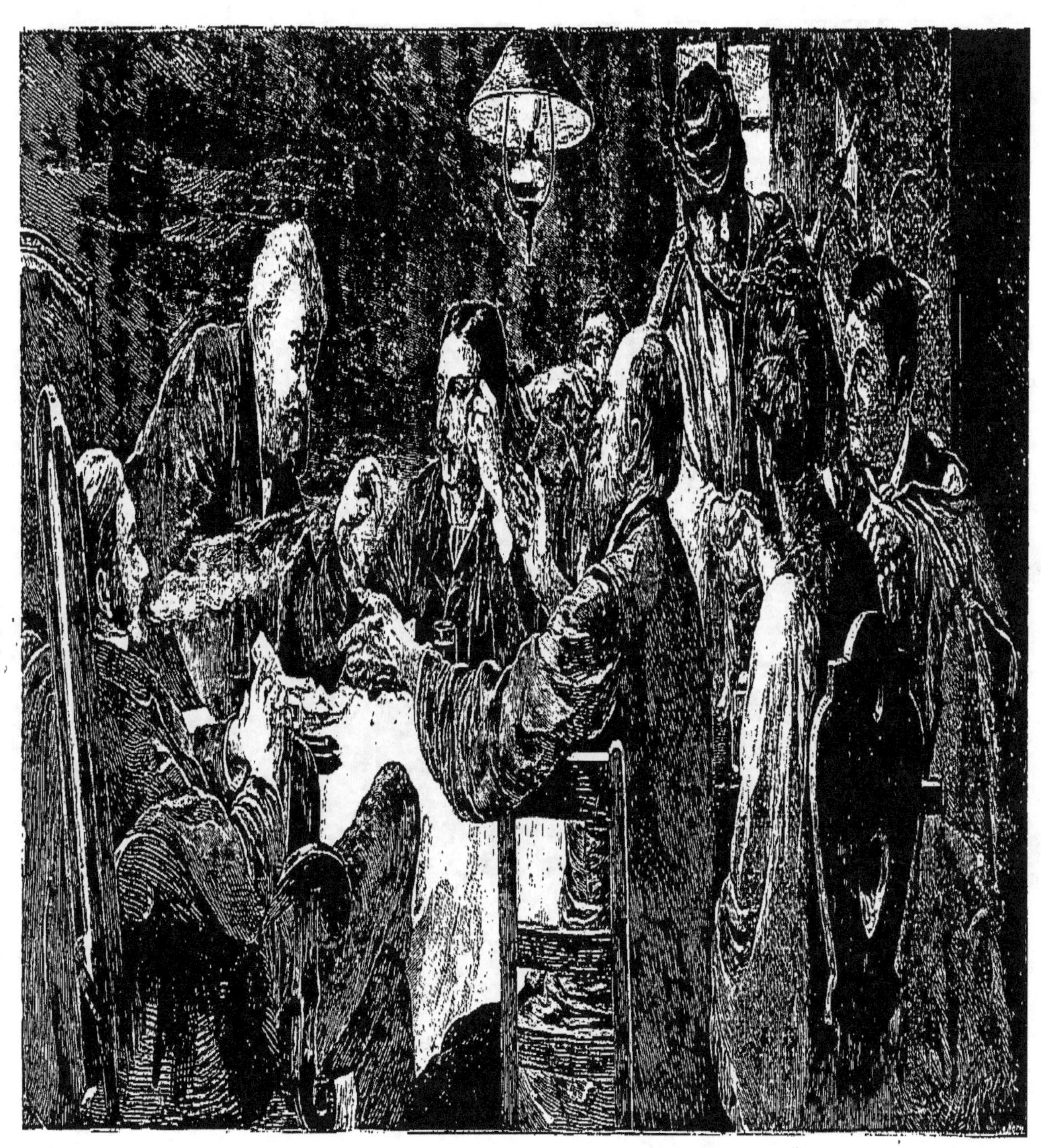

TEMPLE (H.). *Assemblée d'Électeurs. — Meeting of Electors.*

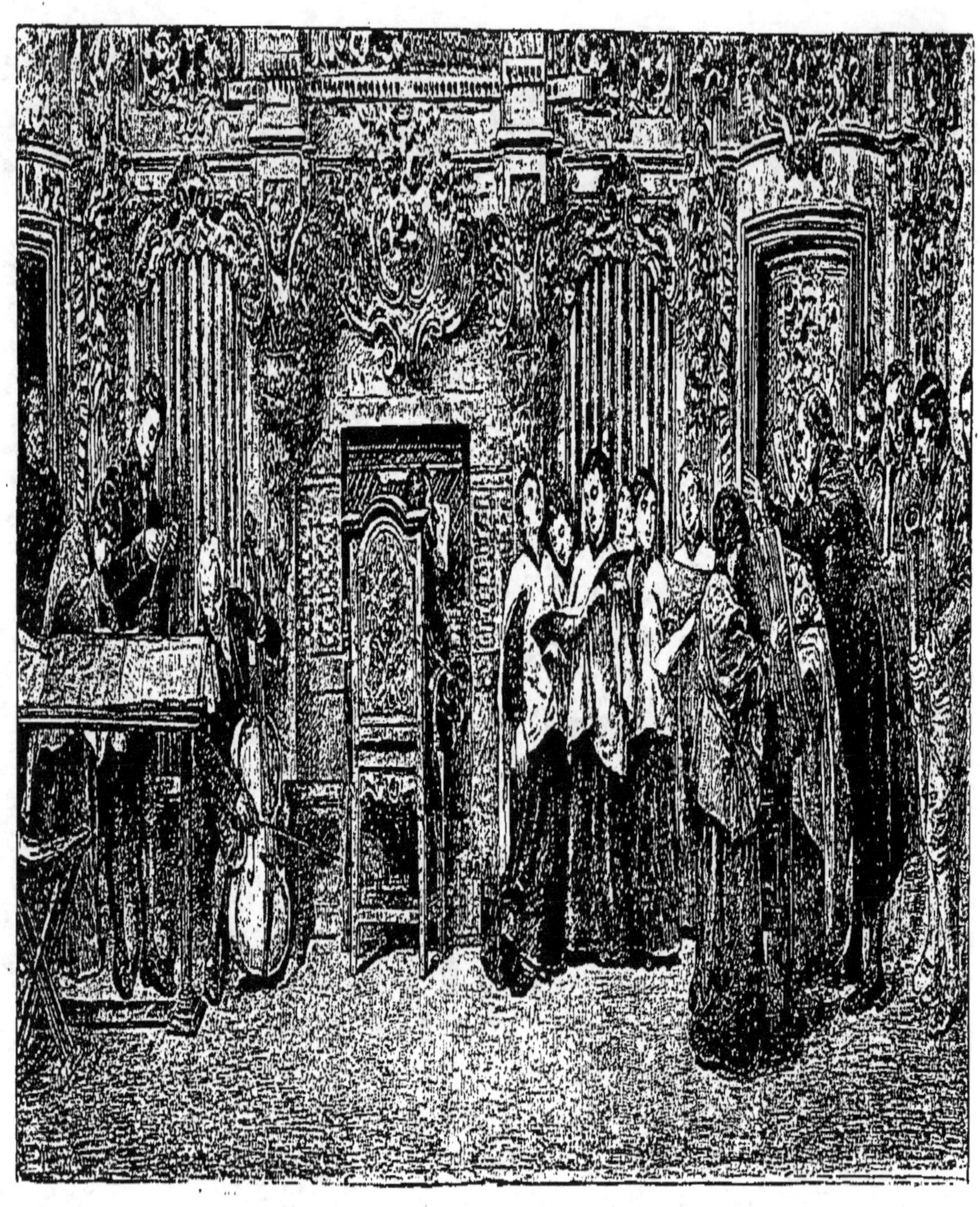

Moreno. (M.). *Répétition générale. — General Rehearsal.*

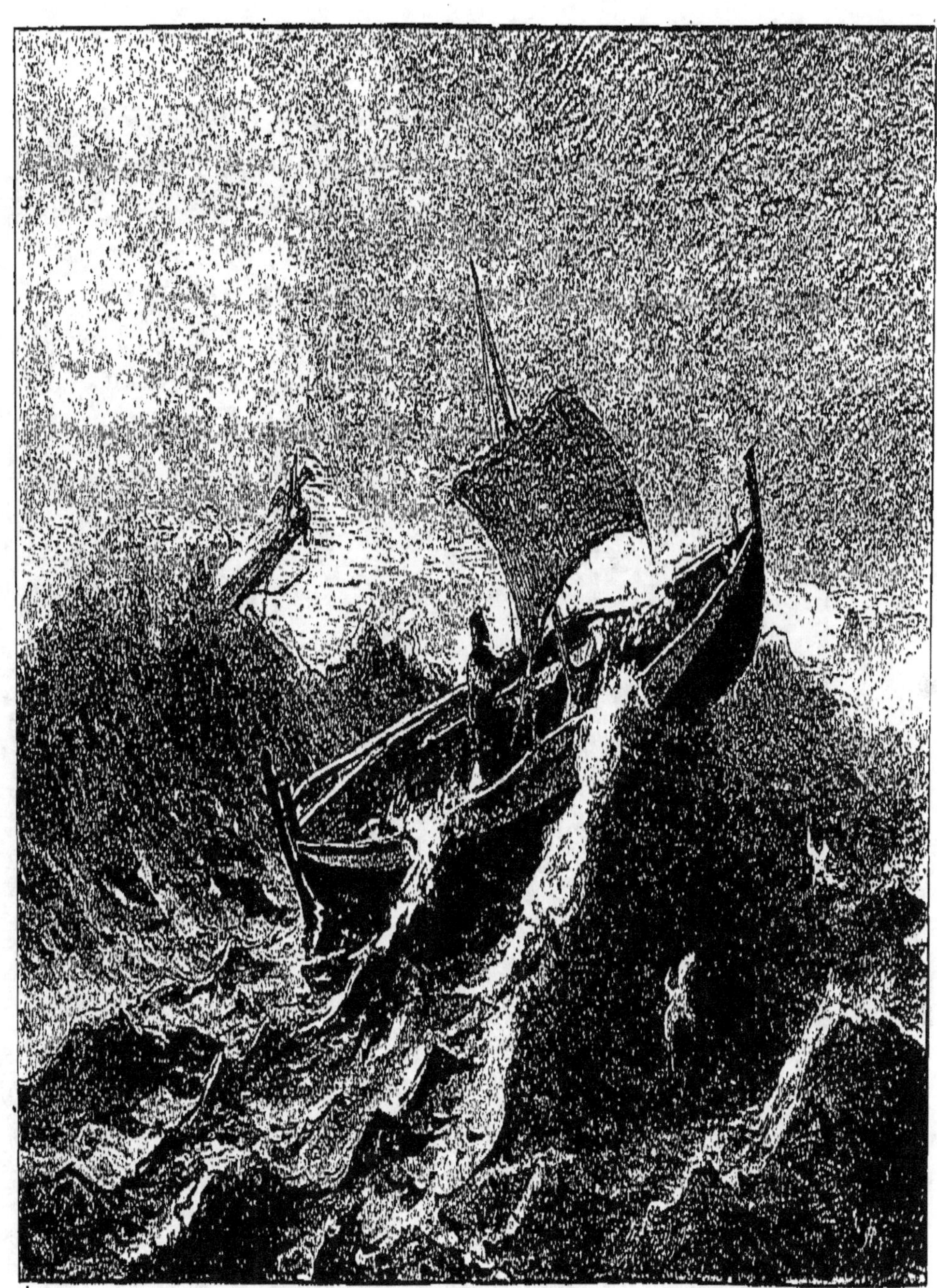

Gude (H. F.). *Pêcheur pendant la Tempête. — Fisherman during a Storm.*

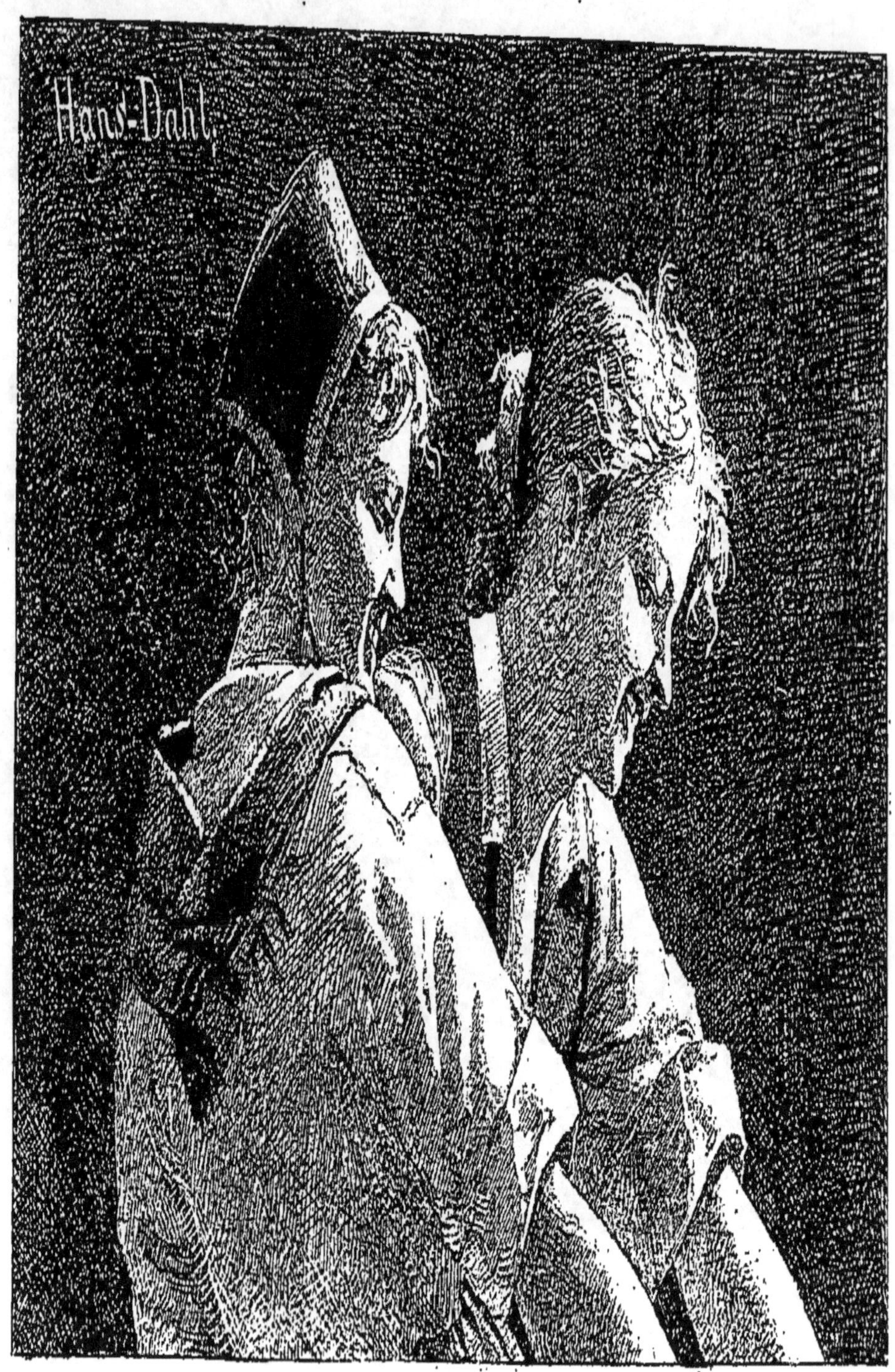

DAHL (HANS). *Attraction féminine.* — *Feminine Attraction.*

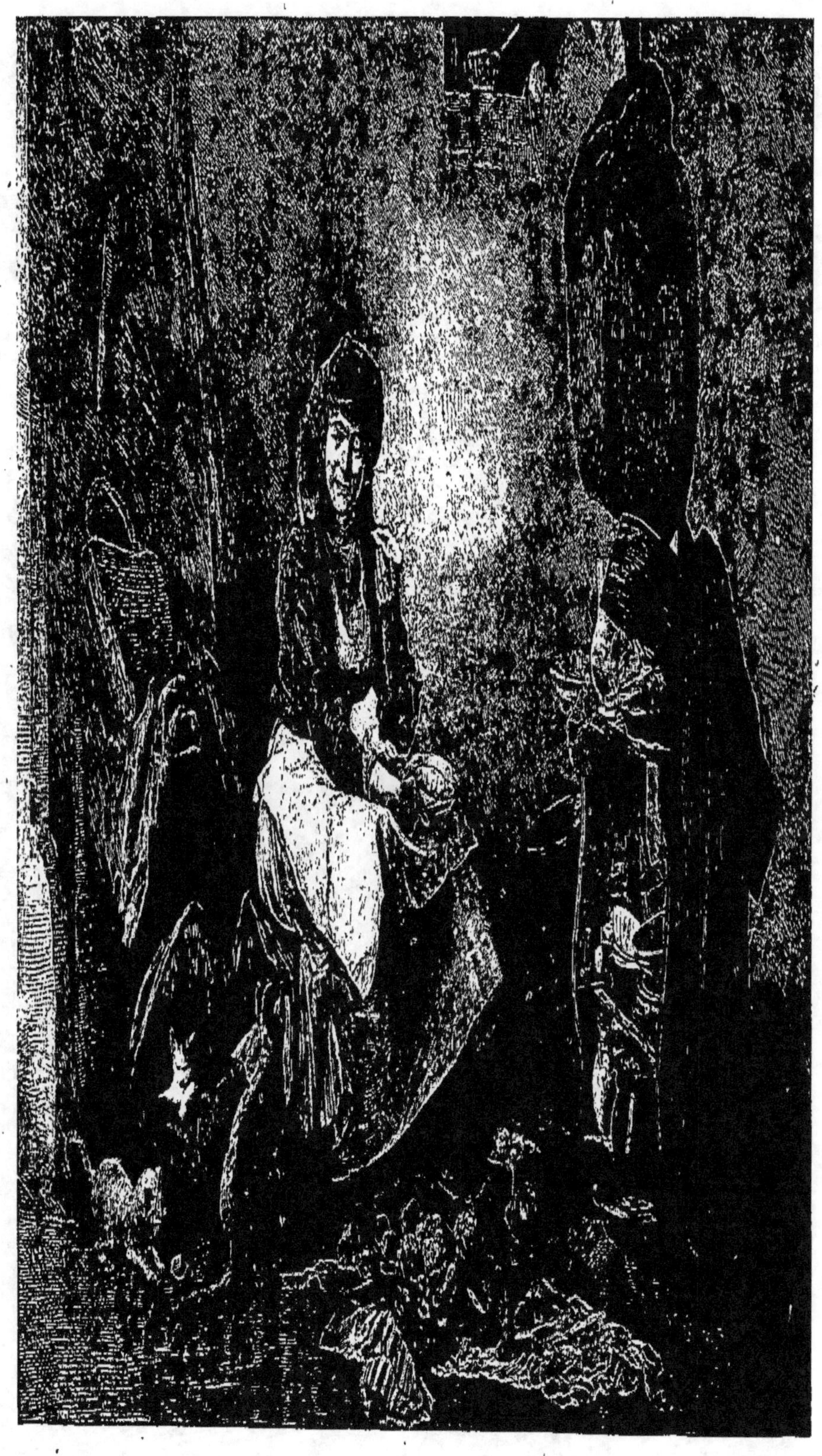

Rumpler (F.). *Les Chats.* — *The Cats.*

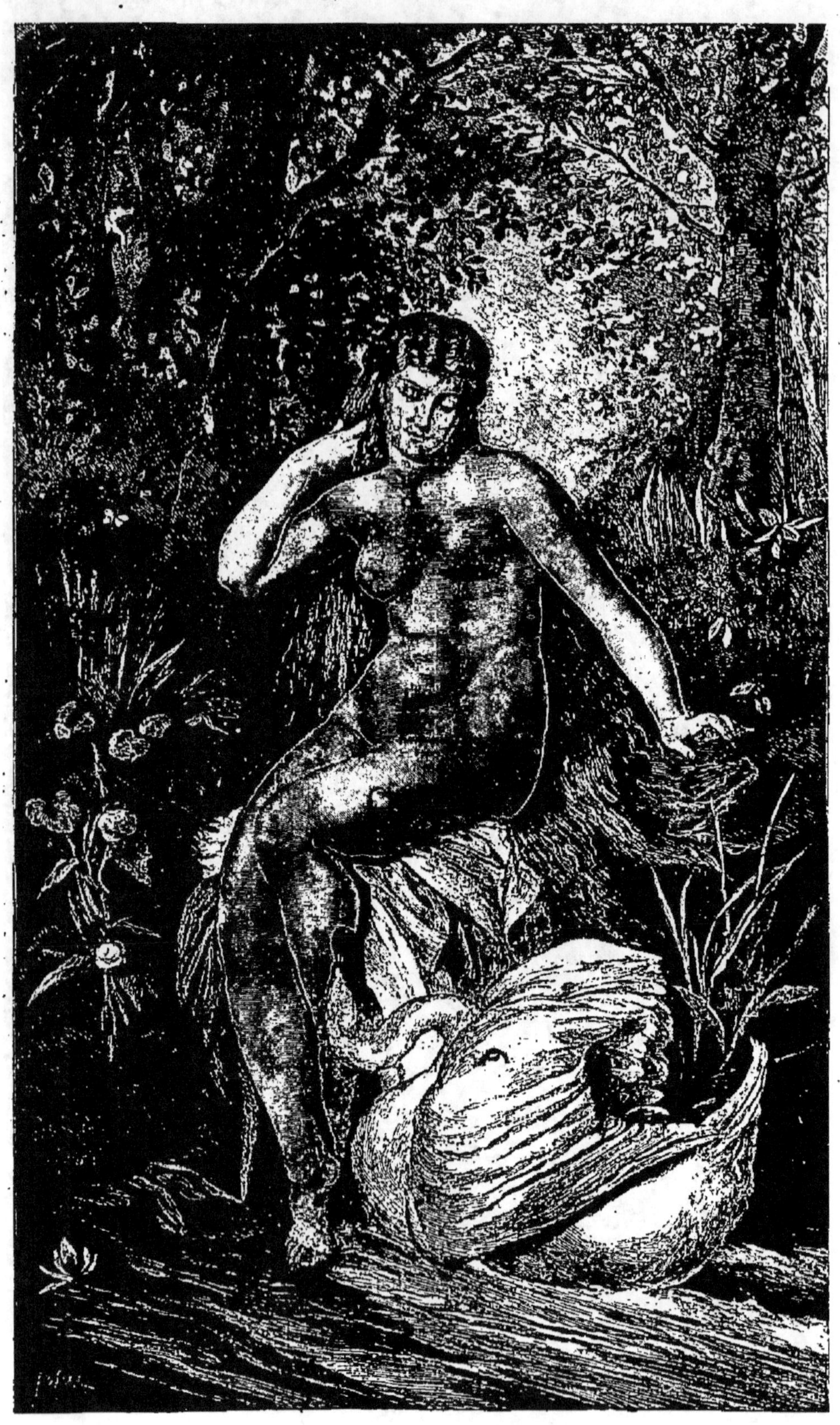

Félix (E.). *Léda.*

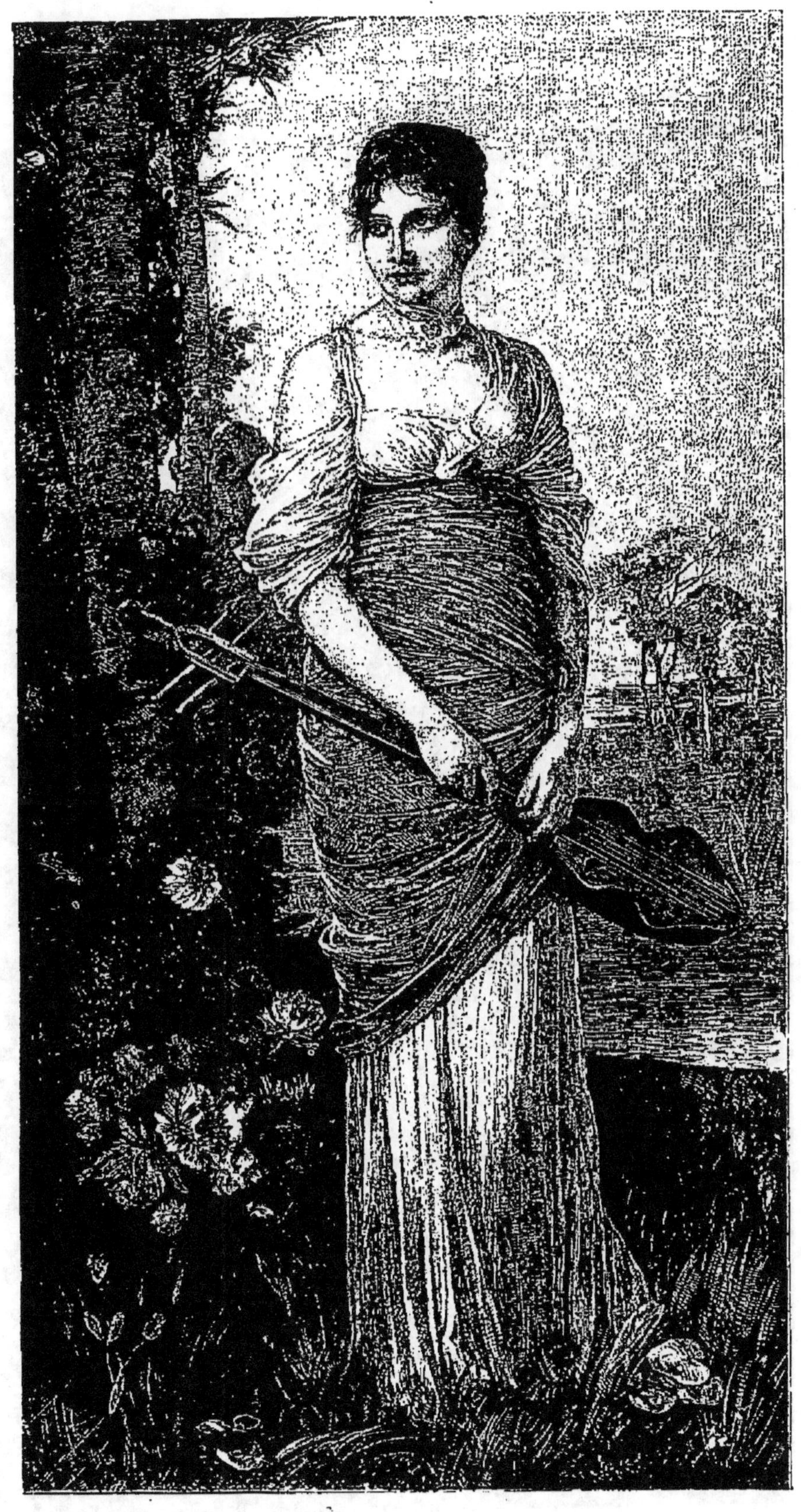

KAULBACH (F. A.). *Joueuse de Luth. — A Lute-Player.*

147

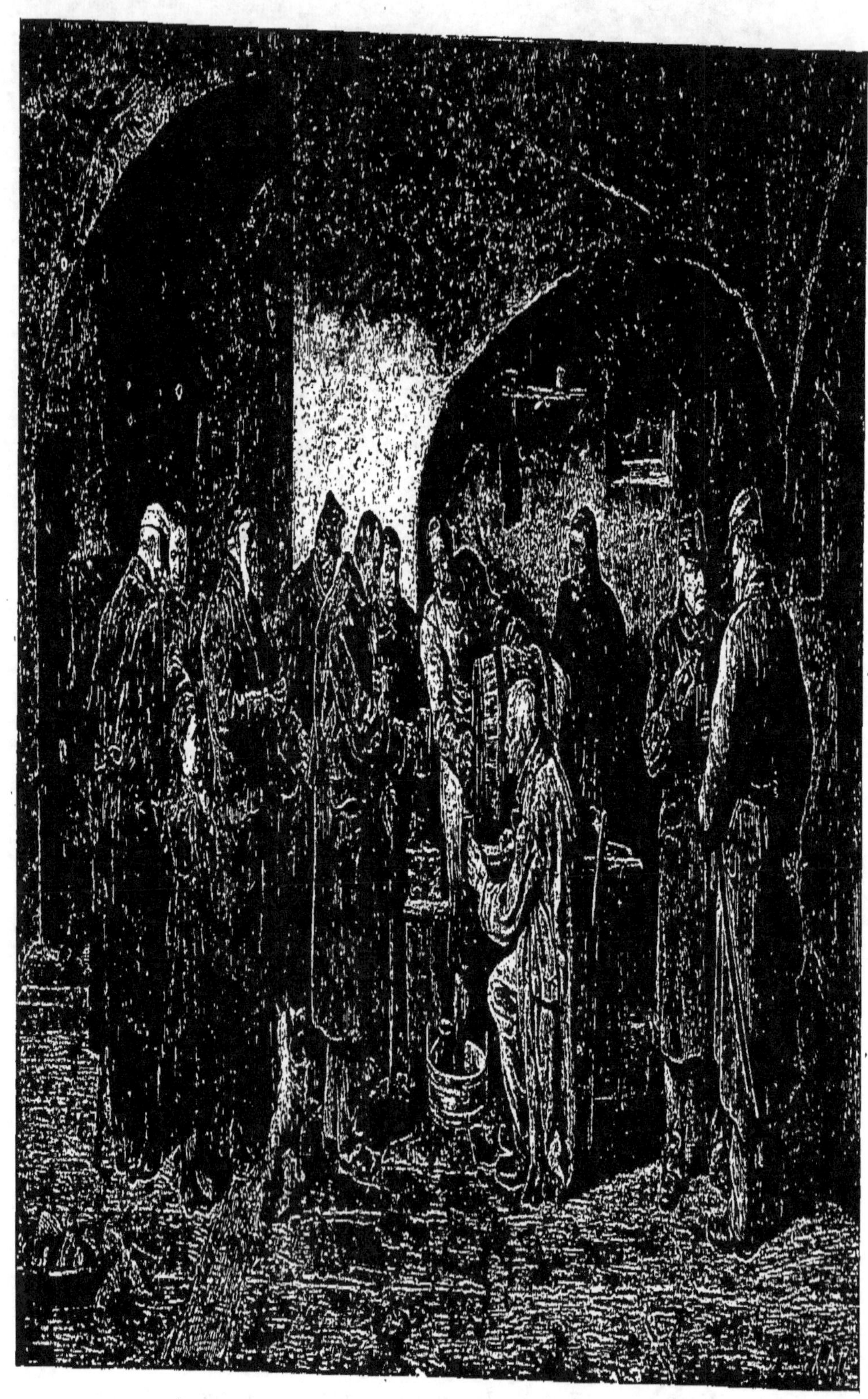

FRIEDLANDER (F.). *Distribution de Vin. — Wine Distribution.*

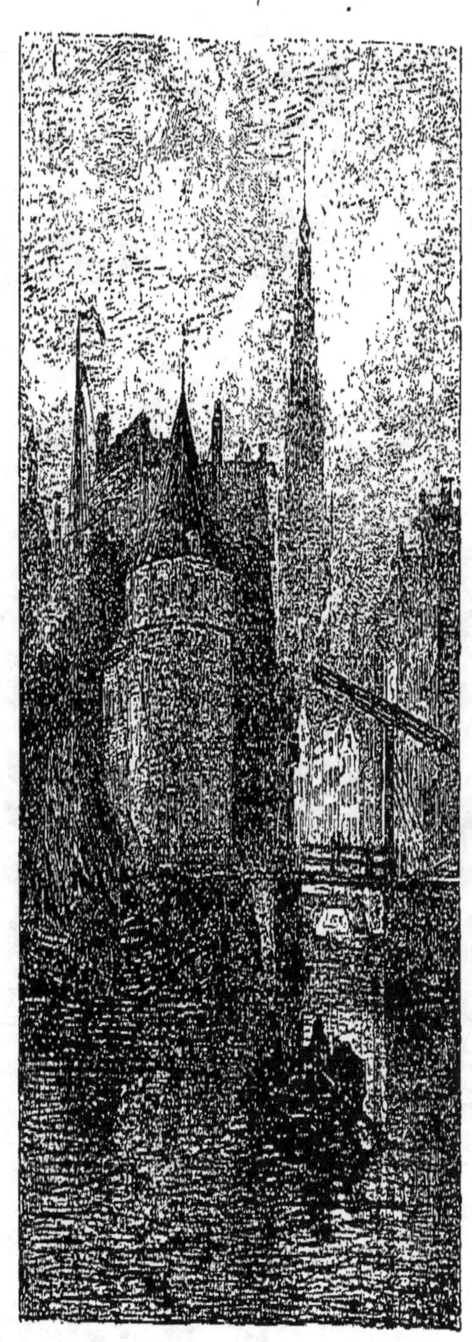

Greive Jeune (J. C.). *Vue du Schreyerstoren.*
View of the Schreyerstoren.

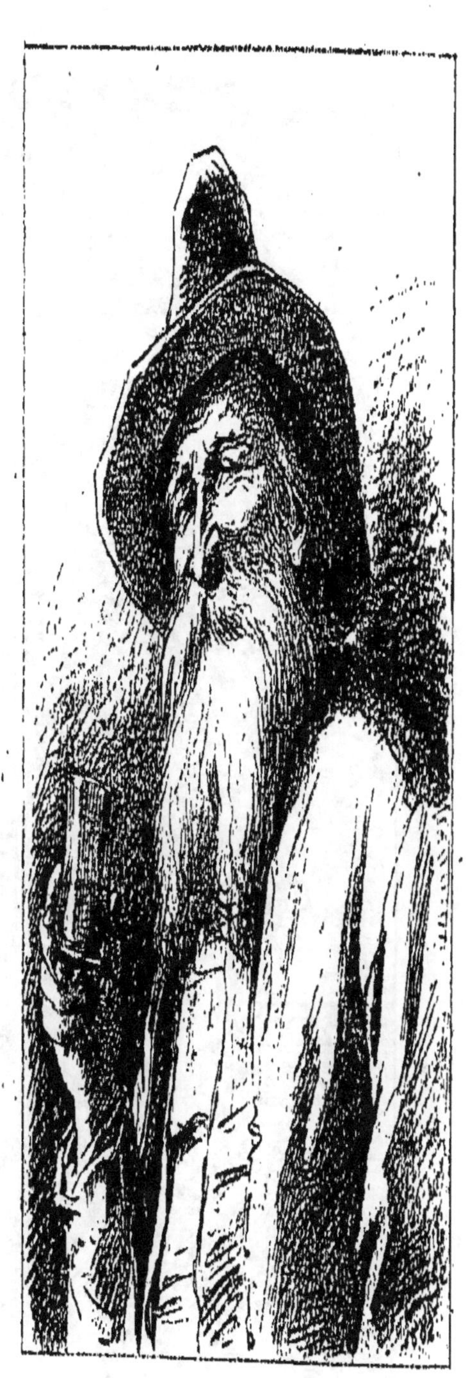

Buche (J.). *Paysan du Pusterthal.*
Countryman of Pusterthal.

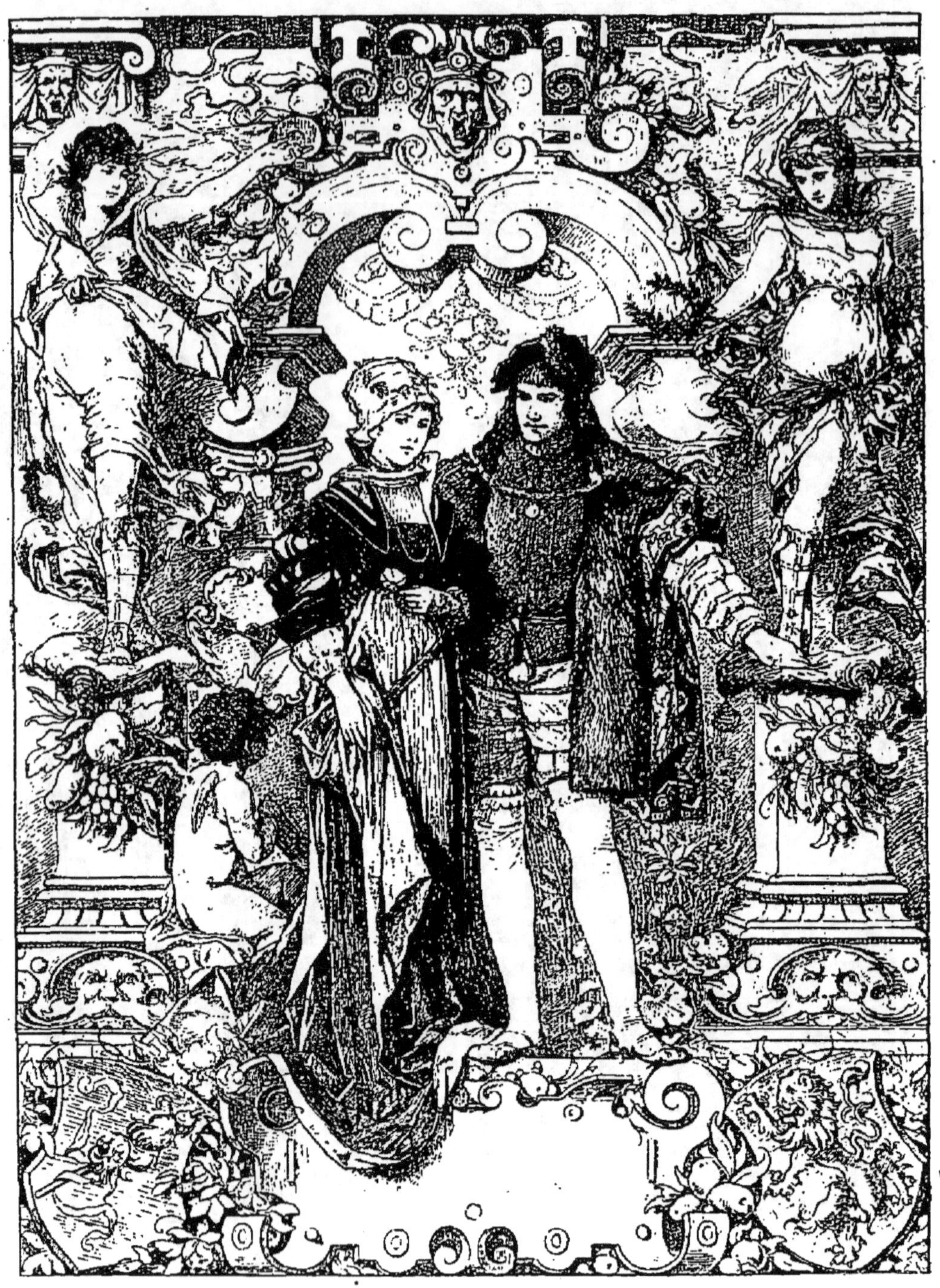

KARGER (C.). *Composition pour dédicace. — A dedication composition.*

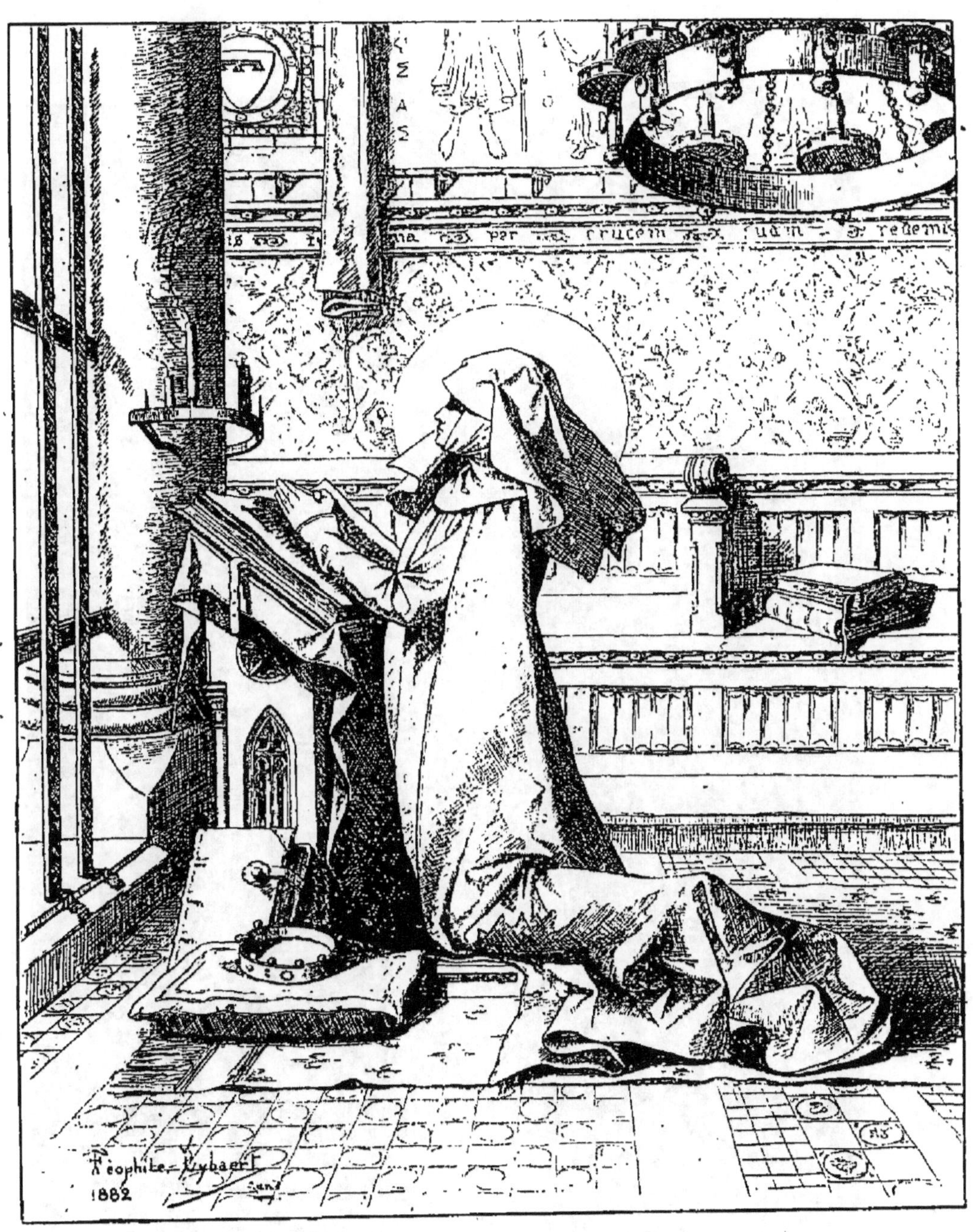

LYBAERT (T.). *Sainte Elisabeth de Hongrie. — Saint Elizabeth of Hungary.*

151

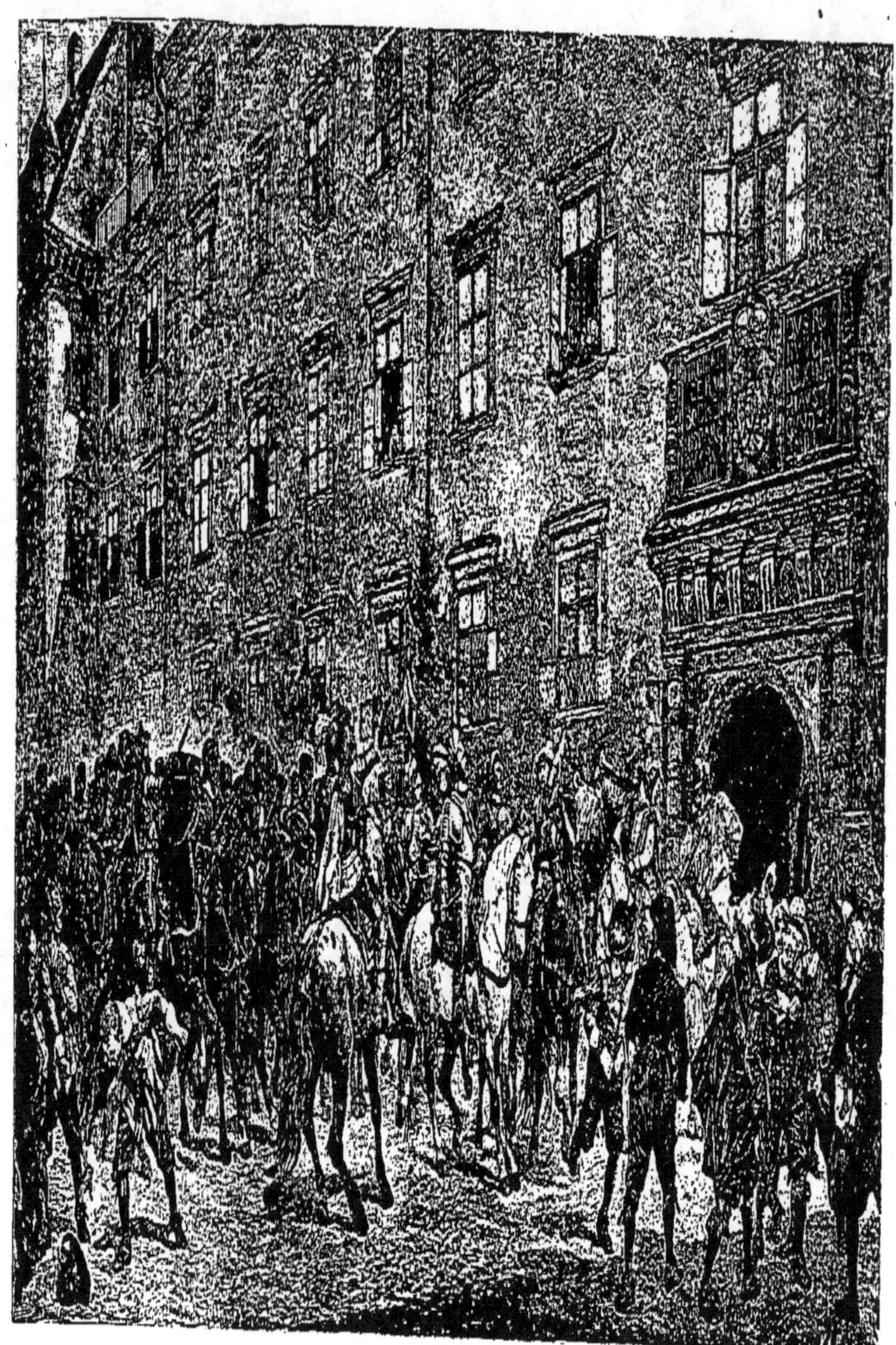

L'Allemand (S.). *Entrée des Cuirassiers de Dampierre en la « Burg » de Vienne.*
Entry of Dampierre's Cuirassiers in the « Burg » of Vienna.

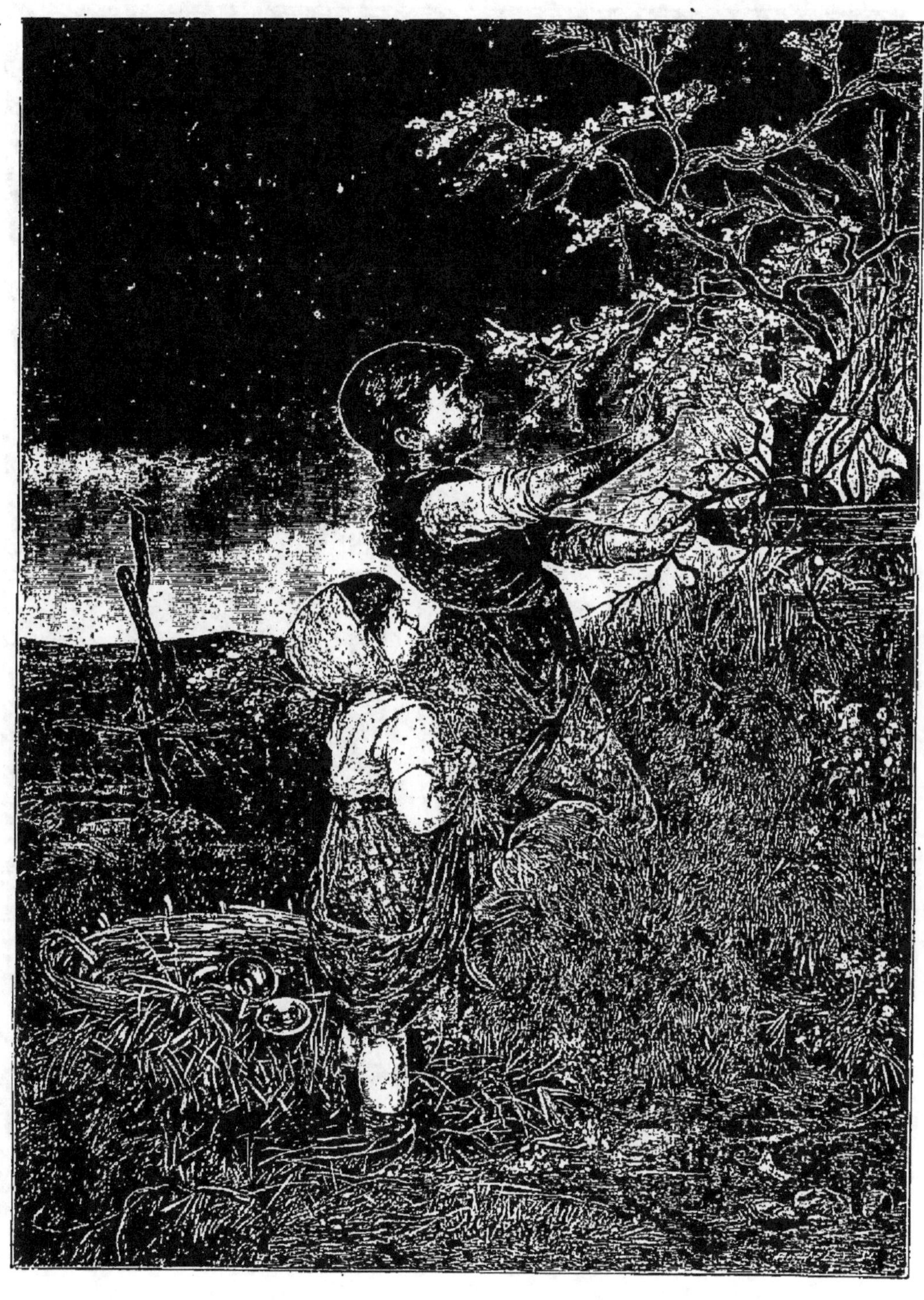

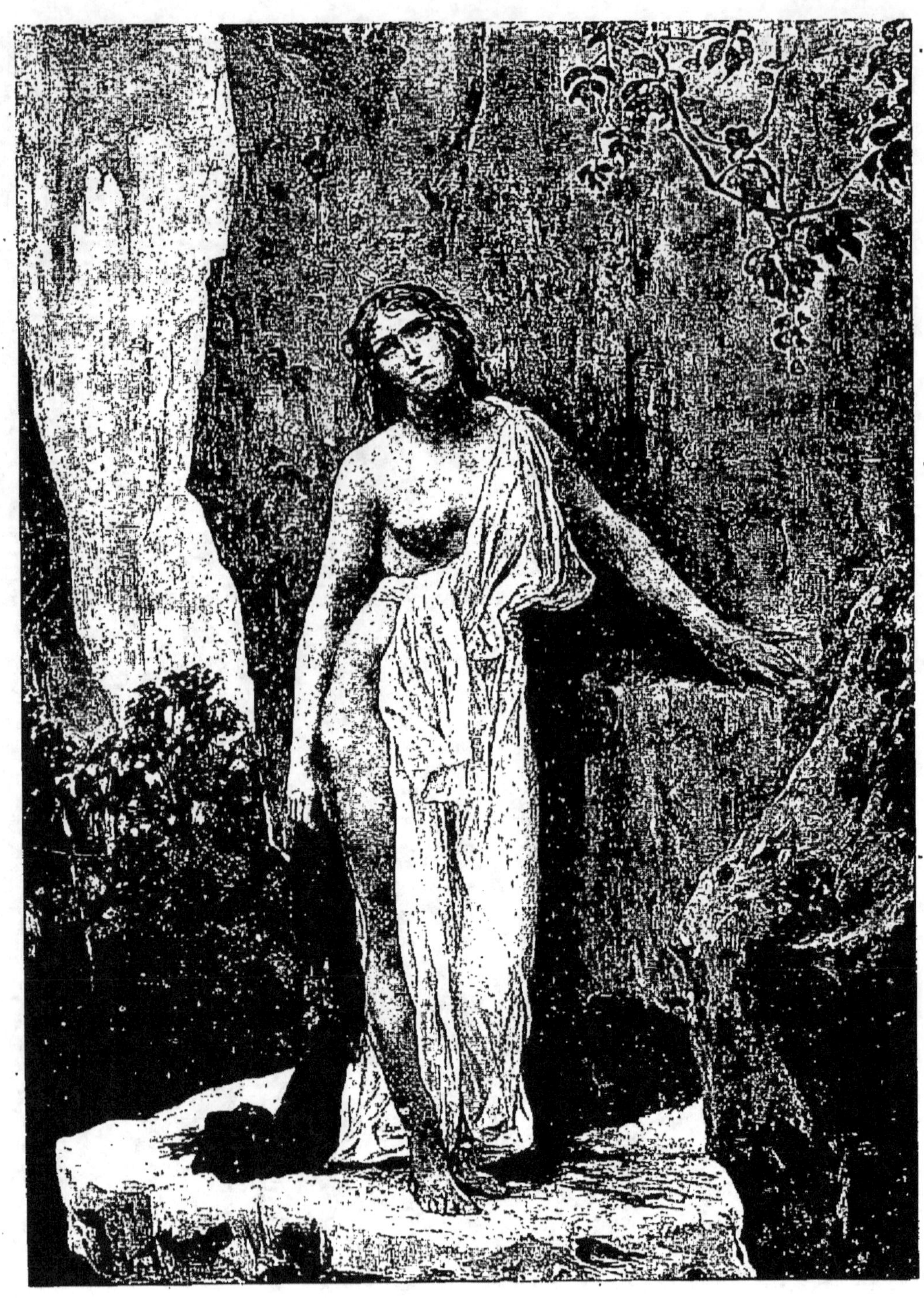

Lematte (F.). H.C. La Nymphe Echo. — The nymph Echo.

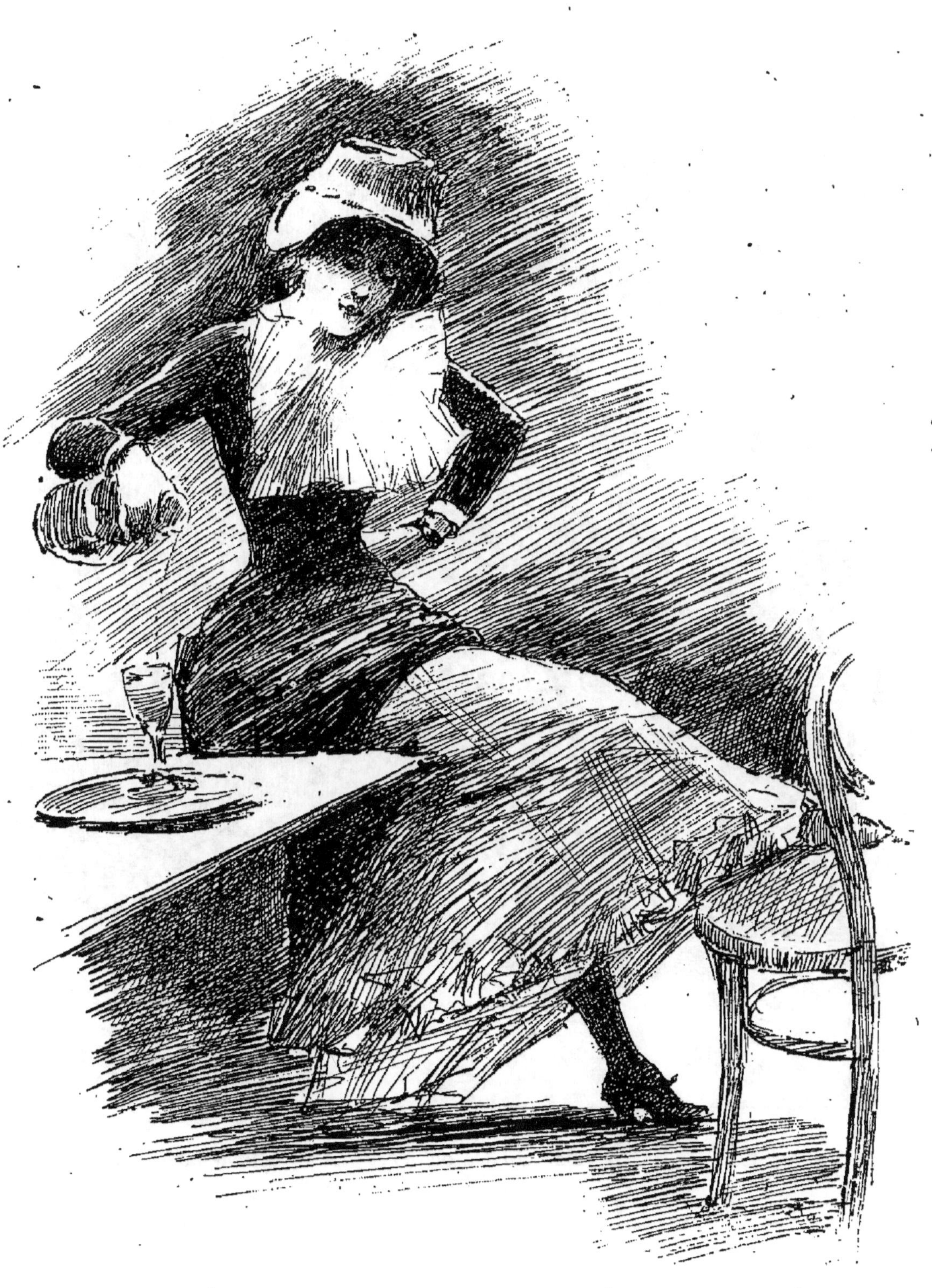

BÉRAUD (J.). **H.C.** *L'Absinthe.*

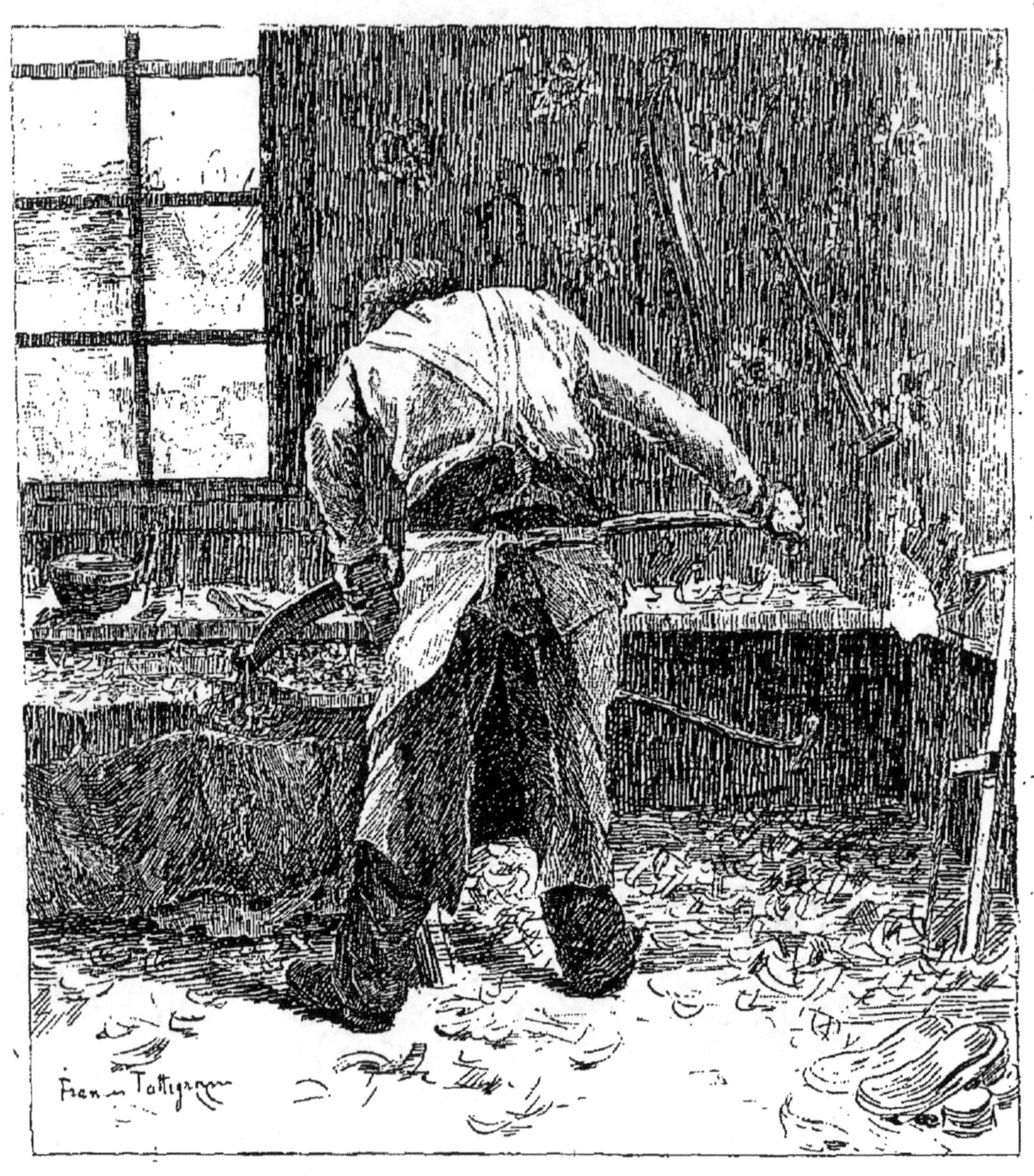

TATTEGRAIN (F.) **Ex.** *Un Galochier. — A Wooden-shoe-maker.*

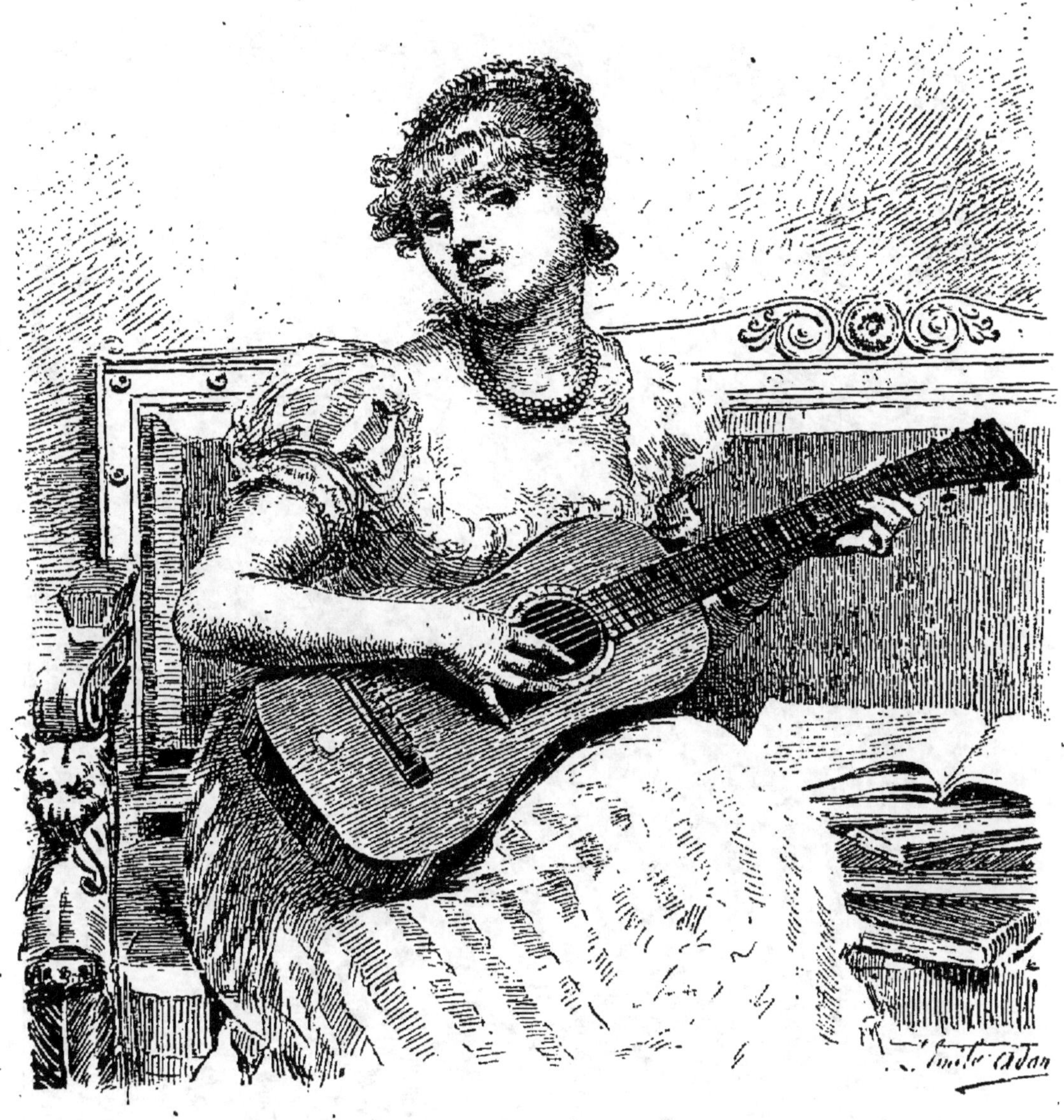

Adan (E.). H.C. *La Romance.* — *The Romance.*

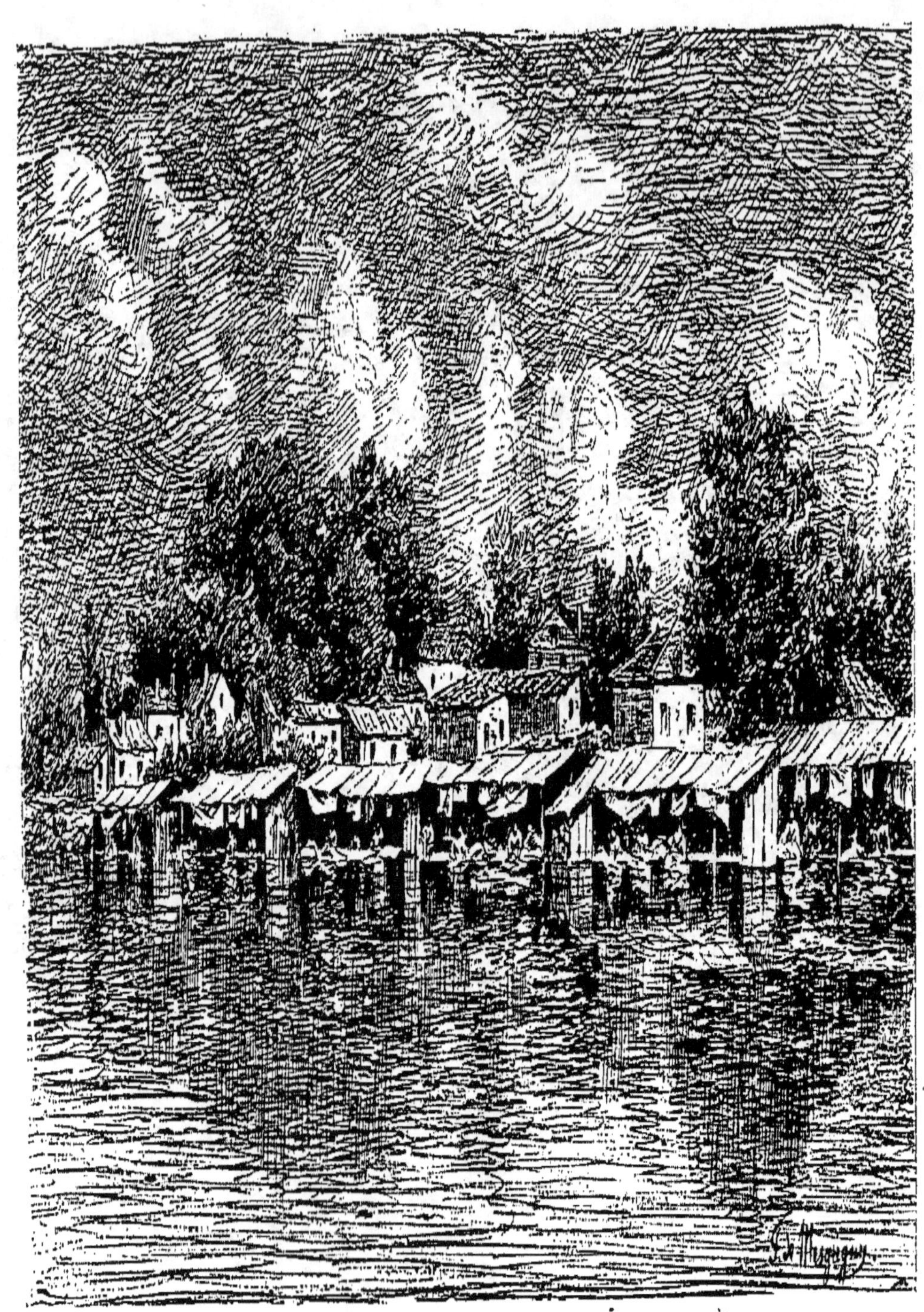

MESGRIGNY (F. DE). *Ex. Lavoirs sur l'Erdre. — Wash-houses on the river Erdre.*

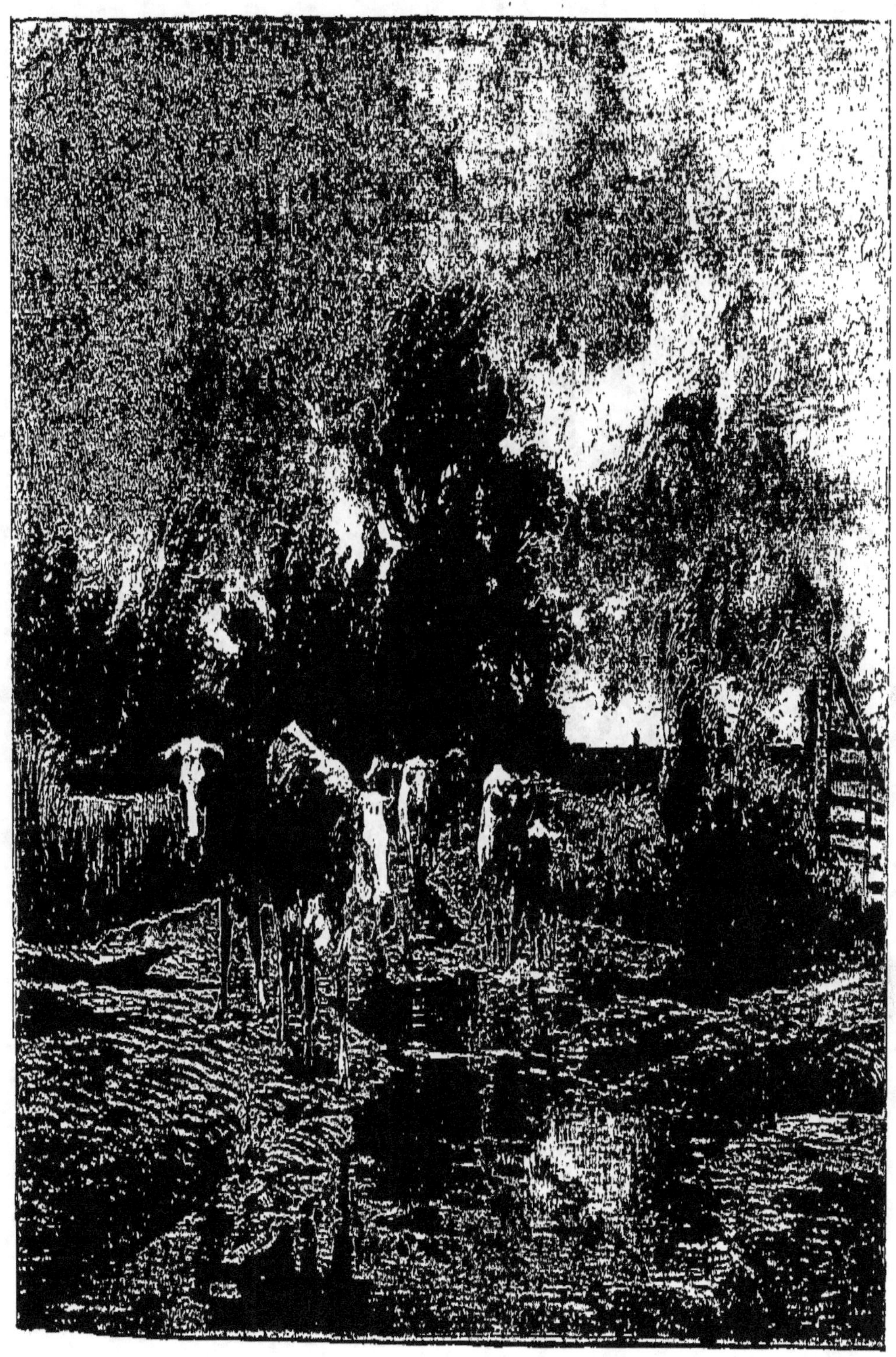

BARILLOT (L.). Ex. *Gros Temps. — Stormy Weather.*

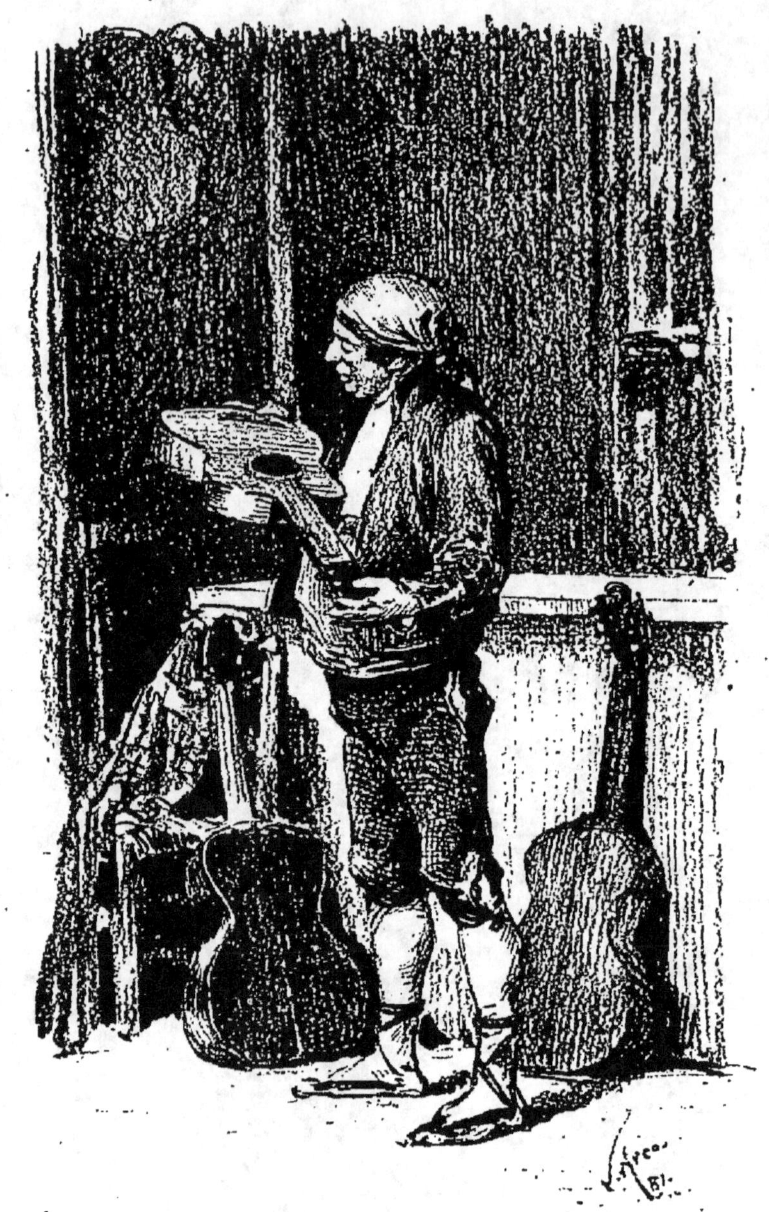

Arcos (S.). *Le Choix d'une Guitare.* — *The Choice of a Guitar.*

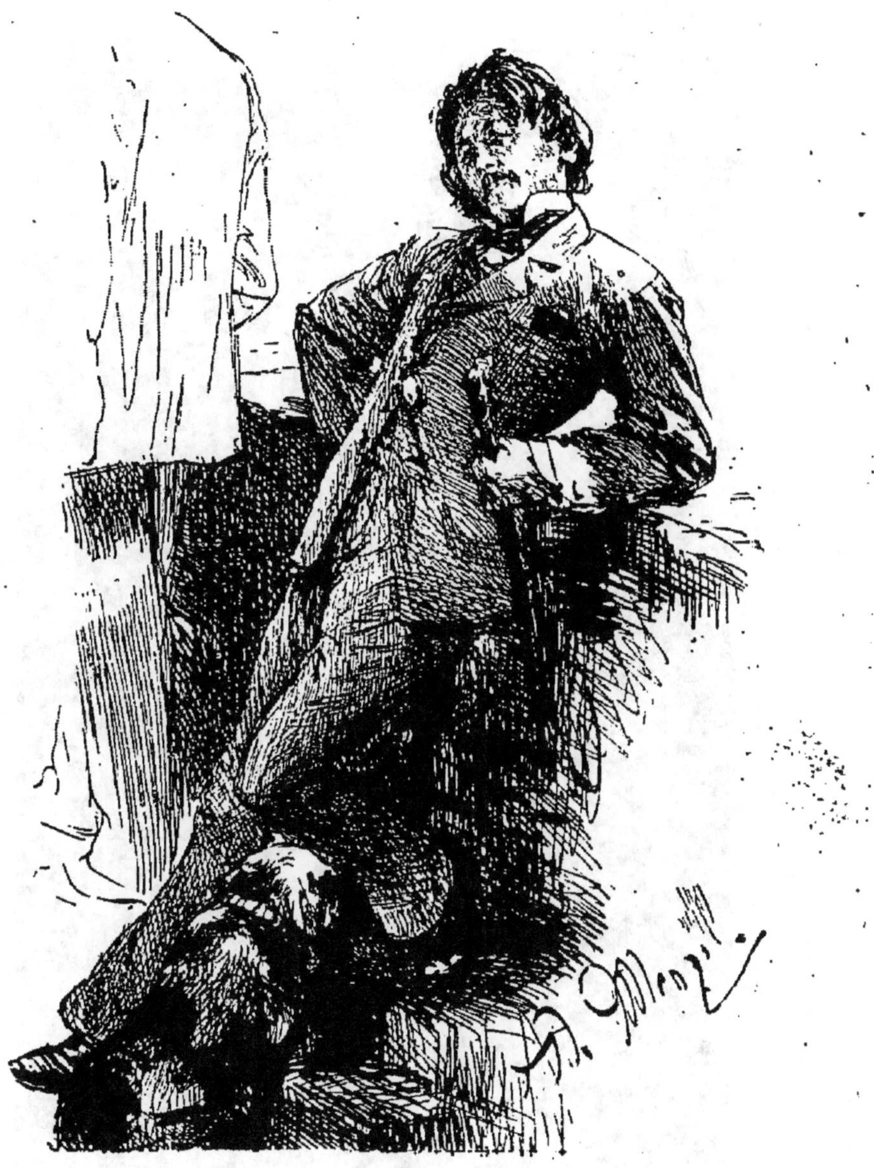

MENZEL (A.). *Figure pour la « Procession ».*
Figure for " The Procession ".

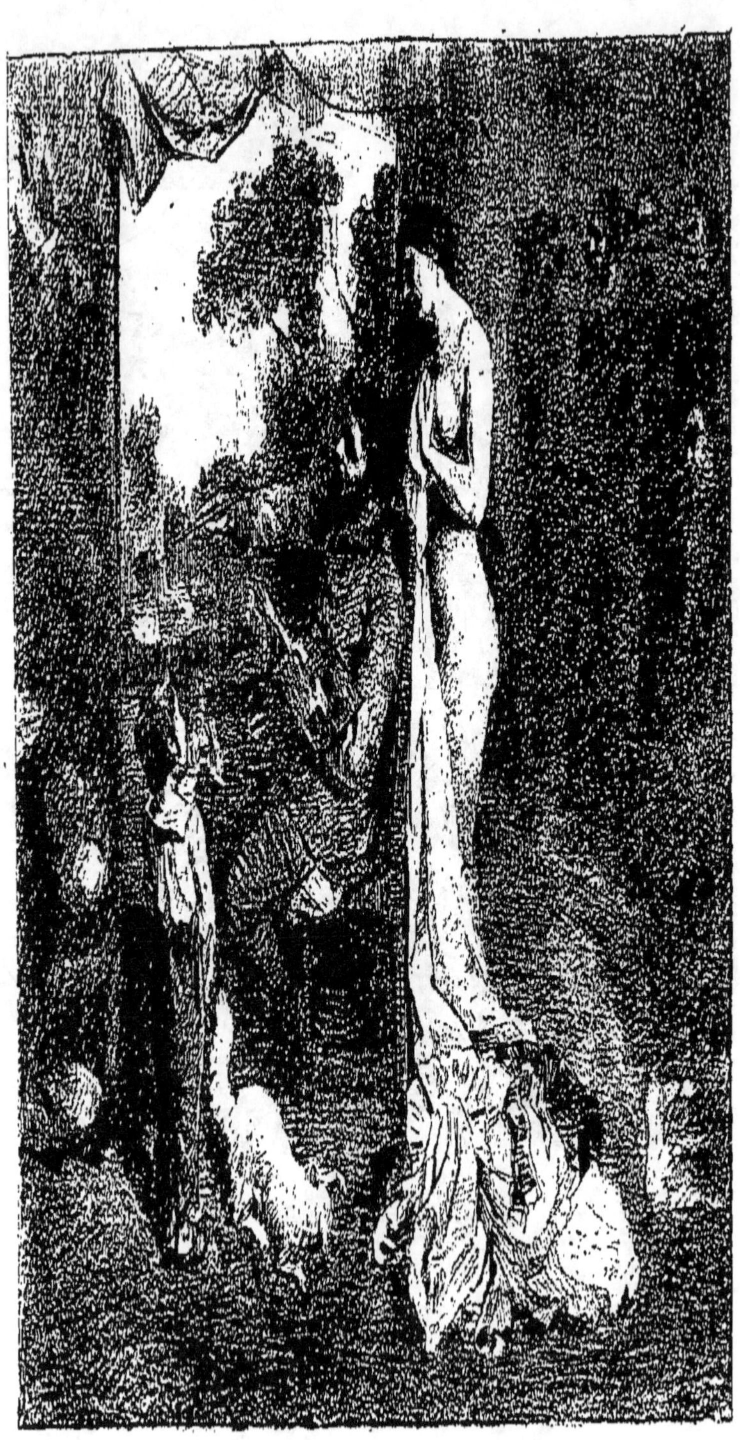

Courbet (G.). *L'Atelier de Courbet. — Courbet's Studio.*

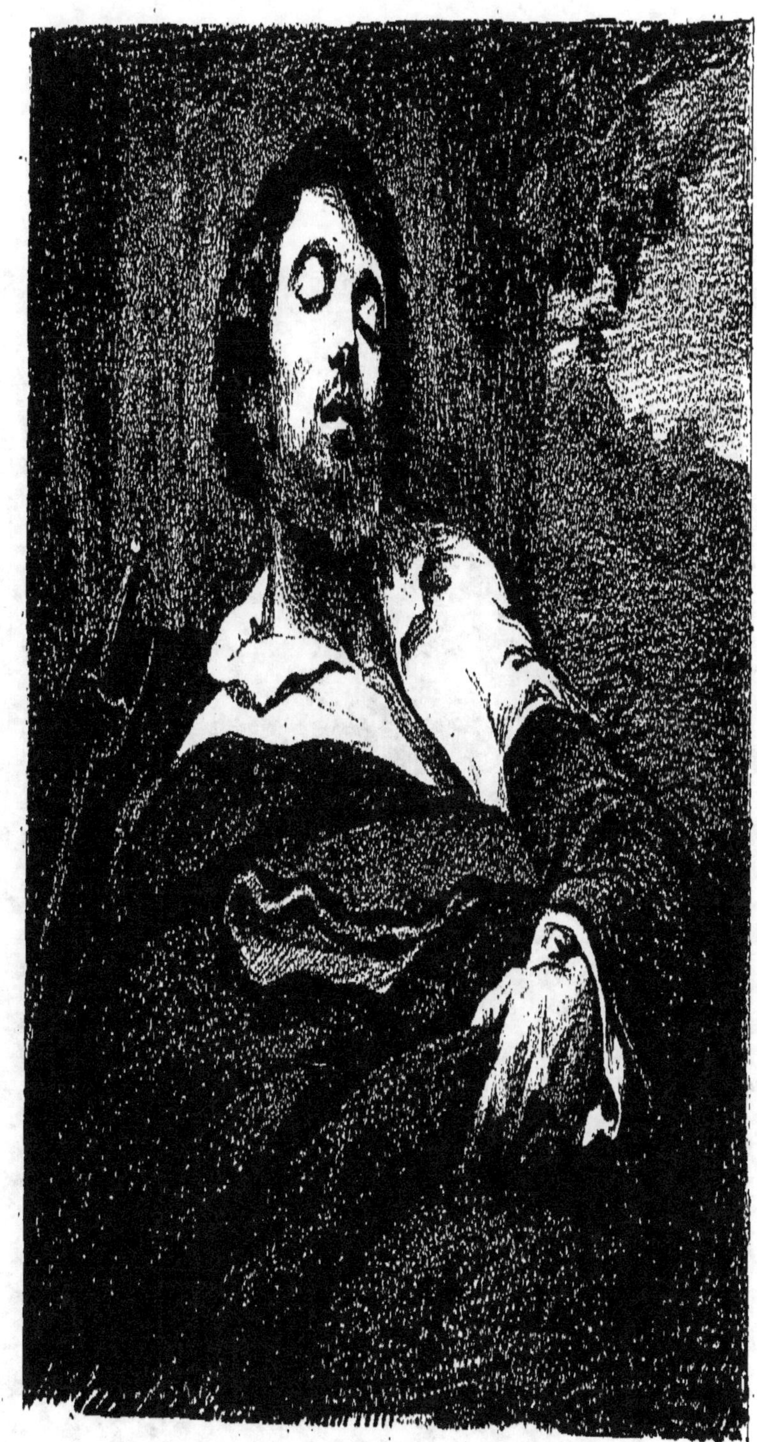

Courbet (G.). *L'Homme blessé. — The wounded Man.*

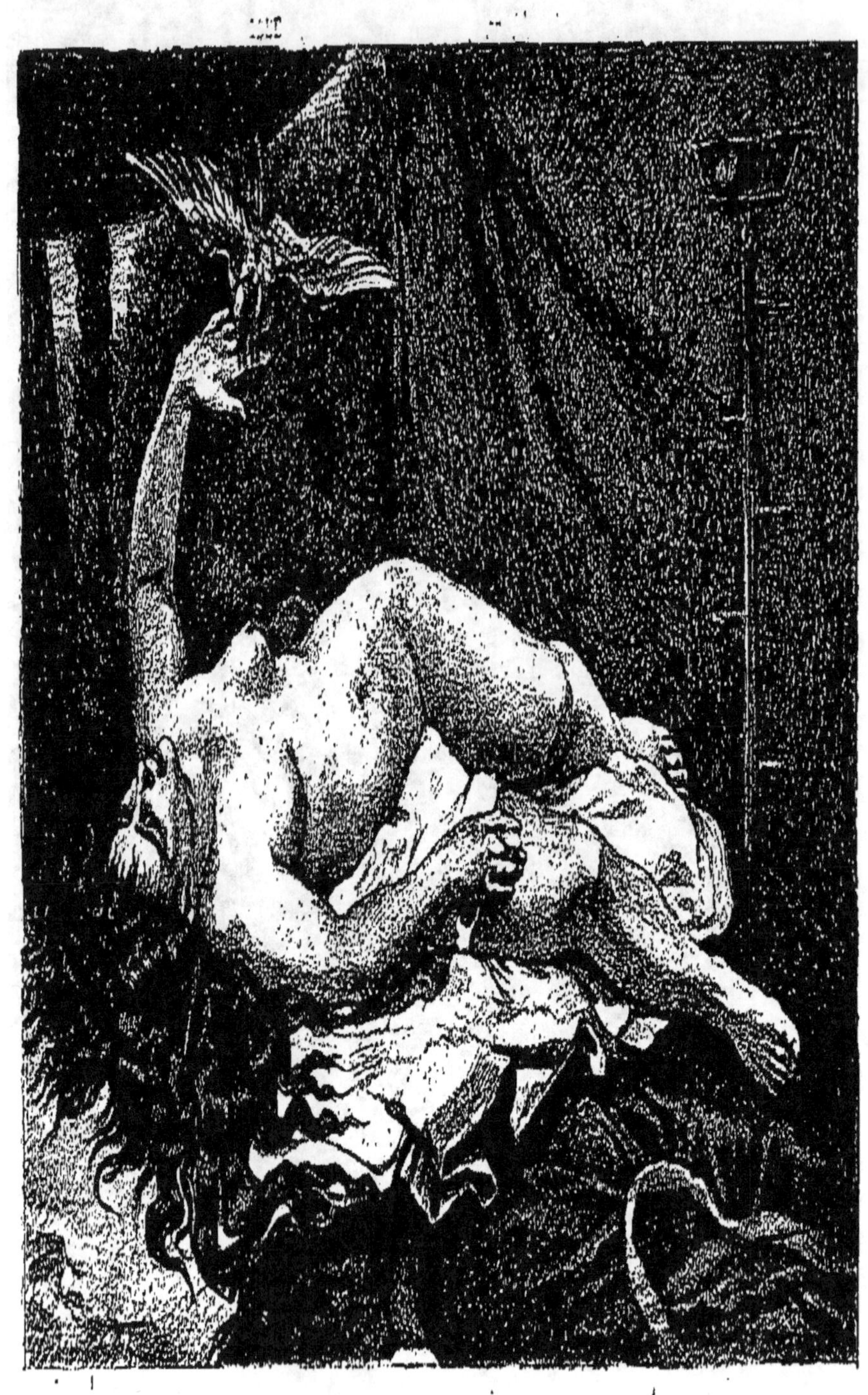

Courbet (G.). *La Femme au Perroquet. — Woman with a Parrot.*

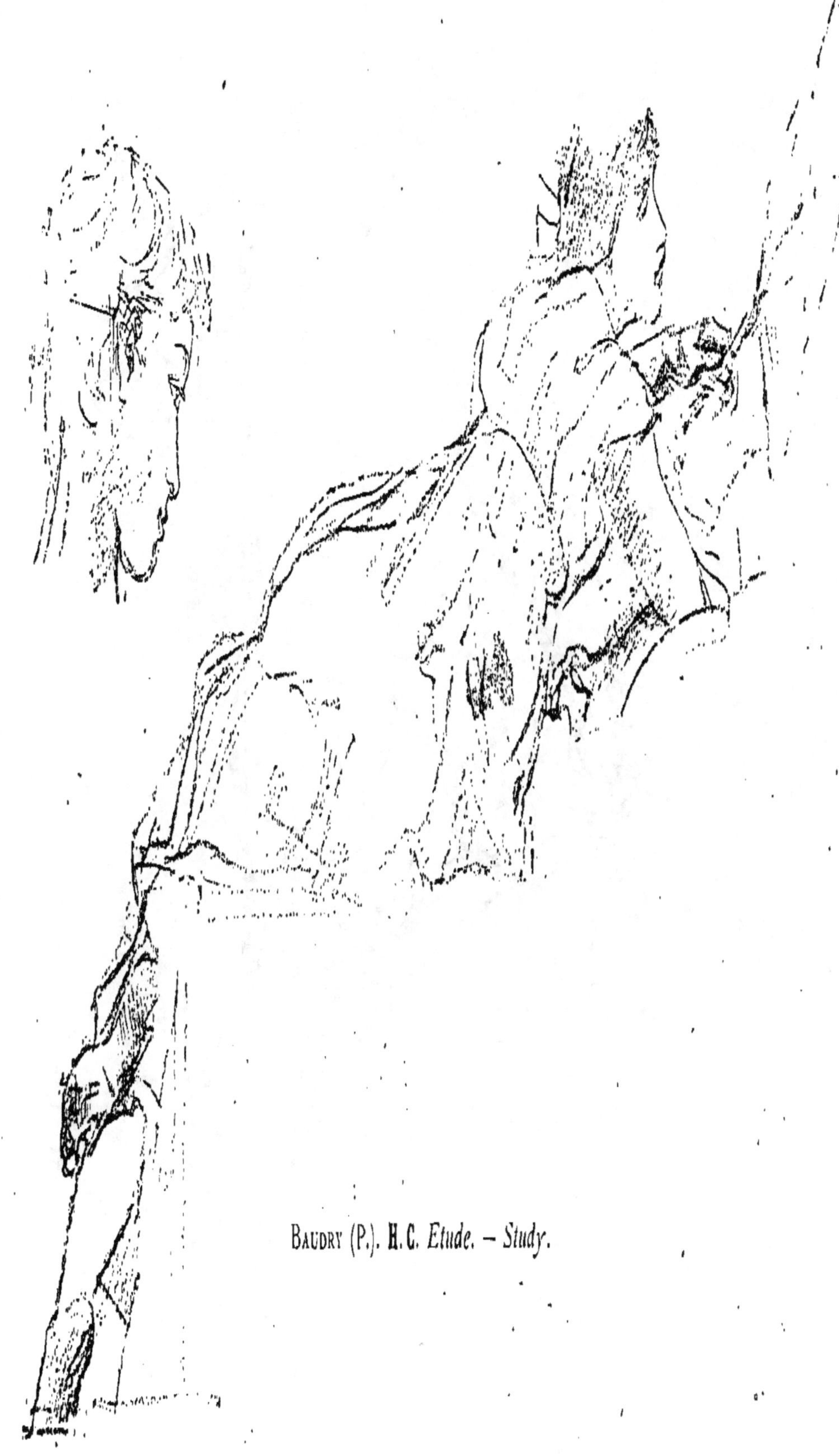

Baudry (P.). H. C. *Étude. — Study*.

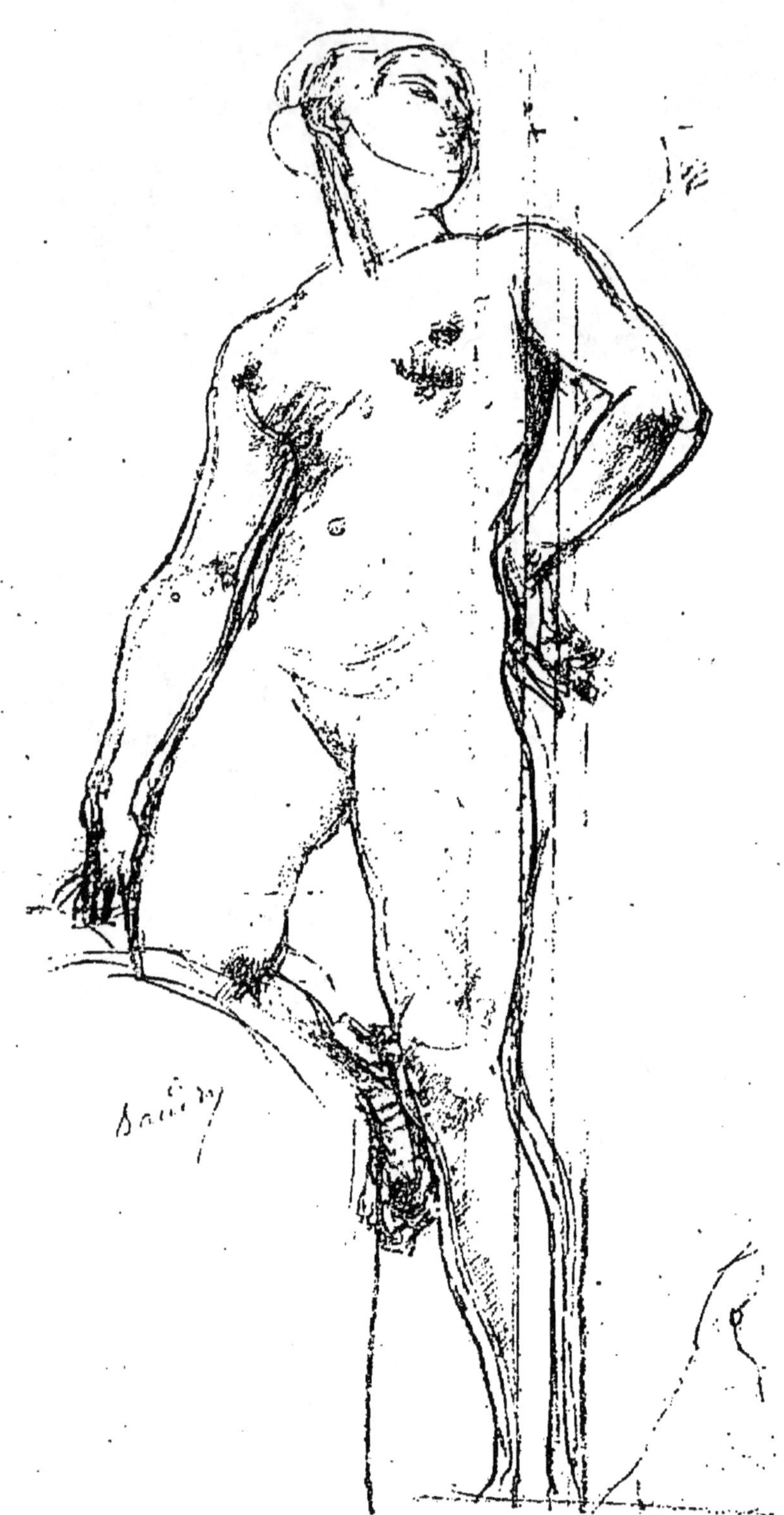

BAUDRY (P.). **H. C.** *Etude. — Study.*

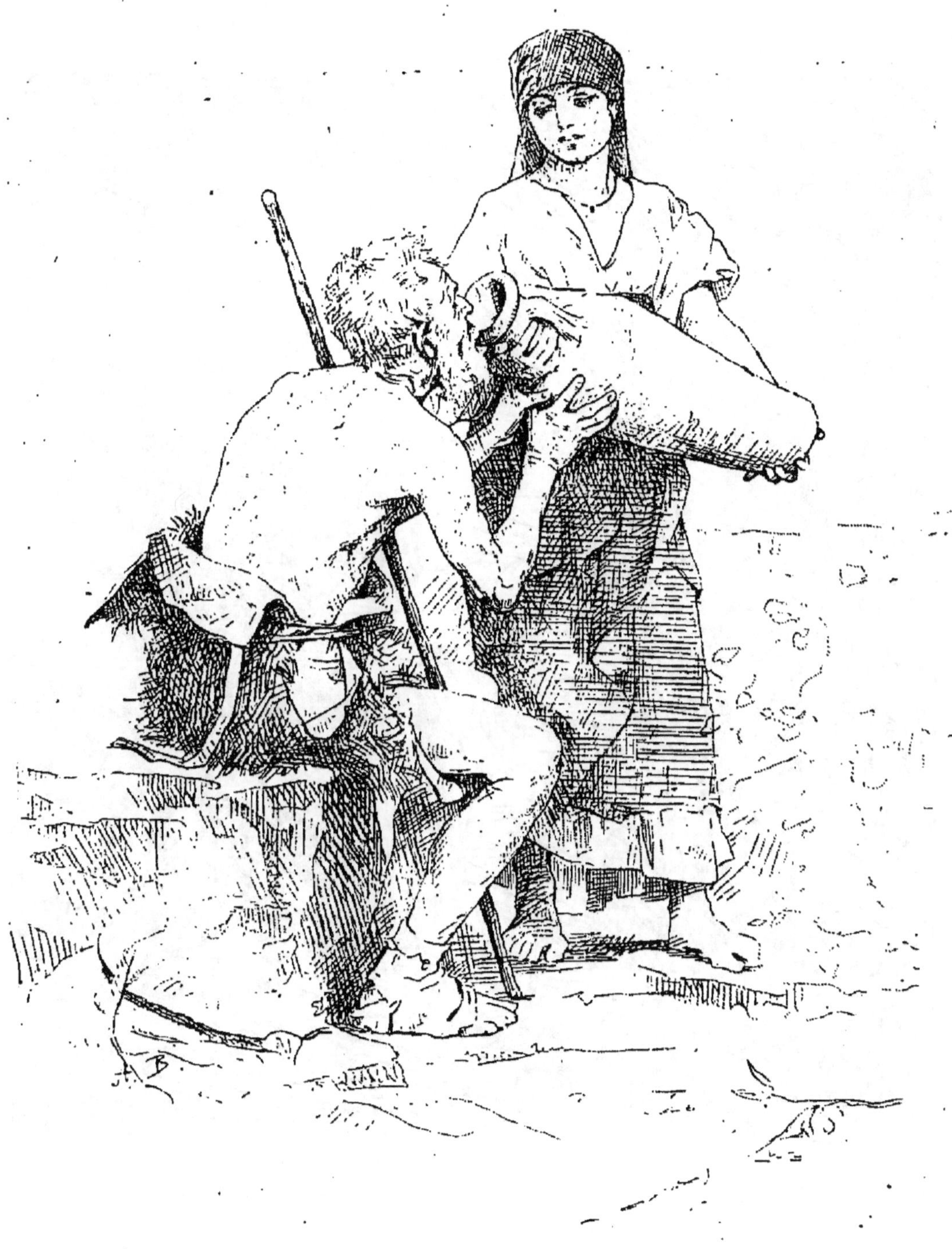

BRAMTOT (A. H.). **H. C.** *La Compassion. — Compassion.*

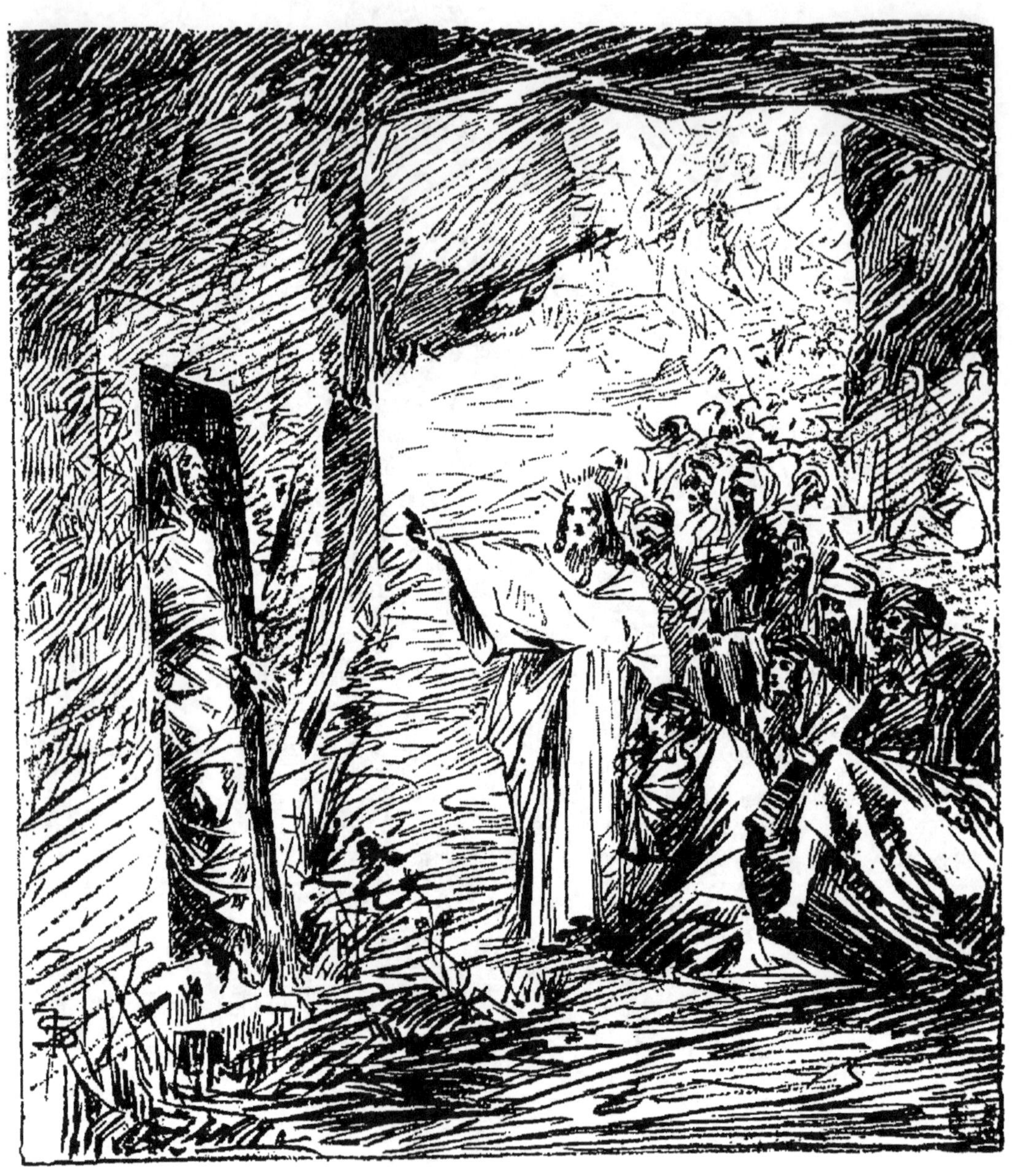

SCHOMMER (F.). Ex. *La Résurrection de Lazare.* — *The Resurrection of Lazarus.*

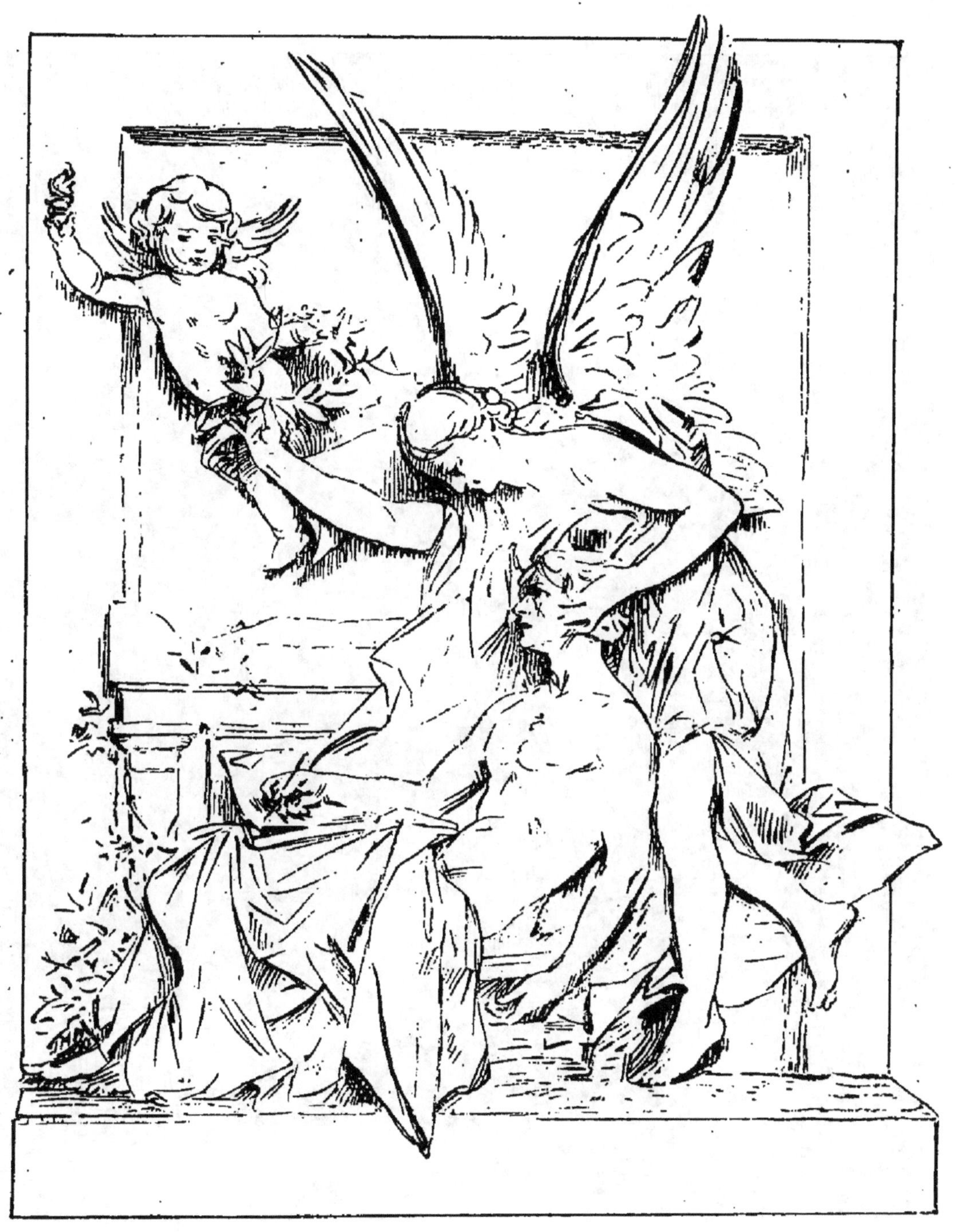

Peynot (E.-E.). *Le Tasse du Belvédère.* — Tasso.

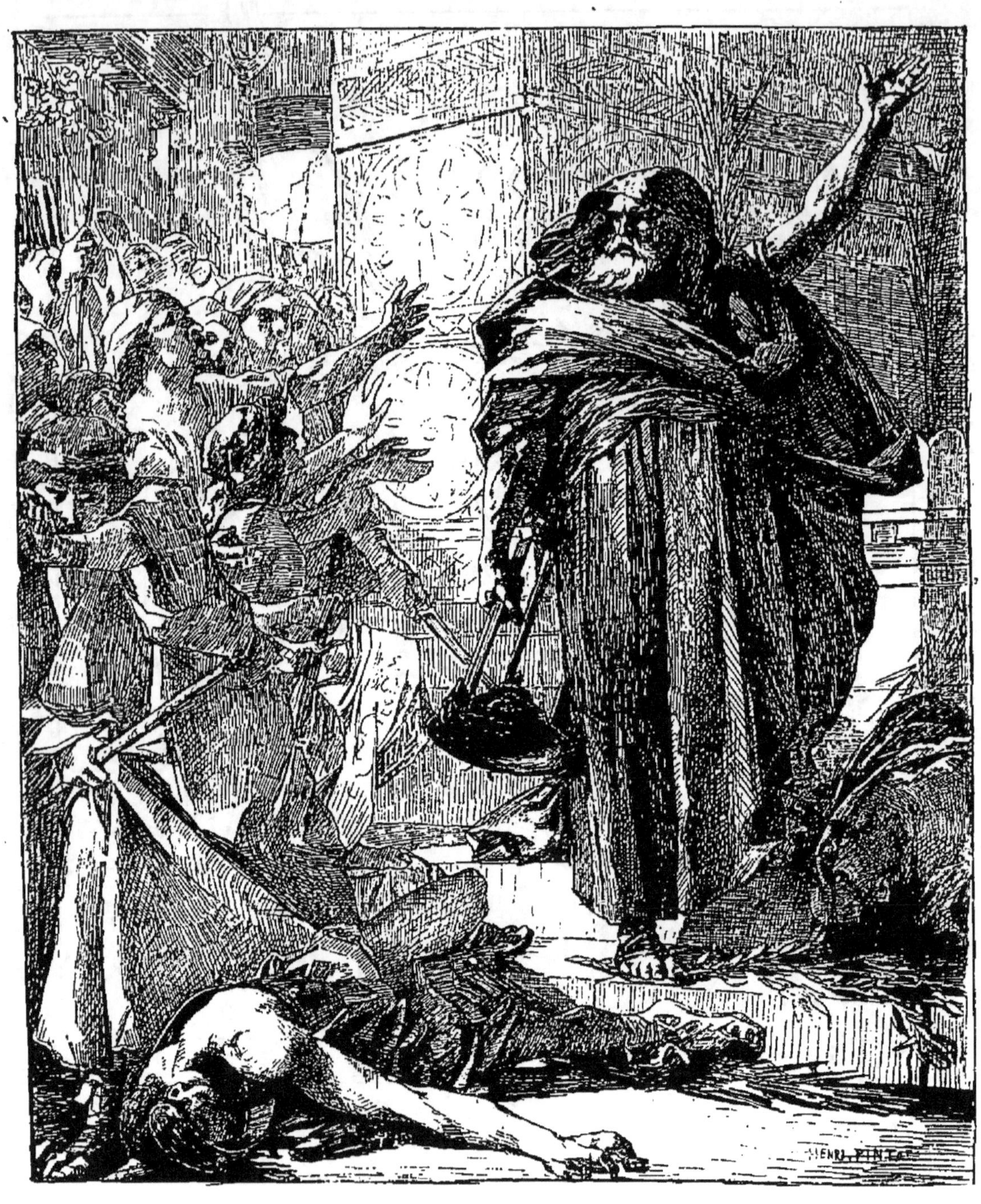

Pinta (H. L. M.). *Mathathias refusant de sacrifier aux idoles.*
Mathathias refusing to sacrifice to idols.

170

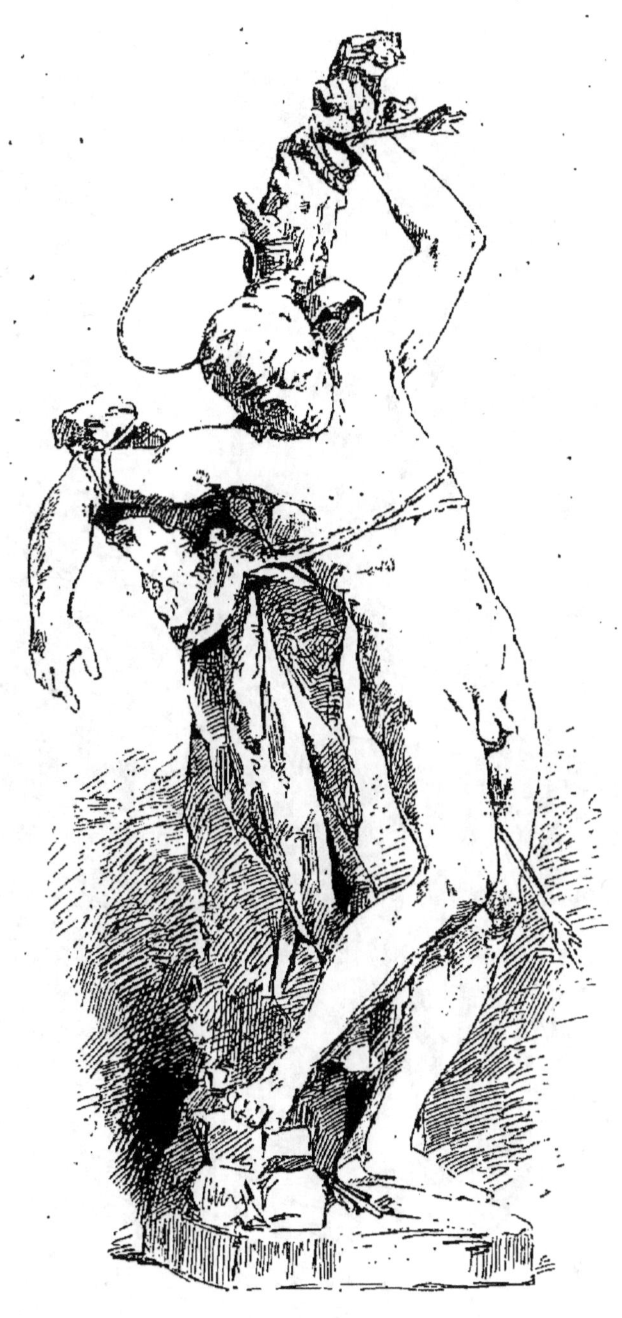

FERRARY (D. M.). *St. Sébastien percé de flèches.*
St. Sebastian.

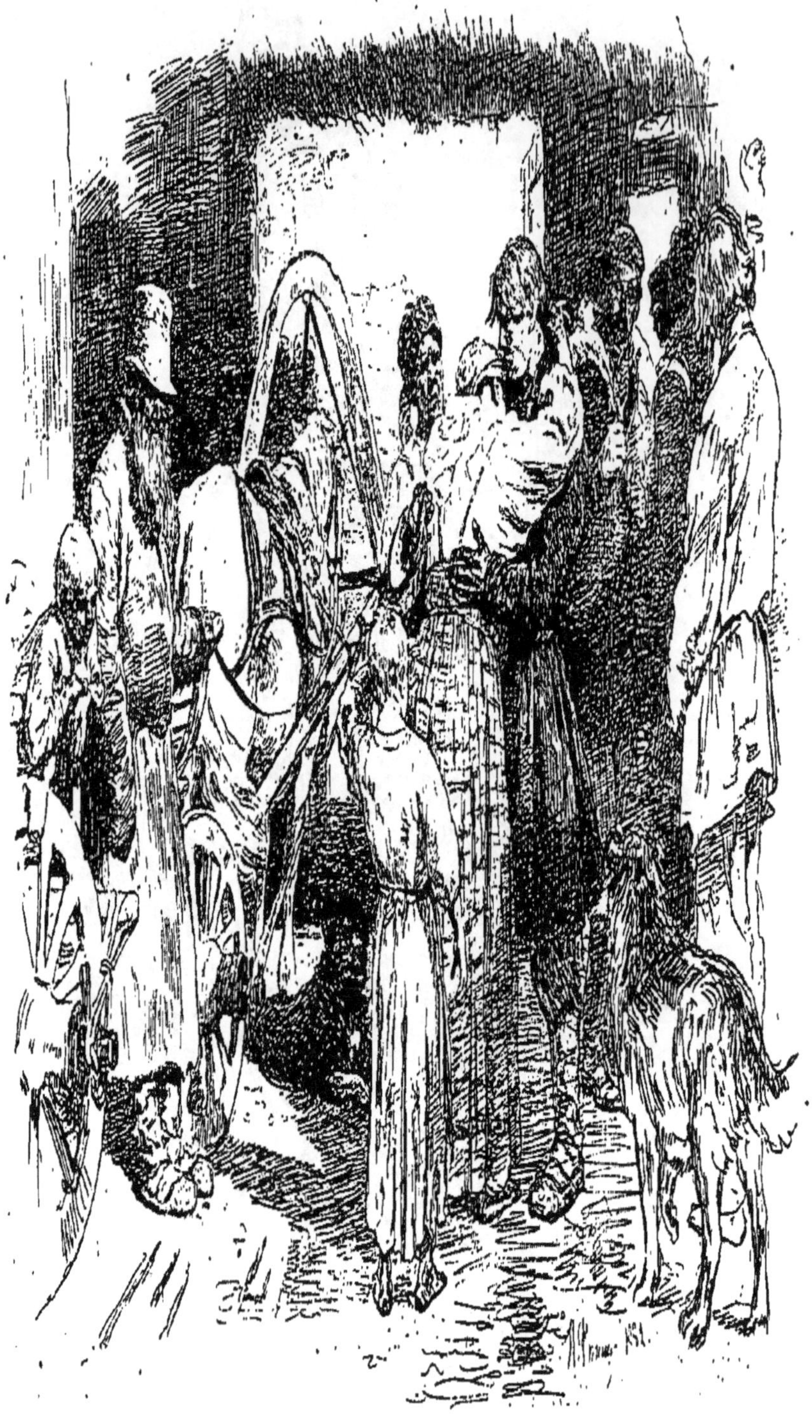

Répine (E.). *Le Départ du Conscrit.* — *Departure of a Recruit.*

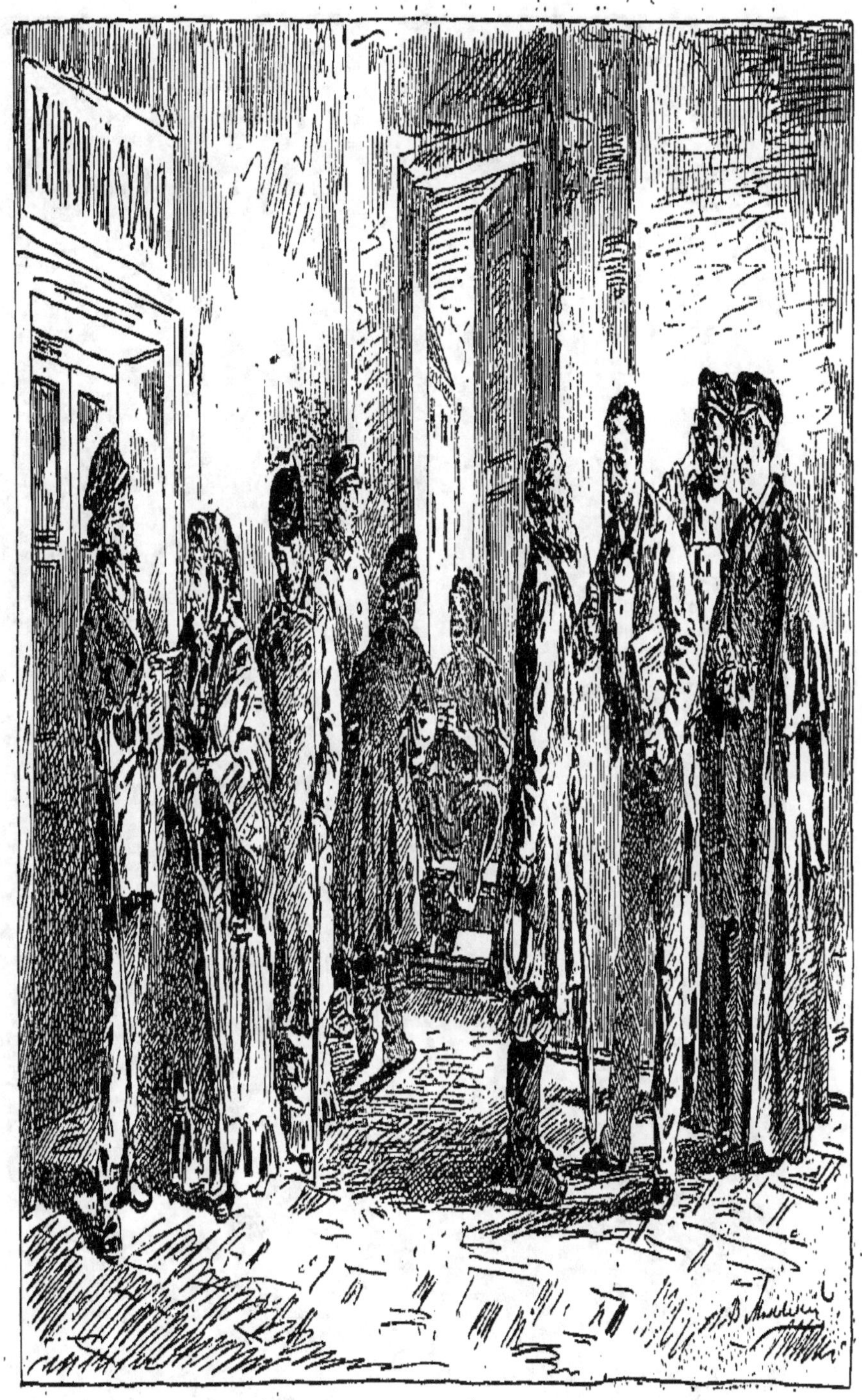

Makovski (V.). *Chez le Juge de paix.* — *At the Judge of peace's office.*

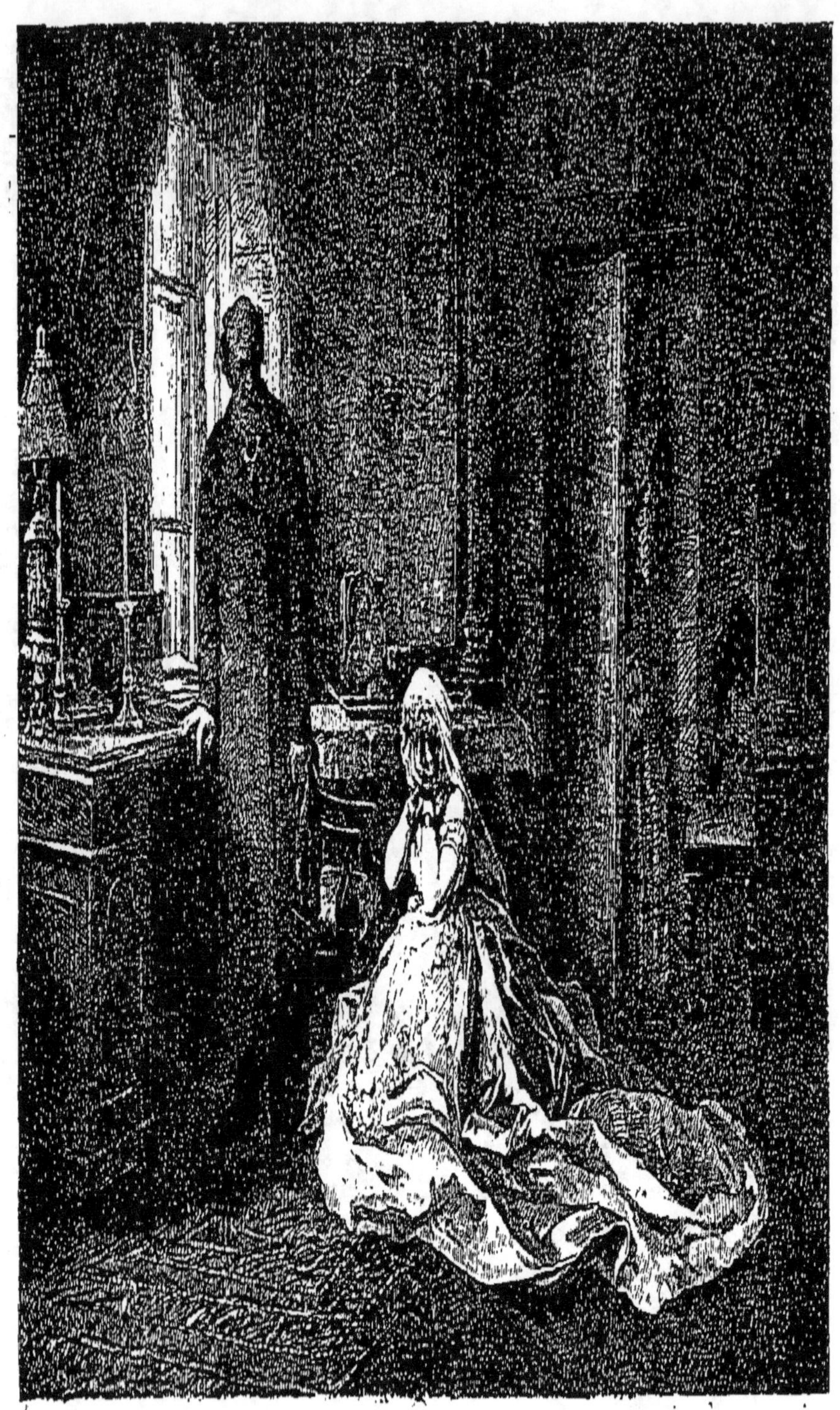

JOURAVLEFF (F.). *La Bénédiction de la fiancée. — The Blessing of the betrothed.*

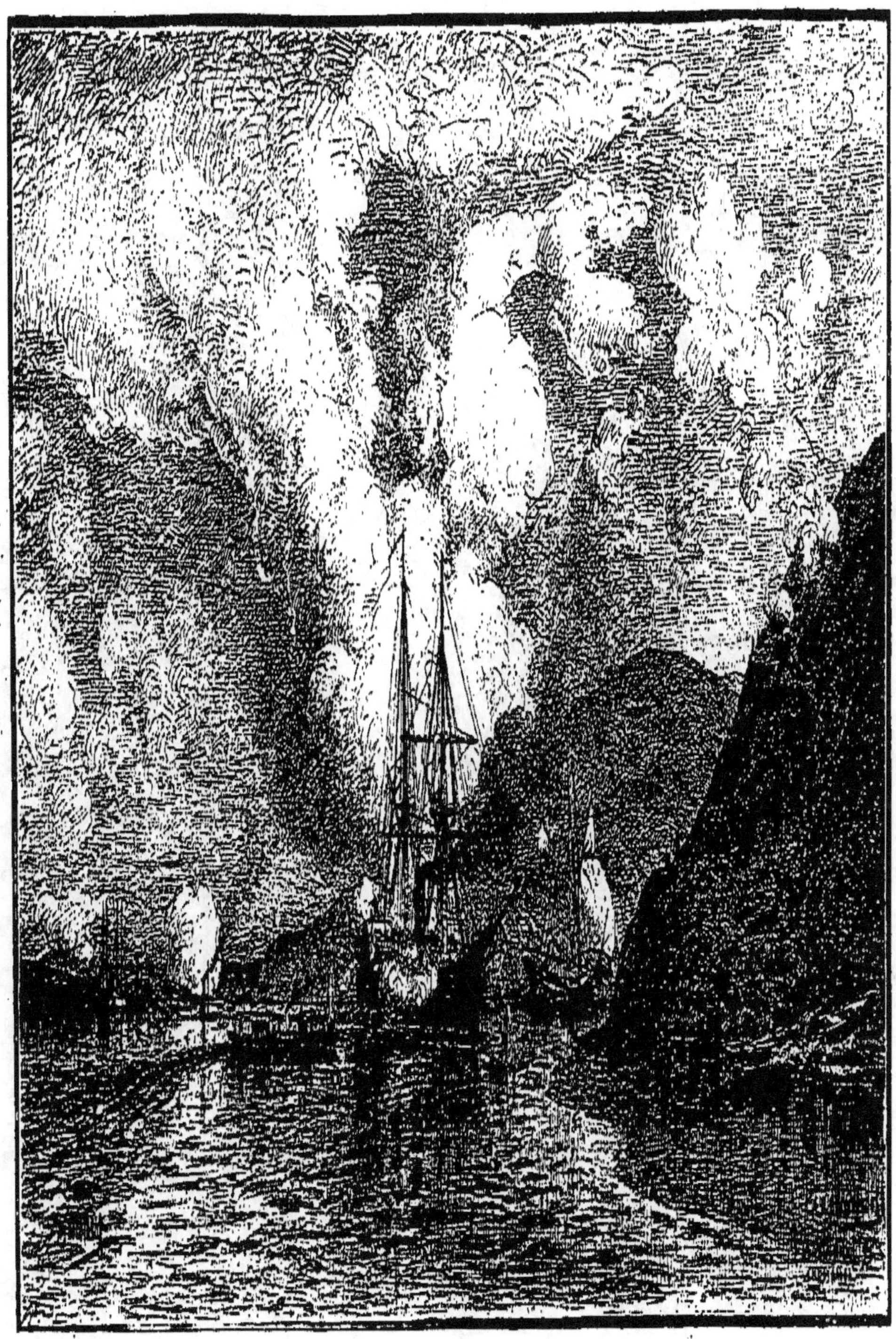

Bogoluboff (A.-P.). *Exploit du Lieutenant Skrydloff (Attaque d'un monitor turc par un bateau à mine russe).*
Exploit of Lieutenant Skrydloff.

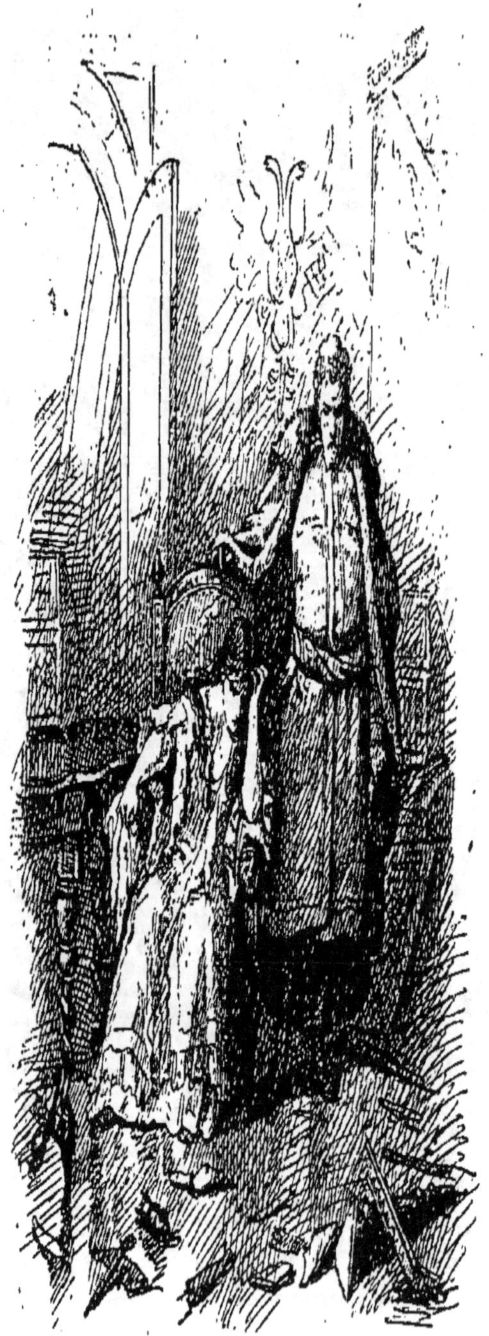

Pribkoff (S.). *Marina Mnizek et son père.*
Marina Mnizek and her father.

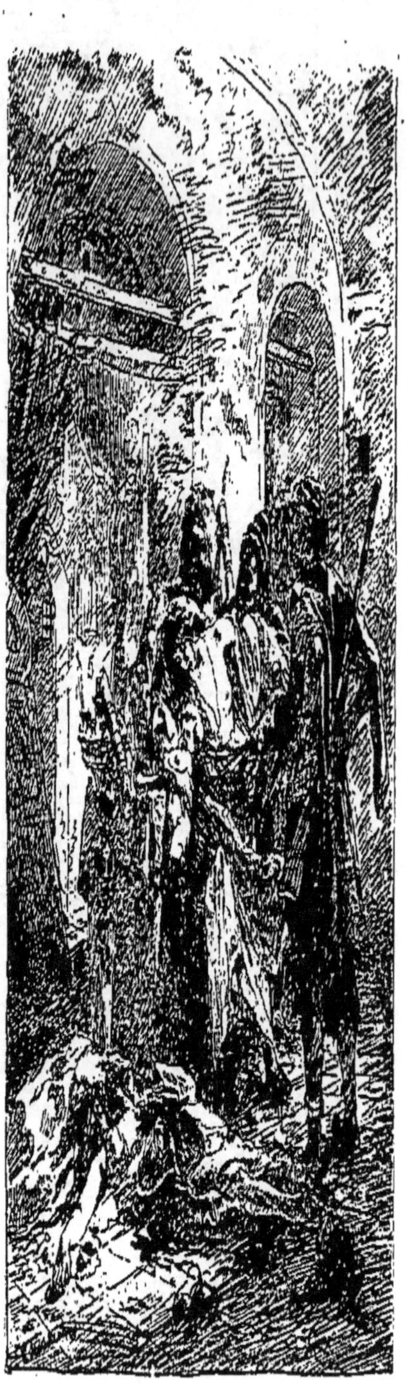

Makovski (C.). *Les Martyrs Bulgares.*
The Bulgarian Martyrs.

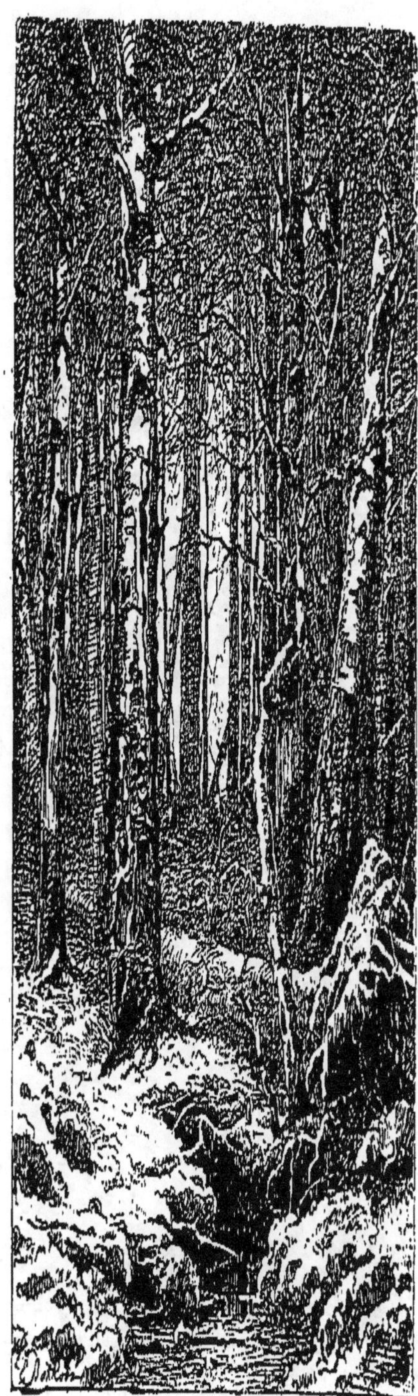

Volkoff (E.). *Une Forêt dans un marécage.*
A Forest in a marsh.

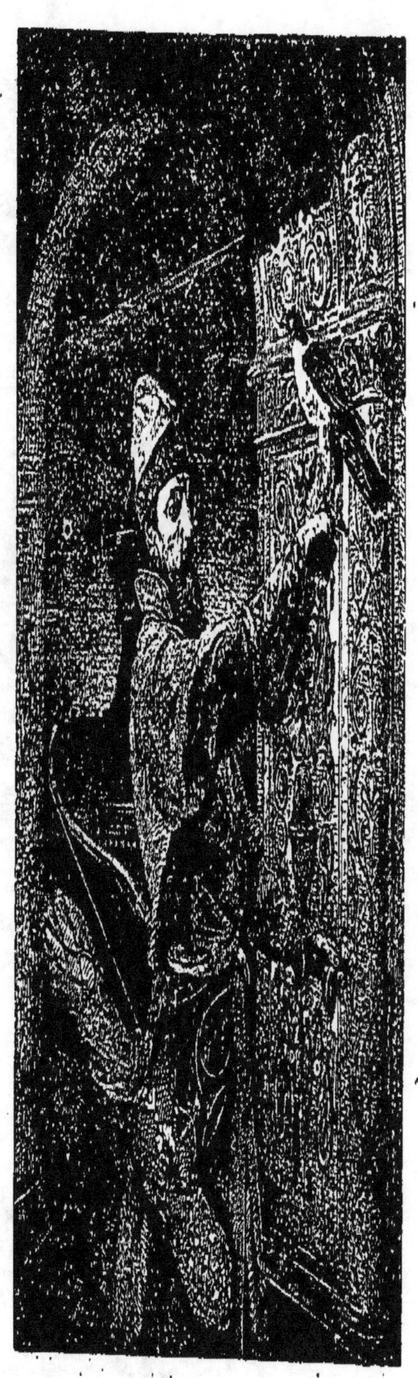

Litovtschenko (A. D.). *Un Fauconnier moscovite.*
A russian Falconer.

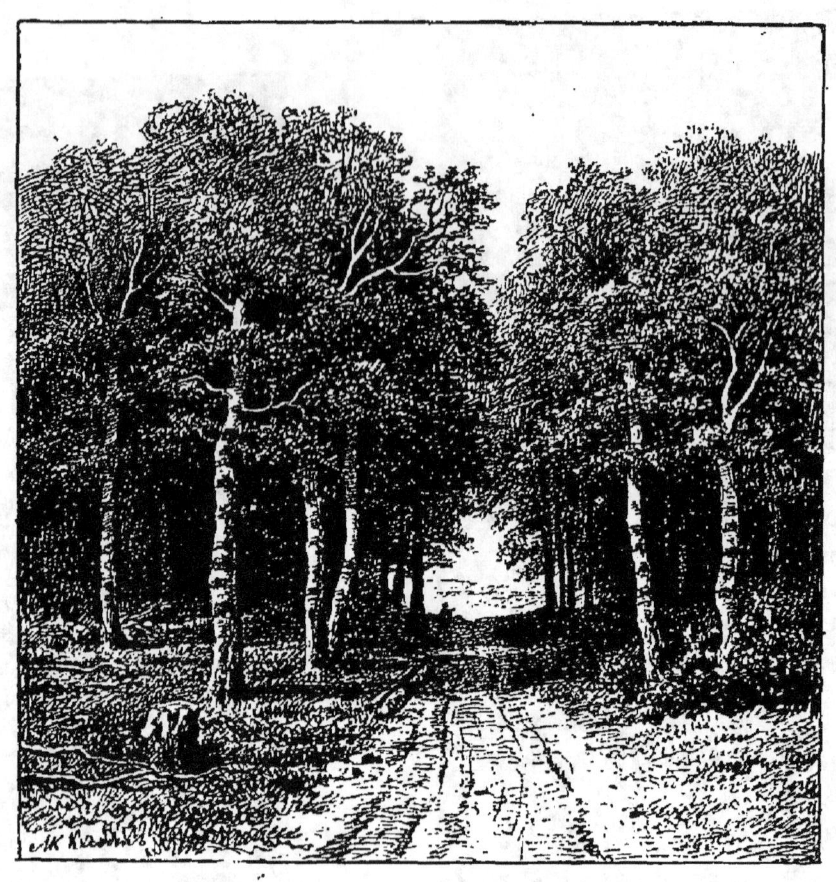

KLODT (M.). *Une Route dans un bois de bouleaux.*
Road in a wood of birch trees.

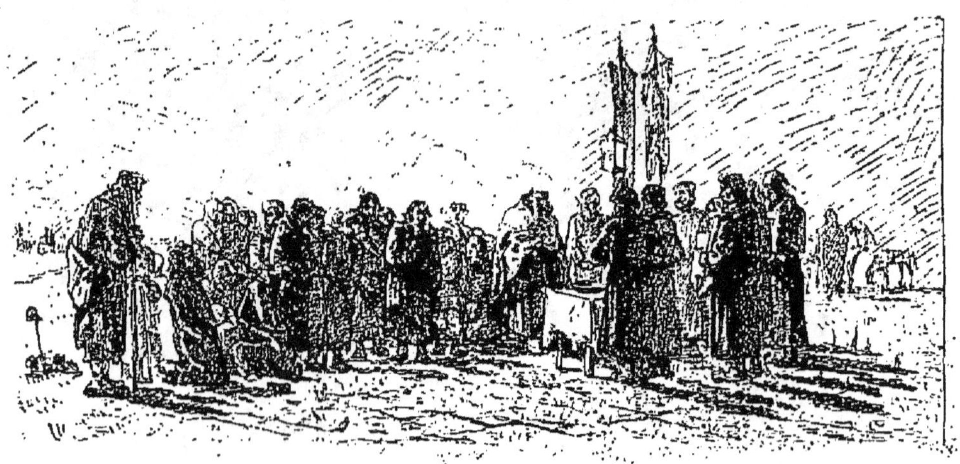

MIASSOÏÉDOFF (G.). *Une Procession pendant une sécheresse.*
A Procession during the drought.

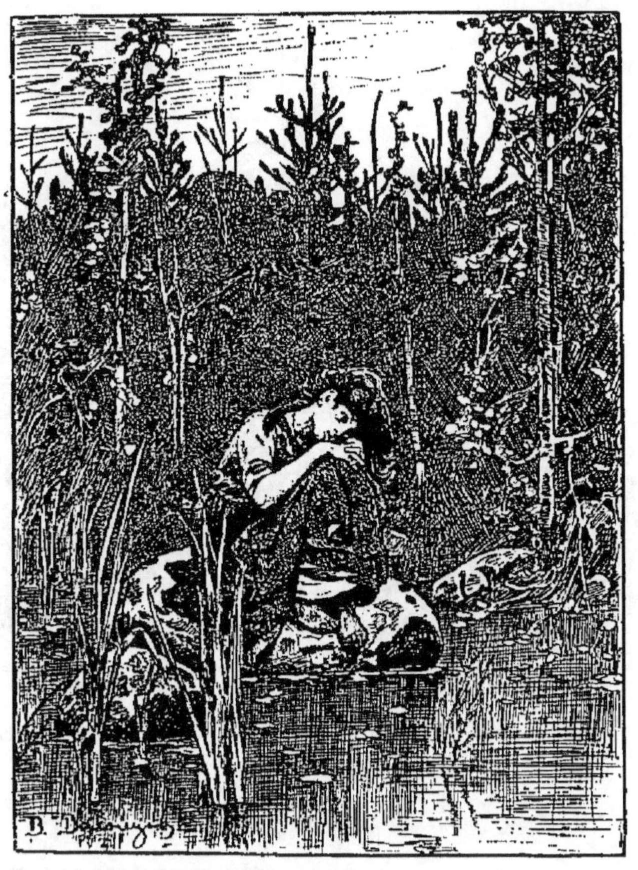

VASNETZOFF (V.). *Une jeune Folle.*
A Mad young girl.

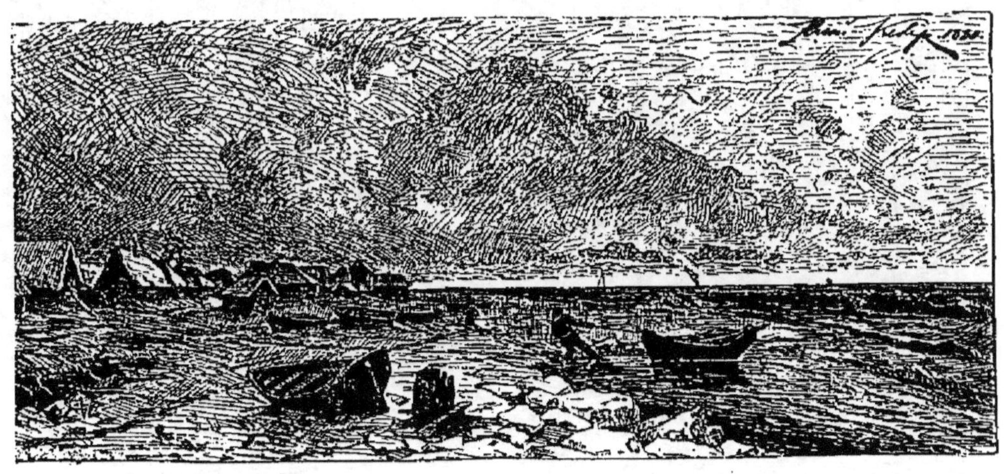

KLEVER (J). *Une Vue dans l'île de Narghen. — View in the island of Narghen.*

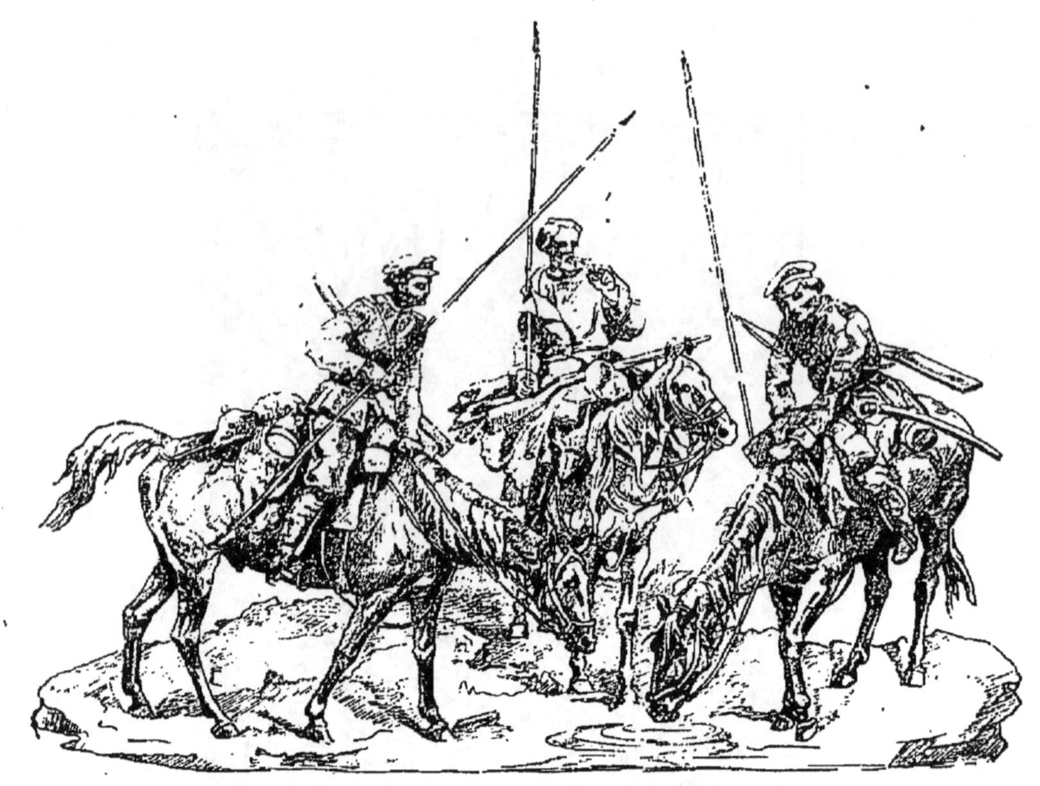

LANCERAY (E.). *Cosaques du Don (fourrageurs).* — *Cossacks, foragers, of the Don.*

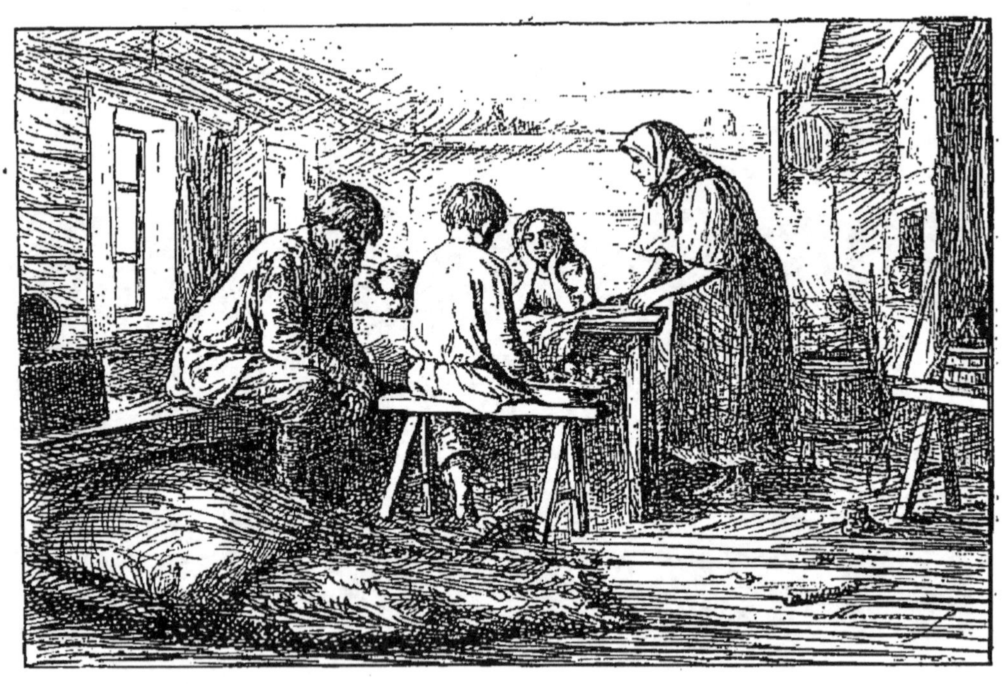

MAXIMOFF (B.). *Un pauvre Souper.* — *A poor Supper.*

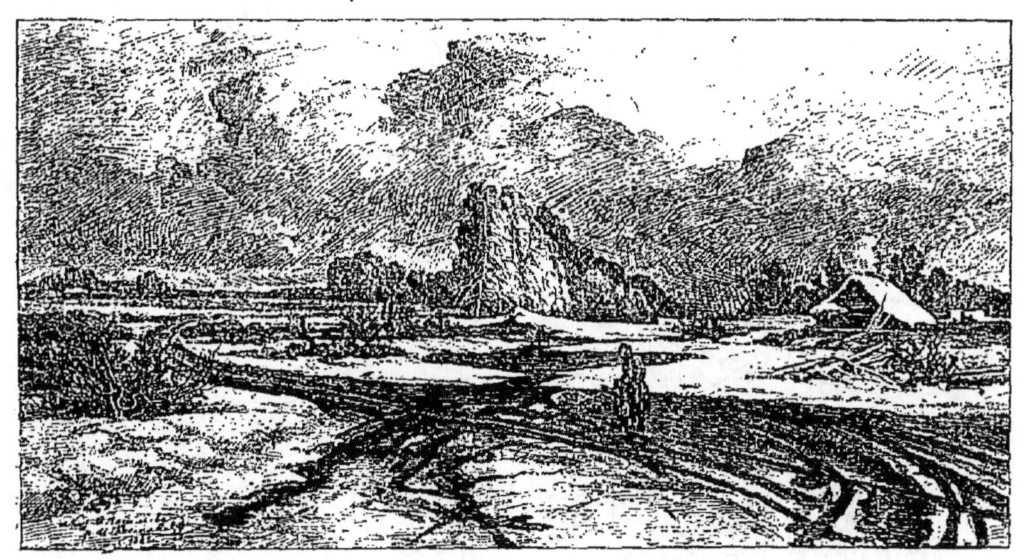

VASSILIEF (T.). *Le Dégel.* — *The Thaw.*

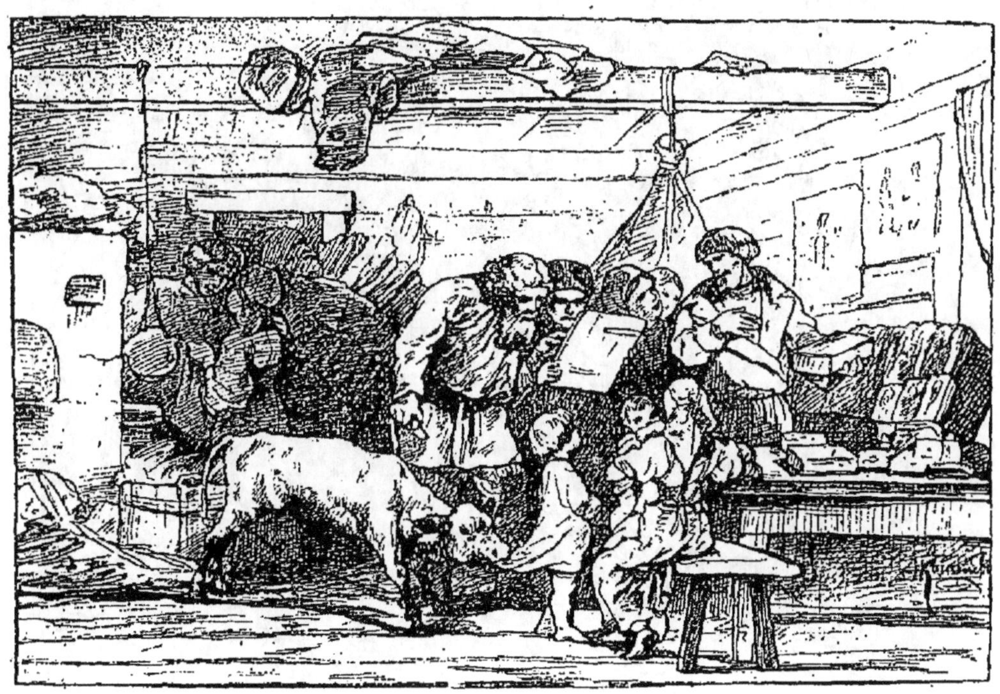

KOSCHELEFF (N.). *Le Colporteur de village.* — *The village Hawker.*

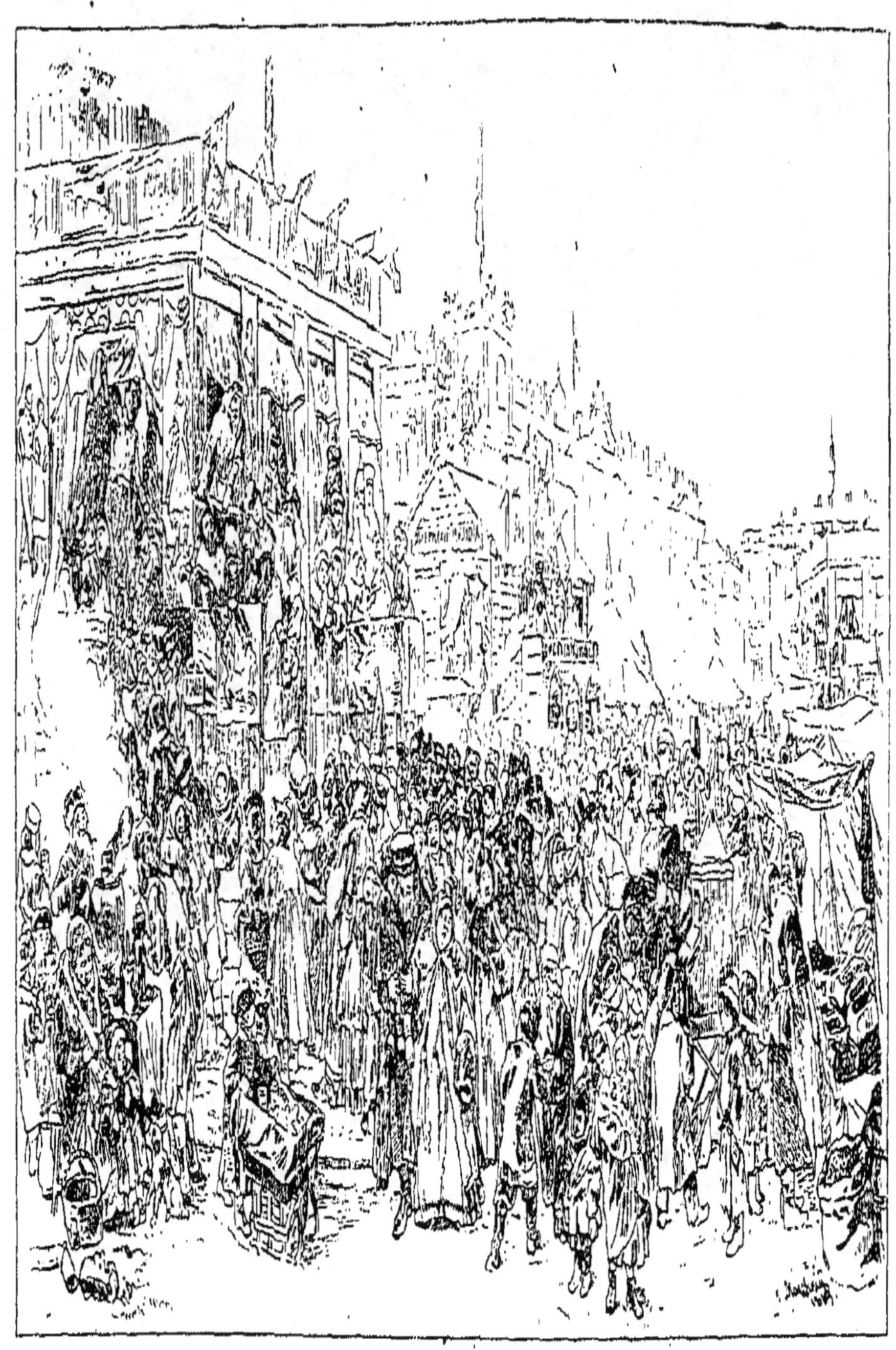

MAKOVSKI (C.). *Le Carnaval à Saint-Pétersbourg.* — *The Carnival at Saint-Petersburg.*

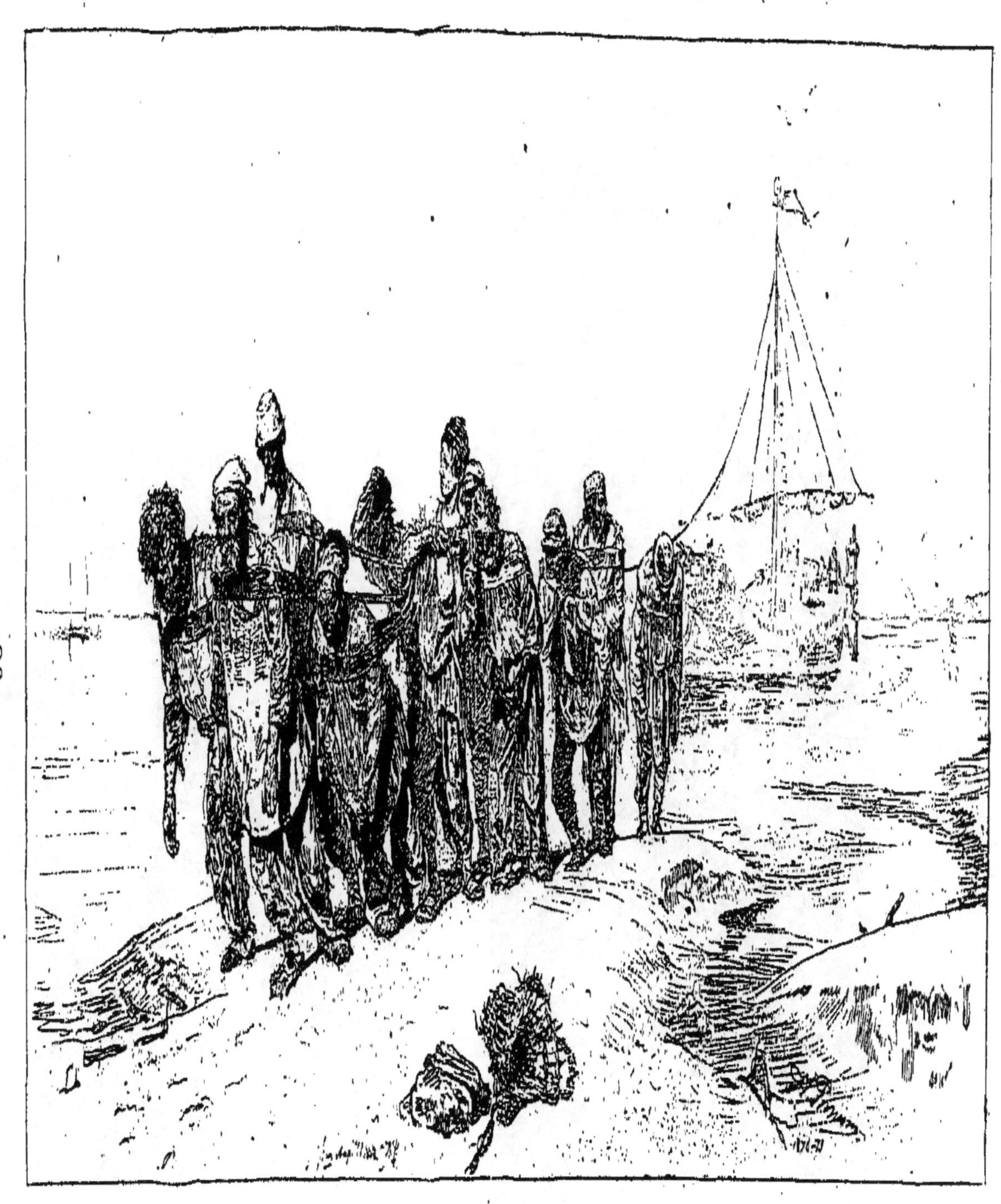

Répine (E.). *Les Haleurs du Volga. — The Trackers of the Volga.*

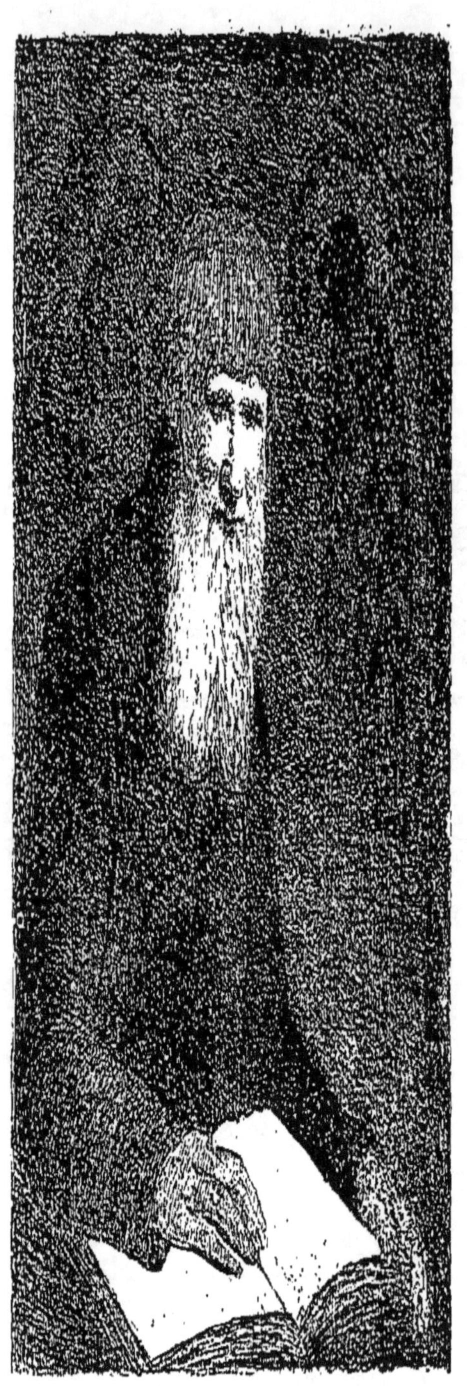

Botkine (M.). *Un Sectaire russe.*
A russian Sectary.

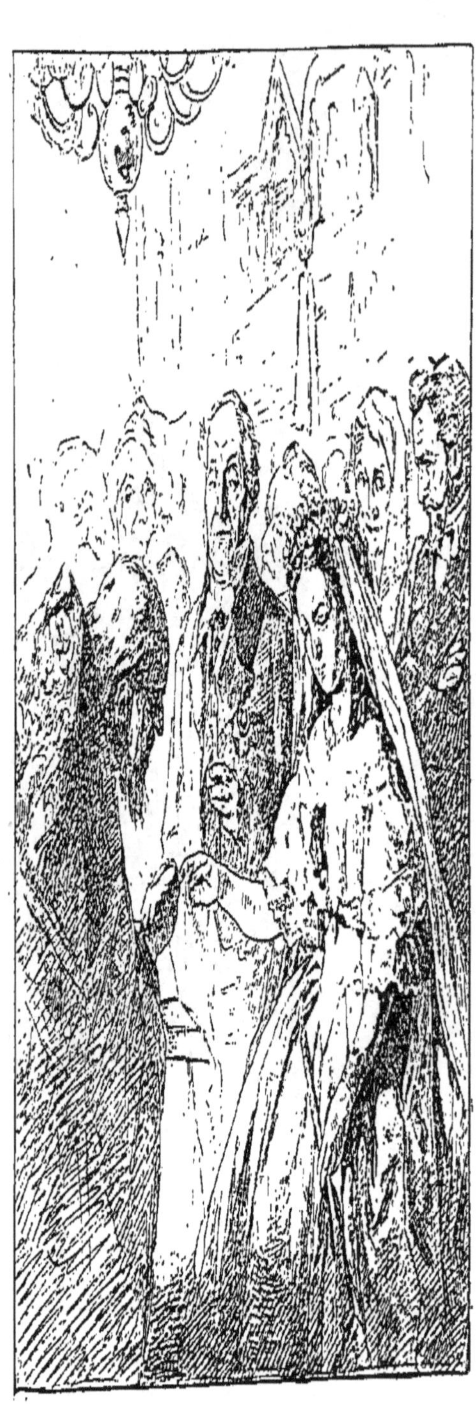

Poukireff (B.). *Un Couple mal assorti.*
An ill-assorted Couple.

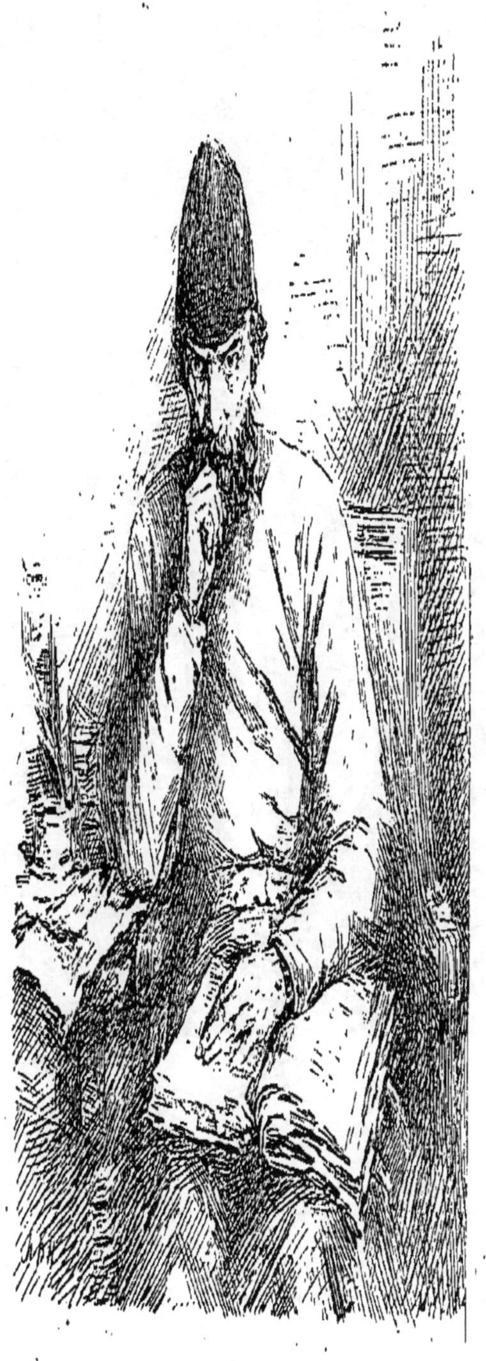

Versiloff (Mme M.). *Dans une Cellule. — In a Cell.*

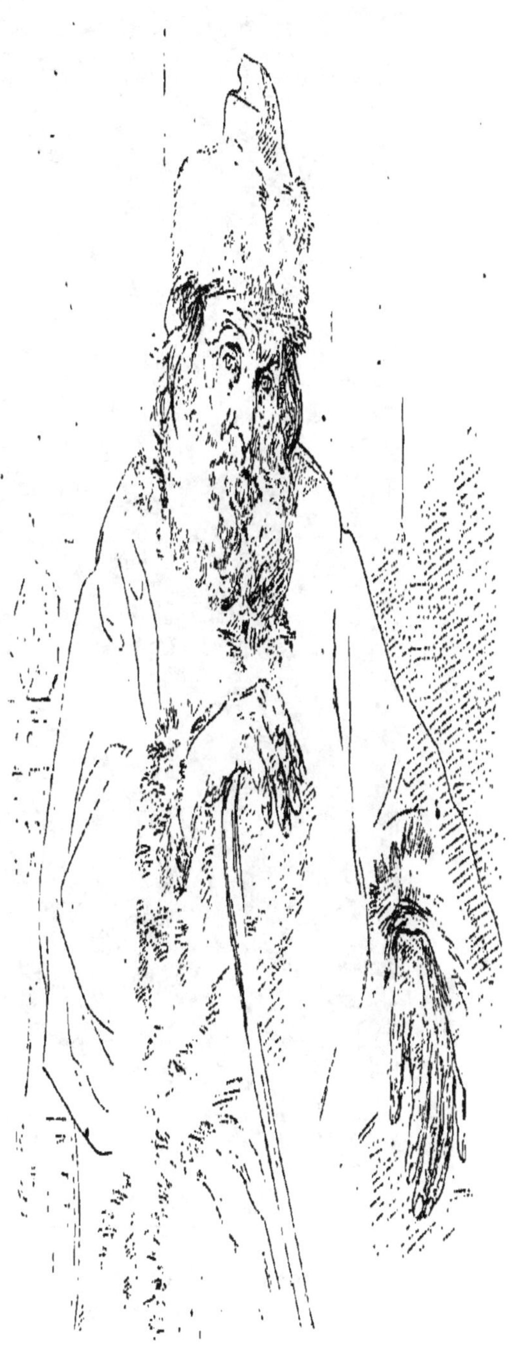

Tchistïakoff (P.). *Un Boyard. — A Boyar.*

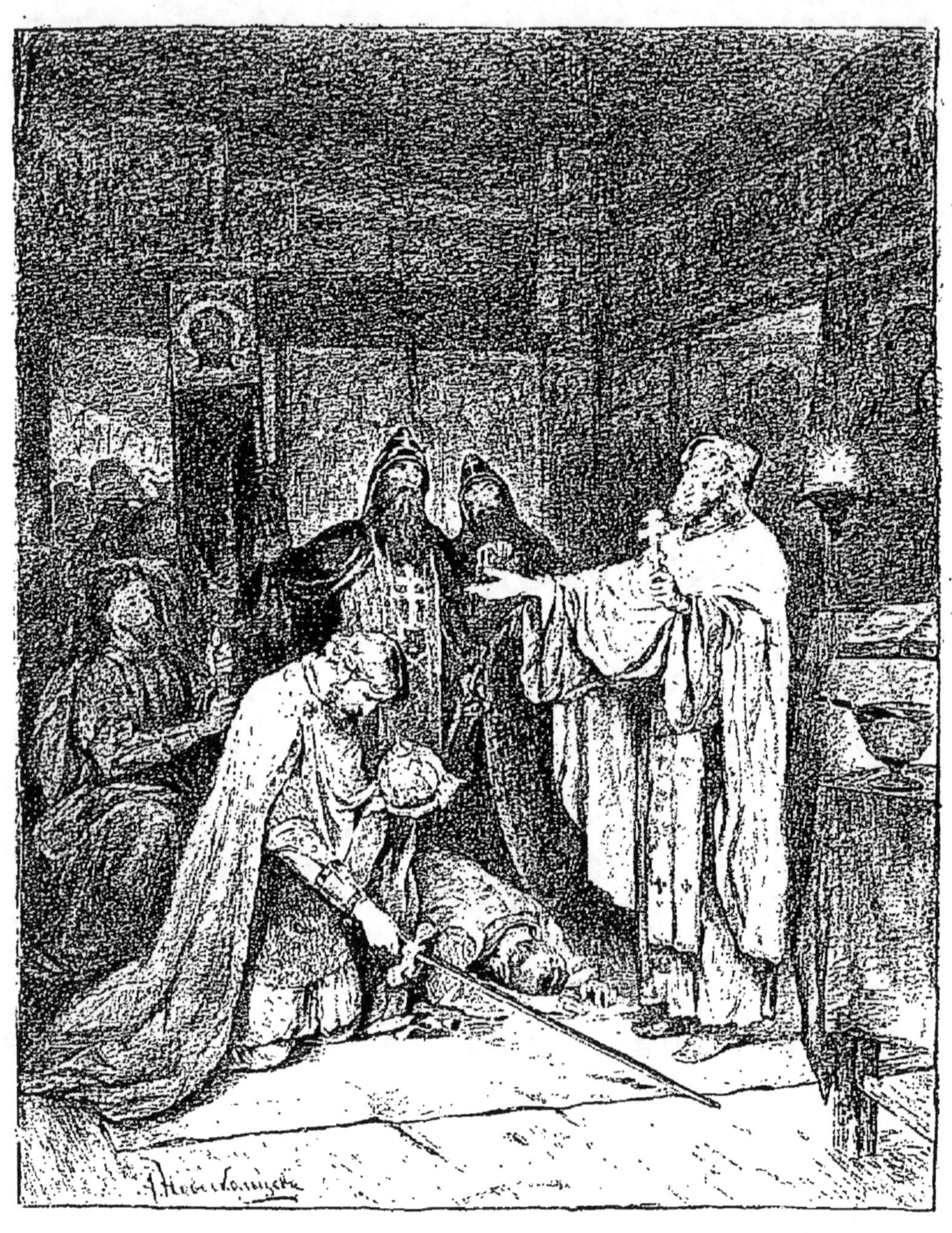

Novoskoltzeff (A.). *Saint Serge bénissant le grand duc Dimitri Donskoï.*
St. Serge blessing the grand duke Dimitri Donskoï.

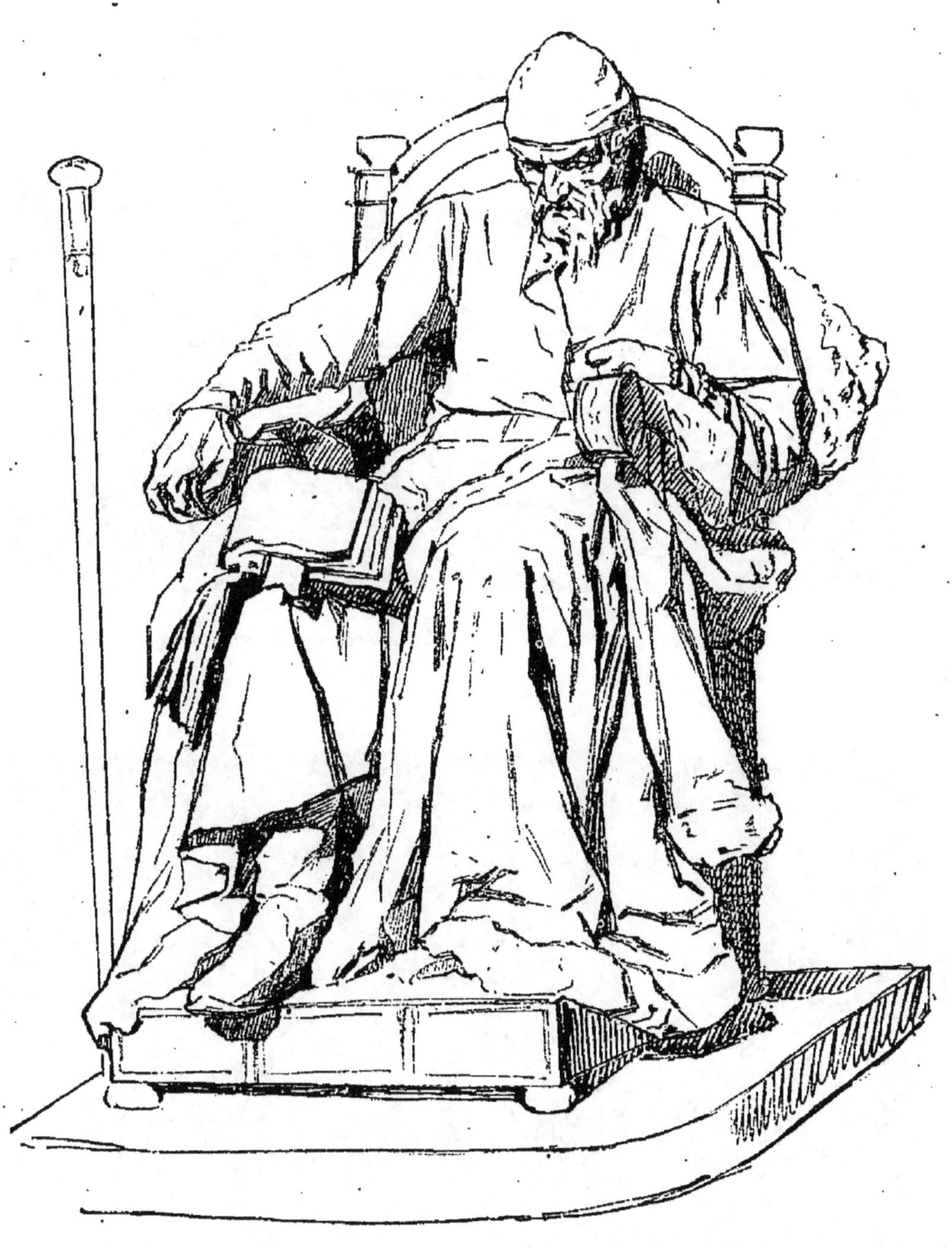

Antokolski (M.). *Jean le Terrible. — Ivan the Terrible.*

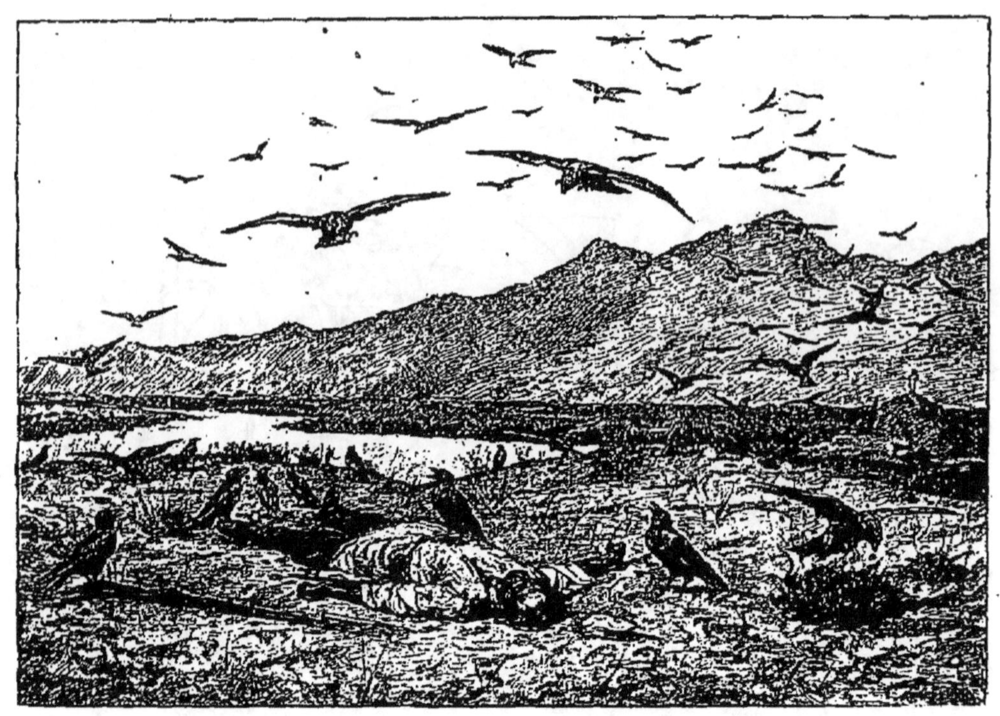

VERESCHAGUINE (B. V.). *Le Délaissé. — Abandoned.*

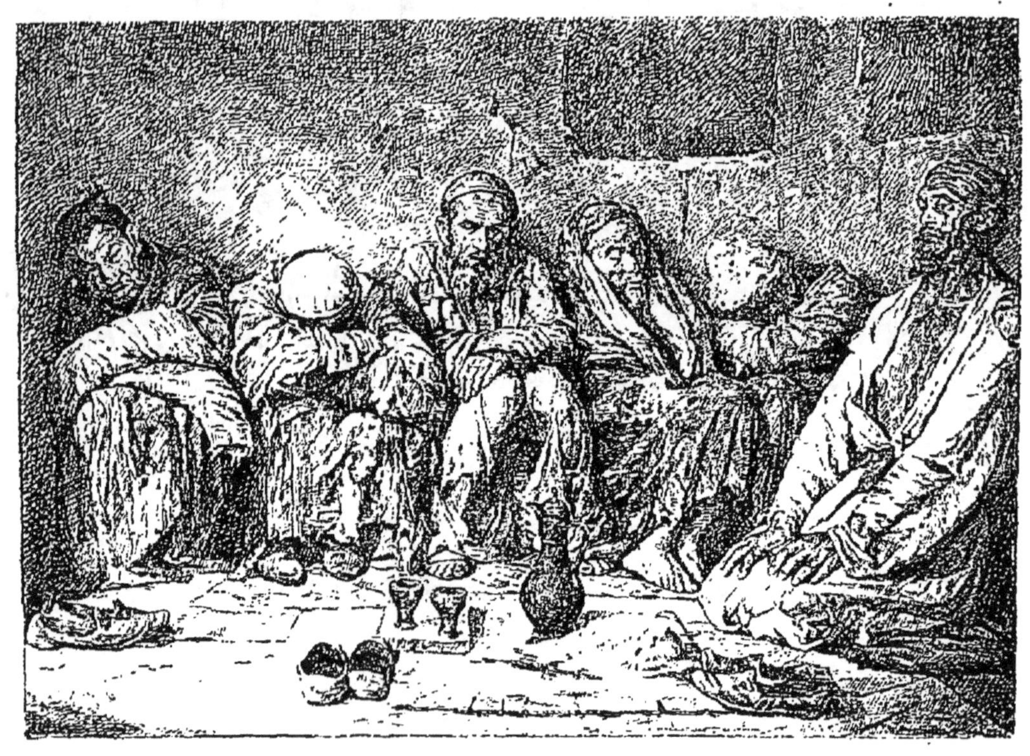

VERESCHAGUINE (B. V.) *Les Mangeurs d'opium. — Opium Eaters.*

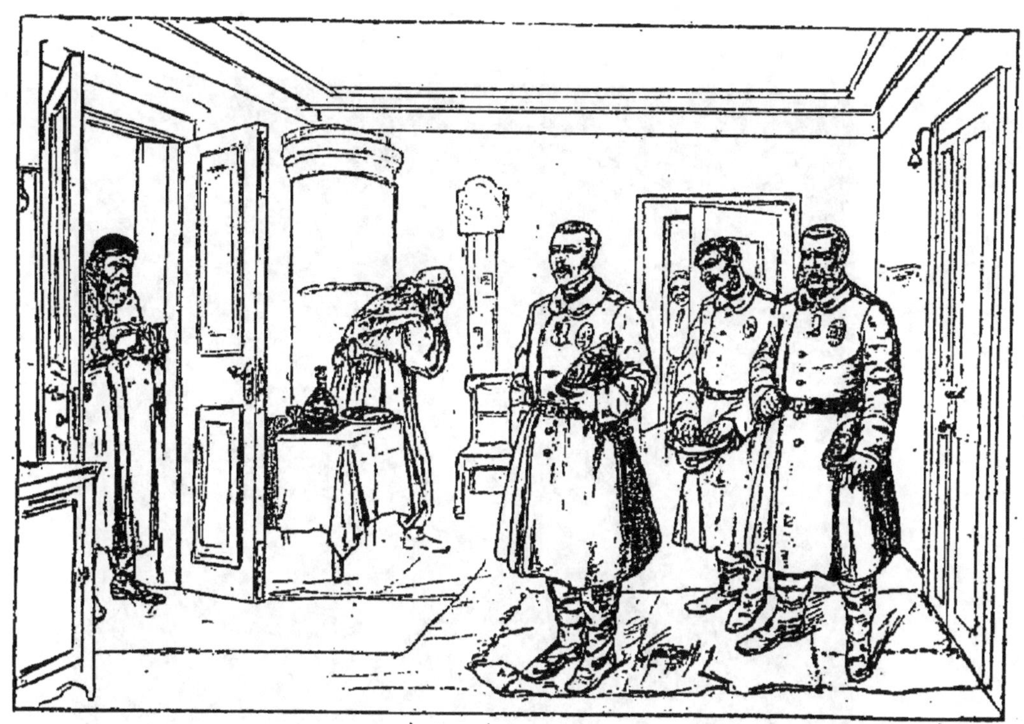

SALOMATKINE (L. I.). *Chanteurs de Fête. — Singers for the Fête.*

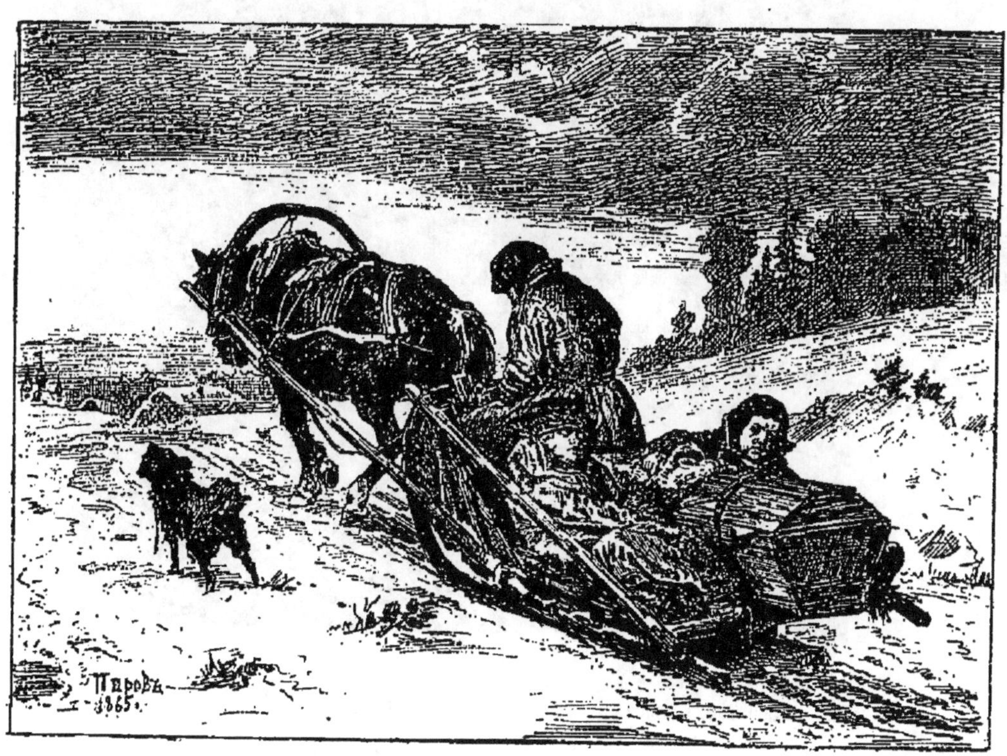

PÉROFF (B. Q.). *Un Enterrement de village. — A village Burial.*

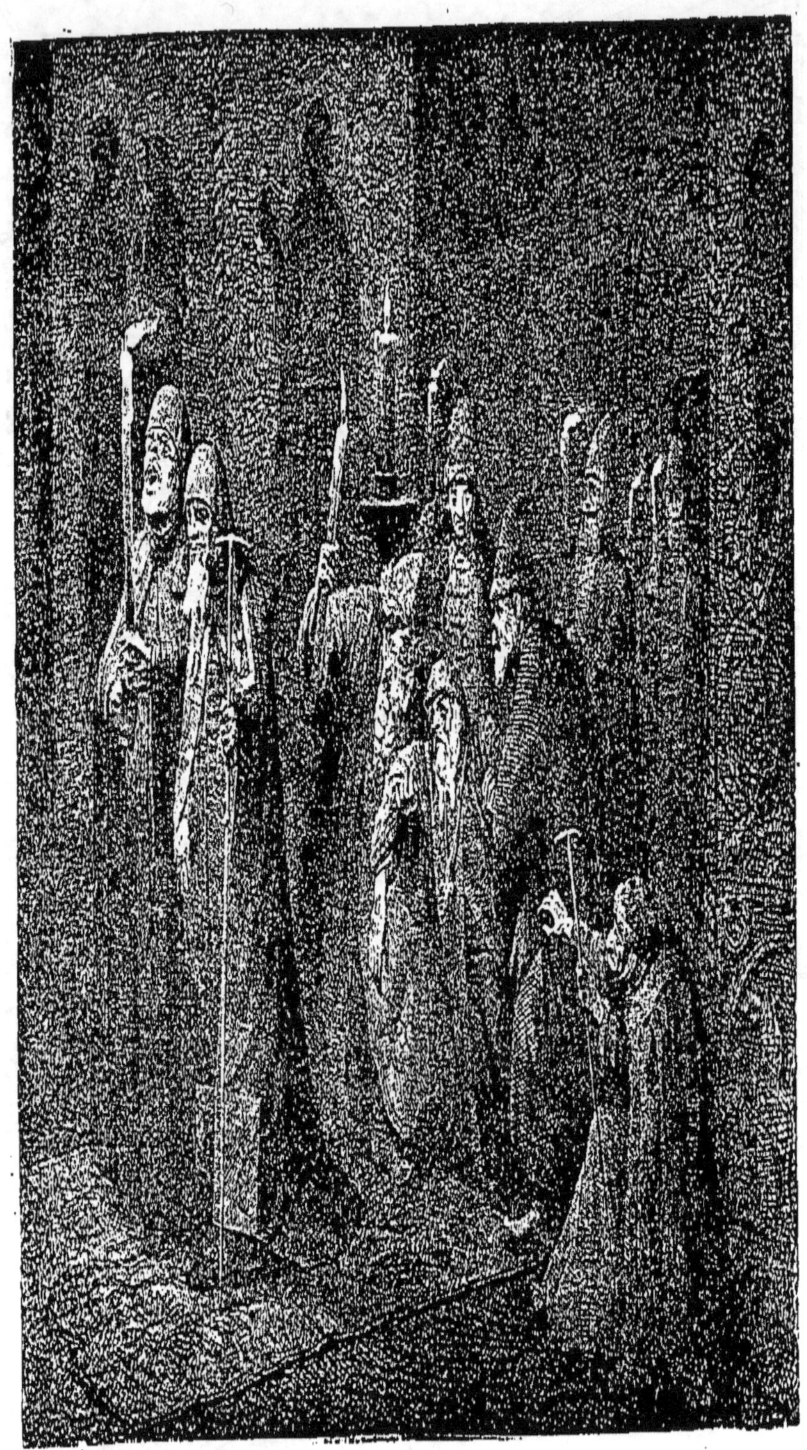

Schwarz (V.-G.). Dessin pour le roman "*Le Prince Serebreno*" du Cte Tolstoï.
Drawing for the novel "*The Prince Serebreno*".

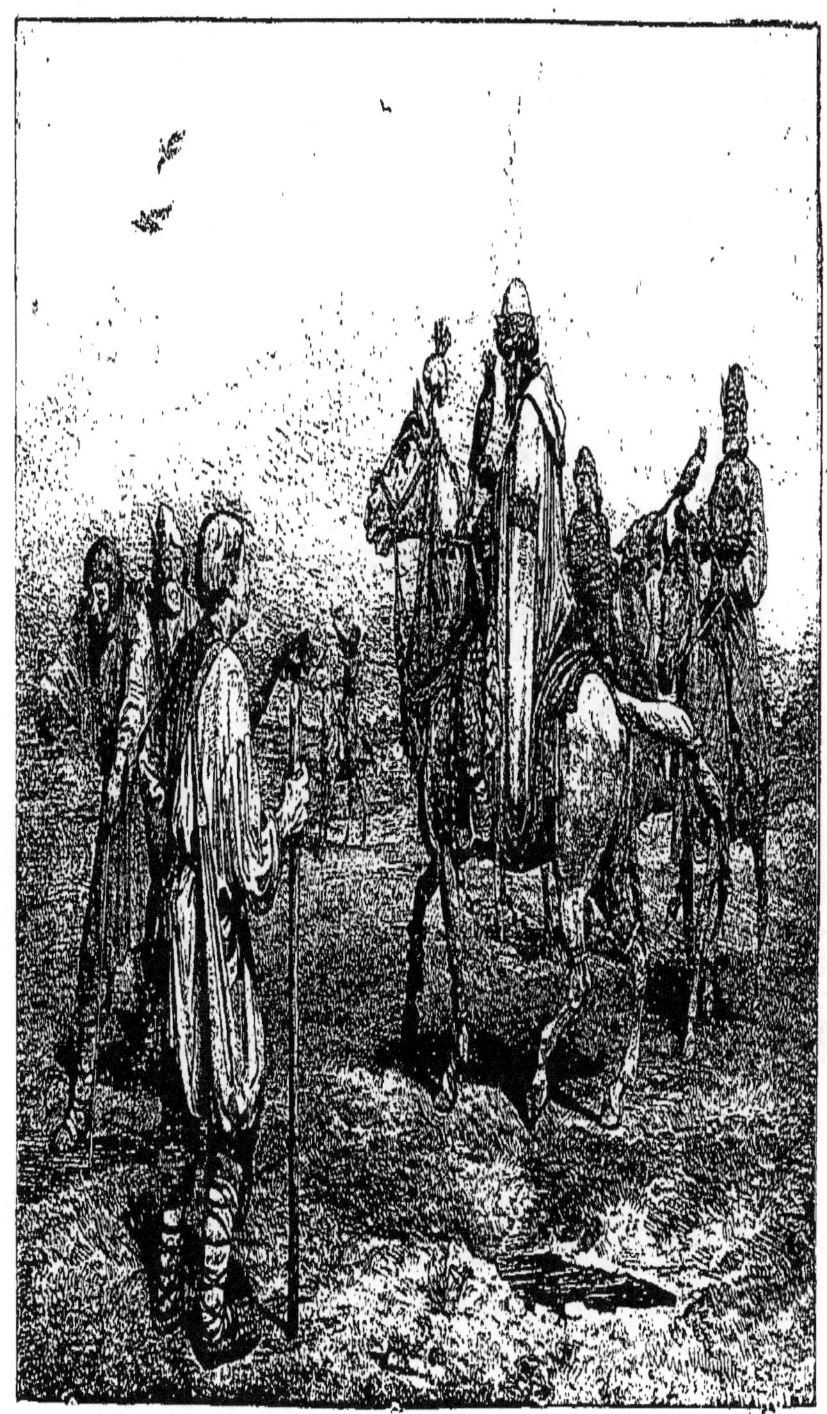

SCHWARZ (V.-G.). *Dessin pour le roman "Le Prince Serebreno" du Cte Tolstoï.*
Drawing for the novel "The Prince Serebreno".

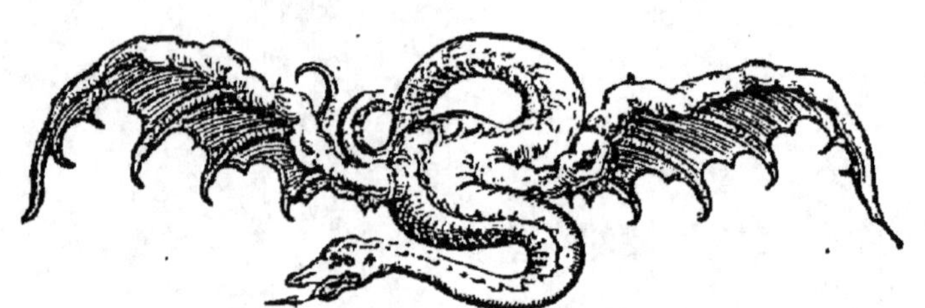

www.ingramcontent.com/pod-product-compliance
Lightning Source LLC
LaVergne TN
LVHW082235170726
843503LV00011B/4431

Découvrez l'histoire par les archives de presse

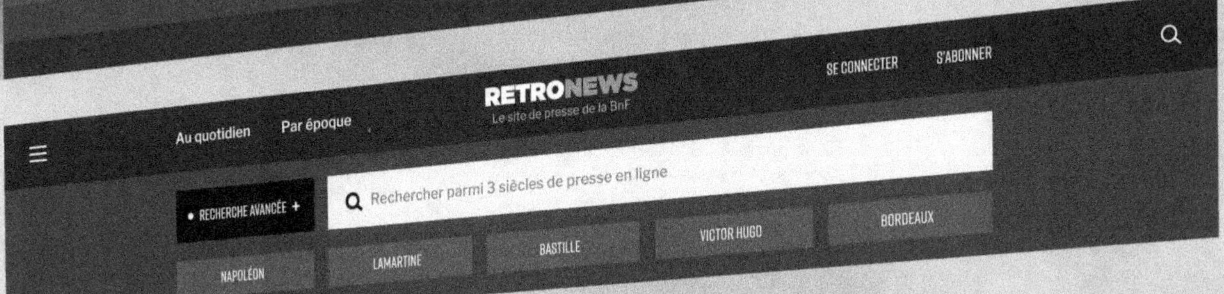

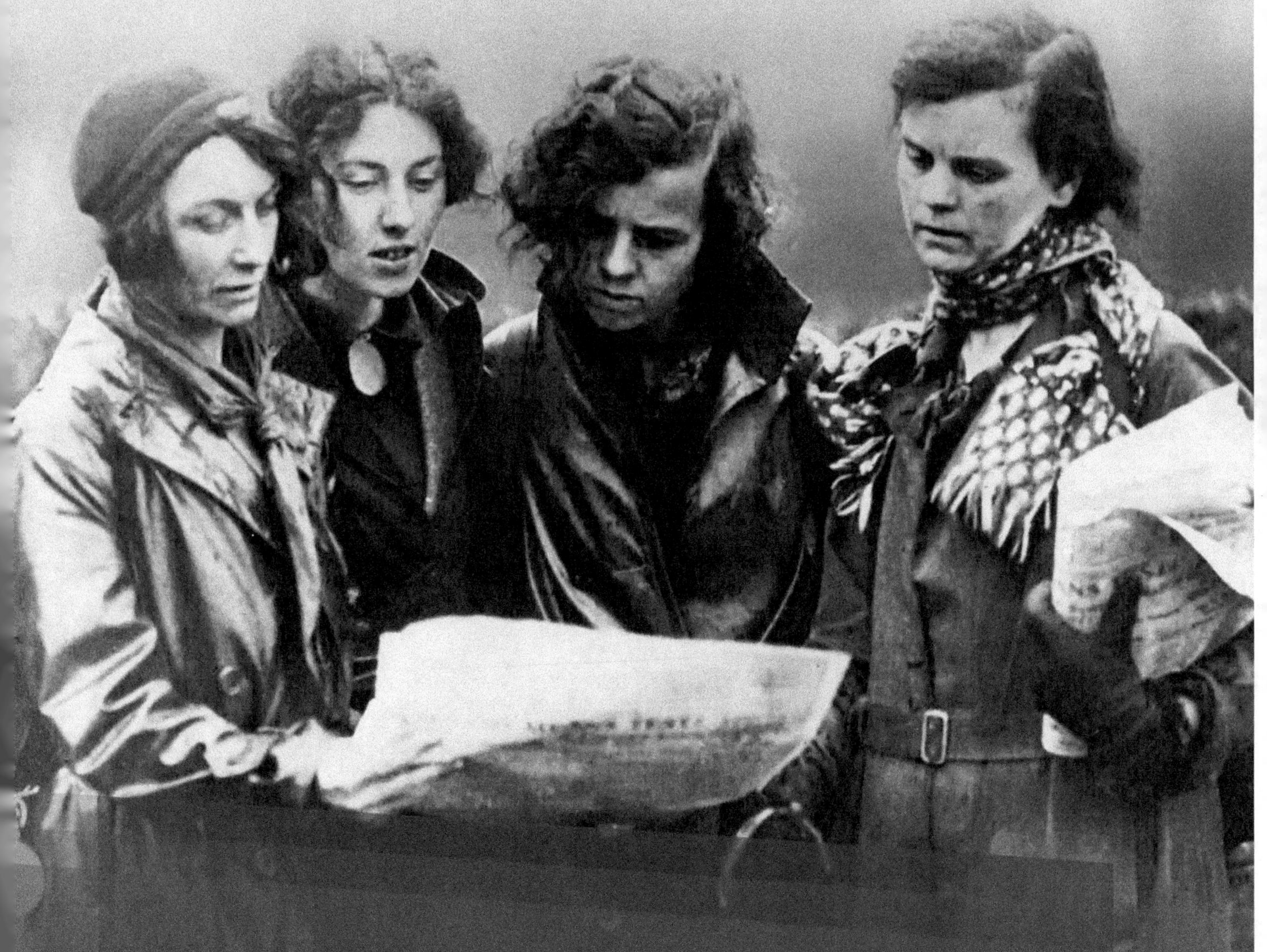

RETRONEWS

Le site de presse de la BnF

www.retronews.fr